Conheça o
Saraiva Conecta

Uma plataforma que apoia o leitor em sua jornada de estudos e de atualização.

Estude *on-line* com conteúdos complementares ao livro e que ampliam a sua compreensão dos temas abordados nesta obra.

Tudo isso com a **qualidade Saraiva Educação** que você já conhece!

Veja como acessar

No seu computador
Acesse o *link*
https://somos.in/CSCESJG2

No seu celular ou tablet
Abra a câmera do seu celular ou aplicativo específico e aponte para o *QR Code* disponível no livro.

Faça seu cadastro

1. Clique em **"Novo por aqui? Criar conta"**.

2. Preencha as informações – insira um *e-mail* que você costuma usar, ok?

3. Crie sua senha e clique no botão **"CRIAR CONTA"**.

Pronto! Agora é só aproveitar o conteúdo desta obra!*

Qualquer dúvida, entre em contato pelo *e-mail* **suportedigital@saraivaconecta.com.br**

Confira o material do professor
Gilson Chagas
para você:

https://somos.in/CSCESJG2

* Sempre que quiser, acesse todos os conteúdos exclusivos pelo *link* ou pelo *QR Code* indicados. O seu acesso tem validade de 24 meses.

CB020915

Gilson Chagas

Contabilidade Simplificada

para Concursos e Exame de Suficiência

2ª edição

DADOS INTERNACIONAIS DE CATALOGAÇÃO NA PUBLICAÇÃO (CIP)
DE ACORDO COM ISBD

Elaborado por Vagner Rodolfo da Silva – CRB-8/9410

C426c   Chagas, Gilson
            Contabilidade Simplificada para Concursos e Exame de Suficiência / Gilson Chagas. – 2. ed. – São Paulo: SaraivaJur, 2024.
            328 p.

            ISBN: 978-85-5362-308-2

            1. Contabilidade. 2. Exame de Suficiência. 3. Escrituração. 4. Balancete. 5. Balanço Patrimonial. 6. Demonstrações de Fluxo. I. Título.

2023-2367	CDD 657
	CDU 657

Índices para catálogo sistemático:

1. Contabilidade — 657
2. Contabilidade — 657

---

saraiva EDUCAÇÃO | saraiva jur

Av. Paulista, 901, Edifício CYK, 4º andar
Bela Vista – São Paulo – SP – CEP 01310-100

SAC sac.sets@saraivaeducacao.com.br

Copyright © Gilson Chagas
2024 Saraiva Educação
Todos os direitos reservados.

2ª edição

Data de fechamento da edição: 02-10-2023

Dúvidas? Acesse www.saraivaeducacao.com.br

Nenhuma parte desta publicação poderá ser reproduzida por qualquer meio ou forma sem a prévia autorização da Saraiva Educação. A violação dos direitos autorais é crime estabelecido na Lei n. 9.610/98 e punido pelo art. 184 do Código Penal.

CÓD. OBRA	15755	CL	608791	CAE	843475

Diretoria executiva	Flávia Alves Bravin
Diretoria editorial	Ana Paula Santos Matos
Gerência de produção e projetos	Fernando Penteado
Gerência de conteúdo e aquisições	Thais Cassoli Reato Cézar
Gerência editorial	Livia Céspedes
Novos projetos	Aline Darcy Flôr de Souza
	Dalila Costa de Oliveira
Edição	Samantha Rangel
Design e produção	Jeferson Costa da Silva (coord.)
	Camila Félix Cianelli Chaves
	Guilherme Salvador
	Lais Soriano
	Rosana Peroni Fazolari
	Tiago Dela Rosa
	Verônica Pivisan
Planejamento e projetos	Cintia Aparecida dos Santos
	Daniela Maria Chaves Carvalho
	Emily Larissa Ferreira da Silva
	Kelli Priscila Pinto
Diagramação	Join Bureau
Revisão	Juliana Bormio
Capa	Tiago Dela Rosa
Produção gráfica	Marli Rampim
	Sergio Luiz Pereira Lopes
Impressão e acabamento	Gráfica Paym

*Para dar aos simples prudência,
e aos moços, conhecimento e bom siso;
Para o sábio ouvir e crescer em doutrina,
e o entendido adquirir sábios conselhos*
(Pv 1:4-5)

Meus agradecimentos aos protagonistas e demais componentes do elenco desta "peça/oficina". Ei-los, com os respectivos papéis:

à Editora Saraiva pela produção, suporte técnico, logística e *marketing*;

aos doutrinadores brasileiros das Ciências Contábeis, fonte e iluminação;

aos meus alunos pelo *feedback* e controle de qualidade durante o processo criativo e os ensaios;

aos colegas professores, divulgadores e mestres de cerimônia;

à minha família – espectadores da primeira fila –, pela motivação e força;

aos leitores, prova final do produto;

a Jesus Cristo, a direção de tudo. É Ele que "mantém acesa a minha lâmpada e transforma minhas trevas em luz" (Sl 18:28b).

SUMÁRIO

Apresentação 13

PARTE 1 CONTABILIDADE GERAL 17

Capítulo 1 – Conceitos Relevantes de Contabilidade – Adaptação das Normas Brasileiras aos Pronunciamentos Contábeis 19
  1.1 Posição Patrimonial e Financeira 19
  1.2 Mensuração dos Elementos das Demonstrações Contábeis 19
  1.3 Conceitos de Capital e de Manutenção de Capital 20
      1.3.1 Conceitos de Capital 20

Capítulo 2 – Escrituração – o jogo dos dados 23
  2.1 A atividade hoje 23
  2.2 O tempo e o método 23
  2.3 O lançamento 24
      2.3.1 Caso prático 25
      2.3.2 A(s) fórmula(s) 26
  2.4 Os elementos 28
  2.5 Uma escrituração... Com homens e livros 28
      2.5.1 Livros obrigatórios 28
      2.5.2 Livros facultativos e auxiliares 30
  2.6 Formalidades 30
      2.6.1 Formalidades extrínsecas (exteriores) 31
      2.6.2 Formalidades intrínsecas (internas) 31
  2.7 Pausa para exercícios 33

Capítulo 3 – Balancete de verificação (em linguagem de hoje) 35
  3.1 Particularidades 35
  3.2 Da(s) conta(s) do balancete 35
  3.3 A disposição dos dados 36
  3.4 Modelo resumido de balancete de verificação (quatro colunas) 37

3.5	Modelo ampliado de balancete de verificação (seis colunas)	38
3.6	Pausa para exercícios	39

Capítulo 4 – Demonstrações Contábeis – nova ordem 41
4.1	Em busca do tempo perdido	41
4.2	Mudança puxa mudança	42
4.3	Balanço Patrimonial – nova estrutura	42
4.4	Demonstração de Lucros ou Prejuízos Acumulados (DLPA)	43
4.5	Demonstração do Resultado do Exercício segundo a lei ou Demonstração do Resultado do Período, como está no CPC 26	43
4.6	Demonstração dos Fluxos de Caixa (DFC) – a riqueza em espécie	44
4.7	Demonstração do Valor Adicionado (DVA) – uma visão sistêmica da empresa	44
4.8	Demonstração das Mutações do Patrimônio Líquido (DMPL)	45

Capítulo 5 – Balanço Patrimonial – demonstração de riqueza 47
5.1	Destaque da Norma	47
5.2	Comenta-se	49
5.3	A NBC TG 00 – Estrutura Conceitual	49
5.4	A visão da NBC TG 26	50
	5.4.1 Ativo Circulante	50
	5.4.2 Comenta-se	50
	5.4.3 Adendo	51
	5.4.4 Segue a Norma...	51
	5.4.5 Investimentos	51
	5.4.6 O que dizem Norma e Lei:	52
	5.4.7 Ativo Intangível	52
	5.4.8 Passivo – Conceito da CPC 00 – Estrutura Conceitual	53
	5.4.9 Patrimônio Líquido – o retrato do PL conforme a Lei n. 6.404/76	54
	5.4.10 Comenta-se	55
	5.4.11 Circulante ou não Circulante?	55
	5.4.12 Os termos da equação patrimonial	60
	5.4.13 Comentário final – Norma *versus* Lei – uma incompatibilidade relevante	61
5.5	Exercícios com balanço	62
5.6	Pausa para Exercícios	74

Capítulo 6 – Demonstração de Lucros ou Prejuízos Acumulados (DLPA) 79
6.1	Objetivo	80
6.2	Comenta-se...	80
6.3	O CPC PME sob novo exame	80
	6.3.1 Quando e como...	81
6.4	DLPA resolvida: um exemplo	81
	6.4.1 DLPA descrita em detalhes	82
6.5	Pausa para exercícios	84

Capítulo 7 – Demonstração do Resultado do Exercício (DRE) – vertical e dedutiva ... 87
7.1	Como...	87
	7.1.1 A partilha	88
7.2	Do maior para o menor	88

	7.2.1	Conteúdo e forma	88
	7.2.2	O passo a passo da Lei n. 6.404/76	89
7.3	Pausa para exercícios		95

Capítulo 8 – A demonstração dos Fluxos de Caixa (DFC). 101

8.1	Água (mole) em pedra (dura)... Dura....	101
8.2	O "carimbo" legal	102
8.3	Dinheiro vai, dinheiro vem	103
8.4	O que o fluxo revela	103
8.5	Caixa e equivalentes de caixa, segundo a NBC 03	104
	8.5.1 Caixa	104
	8.5.2 Equivalentes de caixa	104
8.6	A DFC em revista	104
	8.6.1 O tempo e o modo	105
	8.6.2 O motivo da separação	105
8.7	Dois métodos para demonstrar os fluxos.	109
	8.7.1 Método direto – dinheiro vivo em mão dupla	109
	8.7.2 Método indireto	112
8.8	Pausa para exercícios	115

Capítulo 9 – Demonstração do Valor Adicionado – partilhando valores 119

9.1	Apontamentos históricos	119
9.2	Exemplificando	119
9.3	Definição institucional dos itens	121
9.4	Outros modelos institucionais para entidades financeiras e seguradoras ...	124
9.5	Pausa para exercícios	127

Capítulo 10 – Demonstração das mutações do Patrimônio Líquido 131

10.1	Definição e serventia	131
	10.1.1 Lei é lei	131
	10.1.2 A CVM reconhece e instrui	131
	10.1.3 O apêndice 10 do CPC 26	131
	10.1.4 Por outro lado...	134
	10.1.5 Seguindo a doutrina – modelo simplificado de uma DMPL	134
	10.1.6 A DMPL sob exame	135
10.2	Pausa para exercícios	137

Capítulo 11 – Apuração de estoques, tempos e métodos 141

11.1	Inventário dos bens vivos	141
	11.1.1 Inventário permanente – "em tempo real"	141
	11.1.2 Inventário periódico – no final, tudo dá certo...	142
11.2	Métodos de apuração	142
	11.2.1 Custo específico	143
	11.2.2 Peps – o primeiro que sai	143
	11.2.3 Ueps – os últimos serão os primeiros	146
	11.2.4 Método da média ponderada	147
11.3	Devoluções e cancelamentos – o mais e o menos na ficha de estoque	149
	11.3.1 Peps	150

Capítulo 12 – Elementos de custos – tópicos relevantes para o exame de suficiência do CFC 151
   12.1 Custos divididos 151
        12.1.1 Aplicabilidade 151
        12.1.2 Variabilidade 153
   12.2 Os custos sob outros ângulos 153
        12.2.1 Custo-padrão 153
   12.3 Terminologia 155

Capítulo 13 – Sistemas de custeio e outros tópicos relevantes 157
   13.1 Custeio por absorção – tudo incluso 157
   13.2 Margem de contribuição – de grão em grão 158
        13.2.1 Margem de contribuição – definições complementares 158
        13.2.2 Um exemplo vale mais do que palavras 158
        13.2.3 Margem de contribuição unitária e total – varejo e atacado 159
        13.2.4 Margem de contribuição – nova aplicação 160
   13.3 Como chegar ao ponto de equilíbrio – o ideal 160
        13.3.1 Mais fácil do que parece 161
        13.3.2 Ponto de equilíbrio financeiro com margem de contribuição negativa – ações para fugir do prejuízo 162
   13.4 Alavancagem operacional – um indicador 163
        13.4.1 Por outro ângulo... 163

Capítulo 14 – Custo inicial ou custo do investimento inicial 167
   14.1 Pensando os custos iniciais – problema 168
   14.2 Fluxo de caixa incremental – como o dinheiro cresce 169
        14.2.1 Calculando o fluxo 170
   14.3 *Payback*: quando o investimento retorna – 360 graus 171
        14.3.1 *Payback* – exemplo 172

Capítulo 15 – Alavancagem financeira: quanto valem os juros? 175
   15.1 Alavancagem financeira – exemplos 176

Capítulo 16 – Exercícios com custos 181

PARTE 2 QUESTÕES DE CONCURSOS E PROVAS DO EXAME DE SUFICIÊNCIA DO CFC – QUESTÕES RESOLVIDAS E PROVAS COMENTADAS 185

Capítulo 17 – Questões de concursos 187

Capítulo 18 – Exame de suficiência 2016.1 – Prova comentada 215

Capítulo 19 – Prova 2022.2 – Comentada 259

Capítulo EXTRA no conecta – Exame de suficiência comentado de 2014.1 e 2015.2

APRESENTAÇÃO

Este livro, cuja segunda edição oferecemos prazerosamente ao crivo da sociedade leitora, é nossa sexta obra na área contábil.

Antes de redigirmos o texto-base e organizarmos as questões aplicadas em concursos públicos, bem como as provas do Exame de Suficiência do Conselho Federal de Contabilidade (CFC), levamos a ideia a alguns pares do magistério com vivência no gênero das publicações. Objetivo: testar a lógica da iniciativa e, de algum modo, dimensionar os atributos e a amplitude da população que poderia ser alcançada pelo livro.

Some-se a essas sondagens preliminares o natural controle de qualidade a que textos e exercícios são submetidos no cotidiano das salas de aula. São os estudantes, em última análise, que, dia após dia, filtram e selecionam aqueles materiais que, num momento futuro e oportuno, tomarão forma gráfica adequada e se disseminarão no mercado em forma de obra técnico-didática.

Ao conjunto desse *feedback*, que sempre concorre para o aprimoramento da técnica e da mensagem, adicionam-se, em outro grau de valor, a análise e a preparação minuciosas por que passam os originais do livro no âmbito da Editora Saraiva, até os aprontos derradeiros da versão final.

Essa sequência de cuidados prévios significa, na verdade, um amplo processo depurativo da obra, sobretudo no tocante à eficiência e à eficácia dos conteúdos, à sua aplicabilidade em cada segmento e, enfim, à aceitação potencial no universo a que o produto se destina. Esse público-alvo situa-se, majoritariamente, nos cursos superiores de Contabilidade, Economia, Gestão Privada e Pública em seus vários níveis acadêmicos e nos cursinhos profissionalizantes e preparatórios para concursos. Ressalte-se, por oportuno, que um nicho específico e expressivo, dentro desse contexto, é constituído pelos bacharelandos em Ciências Contábeis, postulantes naturais ao ingresso em sua profissão – via Exame de Suficiência –, tendo em vista que vencer esse desafio é pré-requisito para seu registro profissional no Conselho da Classe.

NOSSA PROPOSTA DIDÁTICA

Impunha-se nos, como imperativo do ofício de professor, que muito nos honra exercer, agregar uma nova contribuição à bibliografia destinada ao ensino da Contabilidade. Nessa seara, conforme expressa o parágrafo de abertura, já inscrevemos três produções, todas de aplicação essencialmente universitária.

Era imperioso, porém, que o novo trabalho contivesse propósito e atributos capazes de contemplar um leque mais amplo do mercado – notadamente aqueles contingentes que, dentro e fora das fronteiras acadêmicas, buscam materiais e modelos didáticos aptos a sintonizá-los com o que vem sendo exigido pelas bancas, nos concursos públicos em prática nas três esferas de governo. Além destes, como já frisado, destacam-se, em escala crescente, as edições semestrais do Exame de Suficiência, certame com que o CFC seleciona e habilita os futuros realizadores da profissão que ele, como entidade máxima da classe, organiza e representa.

O DESAFIO

Parecia-nos, contudo, de proveito relativo penetrar, com armas convencionais, a seara já estabelecida nessa importante fatia do mercado. Caberia, dessa forma, apostar numa receita alternativa, contendo ingredientes capazes de vencer resistências e rejeições a essa ciência, motivadas – quem sabe? – pelo tecnicismo puro, e por isso mesmo insípido, com que, em muitos casos, ela tem sido escrita e ensinada. Urgia, assim, eliminar, ou reduzir ao mínimo inevitável, as "sete cabeças" do fantasma que ainda atemoriza e afugenta boa fração dos iniciados e o número inteiro de não iniciados.

O desafio, portanto, consistiria em tornar acessível e atraente essa ciência de aplicação específica, fazendo-a mais fácil e palatável para aqueles que a elegeram como meio de profissão. Ou, ainda, para os que dela circunstancialmente necessitam, seja por força das atividades que exercem ou planejam exercer, seja mesmo para enfrentar com êxito oportunidades que eventualmente surgem como válvulas ou soluções momentâneas para suas demandas.

O QUE FAZER? E COMO FAZER?

No enfoque oferecido ao conjunto da matéria e na maneira e ordem de definir, dispor ou tratar cada um de seus elementos, estaria, a nosso ver, a fórmula para o aprendizado.

Assim, a proposta deste livro, como a dos anteriores, contém um viés essencialmente estilístico, com um tempero literário, que busca ilustrar os meios sem desvirtuar os fins. De outro modo, se as revelações subsidiárias do texto não têm em si mesmas o poder de ampliar a densidade dos conteúdos, inegavelmente alargam e aplanam as trilhas a serem percorridas por quem precisa alcançá-los e conhecê-los.

O MEIO...

O meio consiste basicamente em ilustrar a formulação dos conceitos e a descrição dos fatos com títulos, epígrafes ou figuras de linguagem que, sem prejuízo de sua pertinência com o assunto em estudo, e preservando a fidelidade à técnica contábil pura, configurem referências sutis a outras áreas do conhecimento, entre elas a religião, o direito, a filosofia, a neurolinguística, a literatura etc.

Costumamos, aliás, mesclar esses recursos com os conteúdos das aulas que habitualmente ministramos, por julgá-los consentâneos com uma formação técnica ou acadêmica generalista e interdisciplinar, muito em voga no contexto deste mundo globalizado, ou com raras e tênues fronteiras.

PONTO-FINAL

Contabilidade para Concursos e Exame de Suficiência – eis o livro que chega – em nova edição – à praça. Se algo nos permitimos pedir àqueles que o estudarem é que o examinem também pelo que sugerem suas entrelinhas, pois acreditamos que, percebido na horizontalidade e na verticalidade de seus conteúdos, ele poderá constituir-se em um guia útil ao aprendizado da contabilidade para os fins propostos e revelar, adicionalmente, um contexto cultural que buscou transcender os limites dos números e das palavras.

Levamos em conta, ao reapresentá-lo renovado, que os autores, os profissionais contábeis e os estudantes devem portar-se como vigilantes de plantão, pois, parafraseando Veríssimo, na Contabilidade, quando a gente acha que já encontrou todas as respostas, vêm as leis e as Normas Brasileiras de Contabilidade (NBCs) e mudam todas as perguntas.

MUITO OBRIGADO!

O autor.

PARTE I

CONTABILIDADE GERAL

Capítulo 1
CONCEITOS RELEVANTES DE CONTABILIDADE – ADAPTAÇÃO DAS NORMAS BRASILEIRAS AOS PRONUNCIAMENTOS CONTÁBEIS

1.1 POSIÇÃO PATRIMONIAL E FINANCEIRA

Os elementos diretamente relacionados com a mensuração da posição patrimonial financeira são Ativos, Passivos e Patrimônio líquido, definidos como segue.

Ativo é um recurso controlado pela entidade como resultado de eventos passados e do qual se espera que resultem futuros benefícios econômicos para a entidade. Se não houver a expectativa de contribuição futura, direta ou indireta, ao caixa da empresa, não existe o ativo.

Passivo é uma obrigação presente da entidade, derivada de eventos já ocorridos, cuja liquidação se espera que resulte em saída de recursos capazes de gerar benefícios econômicos.

Patrimônio Líquido é o valor residual dos ativos da entidade depois de deduzidos todos os seus passivos.

Receitas são aumentos nos benefícios econômicos durante o período contábil sob a forma de entrada ou aumento de ativos ou diminuição de passivos, que resultam em aumentos do patrimônio líquido e que não sejam provenientes de aporte dos proprietários da entidade.

Despesas são decréscimos nos benefícios econômicos durante o período contábil sob a forma de saída ou redução de ativos ou incrementos em passivos, que resultam em decréscimo do patrimônio líquido e que não sejam provenientes de distribuição de resultado ou de capital aos proprietários da entidade.

1.2 MENSURAÇÃO DOS ELEMENTOS DAS DEMONSTRAÇÕES CONTÁBEIS

Mensuração é o processo que consiste em determinar os valores pelos quais os elementos das demonstrações contábeis devem ser reconhecidos e apresentados no balanço patrimonial e na demonstração do resultado. Esse processo envolve a seleção de uma base específica de mensuração.

a) Custo histórico. Os ativos são registrados pelos valores pagos ou a serem pagos em caixa ou equivalentes de caixa ou pelo valor justo dos recursos que são entregues para adquiri-los na data da aquisição, podendo ou não ser atualizados pela variação na capacidade geral de compra da moeda. Os passivos são registrados pelos valores dos recursos que foram recebidos em troca da obrigação ou, em algumas circunstâncias (por exemplo, imposto de renda), pelos valores em caixa ou equivalentes de caixa que serão necessários para liquidar o passivo no curso normal das operações, podendo também, em certas circunstâncias, ser atualizados monetariamente.

b) Custo corrente (reposição). Os ativos são reconhecidos pelos valores em caixa ou equivalentes de caixa que teriam de ser pagos se esses ativos ou ativos equivalentes fossem adquiridos na data do balanço (por exemplo: avaliação do estoque pelo valor de reposição se este for menor do que o custo de aquisição).

c) Valor realizável (valor de realização ou de liquidação). Os ativos são mantidos pelos valores em caixa ou equivalentes de caixa que poderiam ser obtidos pela venda numa forma ordenada. Os passivos são mantidos pelos seus valores de liquidação, isto é, pelos valores em caixa e equivalentes de caixa não descontados, que se espera seriam pagos para liquidar as correspondentes obrigações no curso normal das operações da entidade.

d) Valor presente. Os ativos são mantidos pelo valor presente descontado do fluxo futuro de entrada líquida de caixa que se espera seja gerado pelo item no curso normal das operações da entidade. Os passivos são mantidos pelo valor presente descontado do fluxo futuro de saída líquida de caixa que se espera seja necessário para liquidar o passivo no curso normal das operações da entidade.

1.3 CONCEITOS DE CAPITAL E DE MANUTENÇÃO DE CAPITAL

1.3.1 CONCEITOS DE CAPITAL

O conceito financeiro de capital é adotado pela maioria das entidades na preparação de suas demonstrações contábeis.

Conceito financeiro de capital: o dinheiro investido ou o seu poder de compra investido, o capital é sinônimo de ativo líquido ou patrimônio líquido da entidade.

Conceito físico de capital: o capital é considerado como a capacidade produtiva da entidade baseada, por exemplo, nas unidades de produção diária.

A seleção do conceito de capital apropriado para a entidade deve ser baseada nas necessidades dos usuários das demonstrações contábeis. Assim, o conceito financeiro de capital deve ser adotado se os usuários das demonstrações contábeis estão principalmente interessados na manutenção do capital nominal investido ou no poder de compra do capital investido. Se, entretanto, a principal preocupação dos usuários é com a capacidade operacional da entidade, o conceito físico de capital deve ser usado. O conceito escolhido indica a meta a ser atingida na determinação do lucro, embora possa haver dificuldades de mensuração em se tornar operacional esse conceito.

Estes conceitos vêm reforçar o que já é natural entre os profissionais da área, os quais se empenham em demonstrar a confiabilidade das informações.

Capítulo 2
ESCRITURAÇÃO – O JOGO DOS DADOS

Escrituração contábil é o registro dos dados e fatos econômico-financeiros gerados na empresa ou para a empresa. Cada um desses registros altera de forma quantitativa e/ou qualitativa o patrimônio da entidade.

2.1 A ATIVIDADE HOJE

Enfatize-se inicialmente que, no estágio atual da contabilidade brasileira, os registros contábeis, fiscais etc. – bem como a geração dos relatórios ou demonstrativos que os ordenam e consolidam – são feitos por meio de sistemas eletrônicos que interligam as diversas áreas da organização. Ao profissional por eles responsável caberá a tarefa de alimentar e operar adequadamente seus sistemas, gerenciar os dados e relatórios produzidos e dar-lhes direcionamento em tempo hábil, segundo as finalidades para que são concebidos.

Cumpre esclarecer também que, a exemplo das demais ferramentas que compõem o aparato tecnológico aplicado ao universo profissional como um todo, os sistemas eletrônicos em uso na atividade contábil brasileira tornam-se a cada dia mais sofisticados e acessíveis aos operadores da profissão.

Por isso, a escrituração, como de resto todas as técnicas de que a Contabilidade se utiliza, é feita com velocidade e precisão jamais imaginadas pelas gerações precedentes. Dessa forma, os termos *escrituração* e *escrita*, de nomes bem postos no passado, embora ainda em voga na atividade, subsistem apenas como símbolos ou remanescentes do jargão profissional, sem, contudo, conservar alguma relação lógica com aquela prática que lhes deu origem.

2.2 O TEMPO E O MÉTODO

A "lei" que rege a escrituração contábil procede de 1494. Ela segue o método das partidas dobradas, ou *método veneziano* (*el modo de Vinegia*), exposto formalmente pela primeira vez pelo frade italiano Luca Pacioli, no livro *Summa de Arithmetica, Geometria proportioni et propornaliti* (ver *Contabilidade intermediária simplificada*, livro de minha autoria publicado pela editora Saraiva).

O método das partidas dobradas é o marco inicial da escola contábil europeia e do próprio *status* de ciência que a contabilidade adquiriria anos mais tarde.

Por esse método, todos os fatos econômico-financeiros gerados em nome da entidade precisam ser registrados em pelo menos duas contas, como "dispositivos" de entrada e/ou saída. Um dos pressupostos básicos desse método diz respeito à natureza oposta (ou efeitos contrários) das contas – ou grupos de contas – que compõem os lançamentos. Trata-se do mecanismo-síntese do método, que a ciência denomina *débito* e *crédito*. Isto é, são dois "polos" em que os valores se contrapõem. E, independentemente da quantidade de contas movimentadas em cada lançamento, os montantes apresentados nos dois lados são necessariamente iguais. Tal mecanismo é traduzido por um axioma, ou verdade universalmente aceita: "a cada débito, corresponde um crédito de igual valor e vice-versa".

A escrituração é, portanto, um sistema de registros e nos permitimos dizer que ela é uma técnica em gênero, dividida em espécies e etapas. Para realizá-la, precisaremos, pois, cumprir um passo a passo. E o primeiro desses passos denomina-se *lançamento*, o qual necessita apresentar uma ordem estabelecida pelas normas e conter certos elementos em sua composição.

Vejamos os aspectos técnicos do lançamento:

1) O lançamento deve ser lastreado por documentos autênticos, emitidos dentro ou fora da empresa, conforme a espécie do registro;
2) Deve ser efetuado no livro Diário, com observância de um conjunto de regras ou formalidades, e o valor lançado em cada conta será imediatamente transferido para o livro Razão, em página específica.

IMPORTANTE: o Razão tem uma página para cada conta e nela são lançados todos os débitos e créditos, sempre que essa conta for movimentada durante o exercício.

Na escrituração eletrônica, a transferência dos valores entre o Diário e o Razão é feita de forma automática.

2.3 O LANÇAMENTO

São seis os seus elementos essenciais:
1) local;
2) data;
3) conta devedora;
4) conta credora;

5) histórico;
6) valor.

2.3.1 CASO PRÁTICO

Uma empresa hipotética efetuou compra a prazo de mercadorias para revenda pelo valor de R$ 100.000,00.

Vejamos os elementos usados pela contabilidade da empresa para efetuar o lançamento no Diário:

Brasília, 30.10.X1. (LOCAL e DATA em que o fato é escriturado.)
D – MERCADORIAS (conta devedora – esta é uma conta de Ativo e, como tal, tem seu valor – saldo – aumentado por meio de um débito).
C – FORNECEDORES (conta credora – esta é uma obrigação e, dessa forma, conta de Passivo e, como tal, possui natureza credora).
HISTÓRICO: valor referente à compra de mercadorias, efetuada nesta data, à empresa Y, conforme Nota Fiscal n. 27. VALOR R$ 100.000,00.

O lançamento adquire, portanto, o seguinte formato:

Cidade Jardim, 30.10.X1.
D – MERCADORIAS
C – FORNECEDORES
    Valor ref. compra de mercadorias,
    efetuada n/data, à empresa Y,
    cfe. N.F. n. 27, em n/poder..R$ 100.000,00

Convém esclarecer que o elemento histórico exige redação objetiva e sucinta, podendo inclusive conter abreviaturas, desde que expressem fielmente o fato registrado.

Ressalte-se, por oportuno, que a escrituração informatizada – prática que tende a generalizar-se – limita-se aos dados estritamente técnicos da ocorrência, como a numeração dos documentos e, em geral, códigos relativos à operação que está sendo lançada.

Outras regras a serem observadas na escrituração (no Diário), como pressupostos de correção e legitimidade, são:
    a) as contas devedoras ficam sempre na posição superior do lançamento;
    b) as contas credoras, por outro lado, são registradas embaixo. Ver lançamento precedente.

Observação: em sala de aula, as folhas do Razão são representadas por gráficos em forma de T e têm esta forma:

a) o saldo devedor sempre ocupa o lado *esquerdo* do gráfico;
b) o saldo credor sempre ocupa o lado *direito*.

Veja como ficou no livro Razão o lançamento do exemplo:

MERCADORIAS

R$ 100.000,00	

FORNECEDORES

	R$ 100.000,00

2.3.2 A(S) FÓRMULA(S)

O lançamento pode ser realizado (ver nosso livro *Contabilidade geral simplificada*, editora Saraiva) como indicado abaixo:

* De primeira fórmula – quando apresenta apenas uma conta devedora e uma conta credora. Pode ser associado ao número 11 (1 débito e 1 crédito).

Como exemplo, reapresentamos o lançamento anterior.
Cidade Jardim, 03.09.X1.
D – MERCADORIAS
C – FORNCEDORES
 Valor ref. compra de mercadorias,
 efetuada n/data, à empresa Y,
 cfe. N.F. n. 27, em n/poder..R$ 100.000,00.

* De segunda fórmula – quando apresenta uma conta devedora e duas ou mais contas credoras. Pode ser associado ao número 12 (1 débito e 2 ou mais créditos).

Propomos, como exemplo de um lançamento de segunda fórmula, a mesma compra de mercadorias objeto do lançamento precedente. Admitindo-se que a mercadoria tenha sido adquirida, metade à vista e metade a prazo, ter-se-á o lançamento com o seguinte formato:

Local e data
D – MERCADORIAS..R$ 100.000,00
C – CAIXA ....R$ 50.000,00
C – DUPLICATAS A PAGAR.........................R$ 50.000,00 .... R$ 100.000,00
 Valor ref. compra de mercadorias,
 efetuada n/data, à empresa Y, metade
 à vista e metade a prazo.

⁕ De terceira fórmula – quando apresenta duas (ou mais) contas devedoras e apenas uma conta credora. Pode ser associado ao número 21 (2 ou mais débitos e 1 crédito).

Exemplo: após constituir sua empresa, o sr. Antônio Decidido integraliza da seguinte forma o capital social:

Local e data
D – CAIXA
Vr. ref. integralização do capital social
À vista .... R$ 60.000,00
D – BANCOS CONTA MOVIMENTO
 Vr. ref. integralização do capital social
 Por depósito bancário............................... R$ 80.000,00........... R$ 140.000,00
C – CAPITAL SOCIAL .... R$ 140.000,00

⁕ De quarta fórmula – quando apresenta duas ou mais contas devedoras e também duas ou mais contas credoras. Pode ser associado ao número 22 (2 ou mais débitos e 2 ou mais créditos).

Exemplo: a empresa do Sr. João Pontual adquiriu materiais de expediente e instalações, pagando metade em dinheiro e metade em cheque. Fez-se assim o lançamento:

Local e data
D – MATERIAIS DE EXPEDIENTE
Vr. ref. Materiais de escritório
Nota fiscal n.. R$ 10.000,00
D – INSTALAÇÕES
Vr. ref. Aquisição de prateleiras p/
uso da empresa.. R$ 24.000,00 ....R$ 34.000,00

C – CAIXA
Pago à vista.. R$ 10.000,00
C – BANCO CONTA MOVIMENTO
Vr. pago com cheque s/n do
BANCO PRAÇA S.A... R$ 24.000,00 ....R$ 34.000,00

Os tópicos anteriores definem e exemplificam o lançamento, seus elementos essenciais e suas fórmulas. Conceituaremos a seguir os elementos básicos, os livros e as formalidades da escrituração.

2.4 OS ELEMENTOS

Os elementos básicos da escrituração classificam-se em *históricos* e *monetários*.
- *Elemento histórico* – registro dos fatos em ordem cronológica. Essa ordem constitui uma das formalidades a que a escrituração terá forçosamente de obedecer. (Trataremos desse assunto em seção específica deste capítulo.)
- *Elemento monetário* – valores associados a contas e que expressam as variações monetárias sofridas pelo patrimônio em determinado período administrativo.

2.5 UMA ESCRITURAÇÃO... COM HOMENS E LIVROS

São livros utilizados pelas empresas em que se registra a escrituração contábil segundo uma ordem padronizada, prevista em normas. Podem ser *obrigatórios* ou *facultativos*.

2.5.1 LIVROS OBRIGATÓRIOS

O rol de livros obrigatórios é variável, segundo a natureza e até o porte da empresa examinada.

São livros contábeis, exigidos por leis comerciais e fiscais, entre outros:
1) Diário.
2) Razão.
3) Registro de duplicatas.
4) Registro de vendas (saídas de mercadorias).

IMPORTANTE: a legislação tributária não considera esses livros obrigatórios para as microempresas ou empresas individuais situadas nas faixas iniciais de faturamento. Entretanto, as Normas Brasileiras de Contabilidade estabelecem que "todas as empresas (estejam ou não enquadradas como microempresas ou optantes do Sistema Simplificado de Tributação – Simples) são obrigadas a manter escrituração regular".

E MAIS: o Código Civil, no seu art. 1.020, determina: "Os administradores são obrigados a prestar aos sócios contas justificadas de sua administração, e apresentar-lhes o inventário anualmente, bem como o balanço patrimonial e o de resultado econômico".

OBSERVAÇÃO: o balanço "de resultado econômico", a que o código se refere, é, na verdade, a Demonstração do Resultado do Exercício, a nossa popular DRE.

Fonte: CHAGAS, Gilson. *Contabilidade intermediária simplificada*. São Paulo: Saraiva, 2014.

A volta aos livros

A Lei n. 6.404/1976, em seu art. 100, dispõe que "a companhia deve ter, além dos livros obrigatórios para qualquer comerciante, os seguintes, revestidos das mesmas formalidades legais":

I – o livro de Registro de Ações Nominativas, para inscrição, anotação ou averbação:
a) do nome do acionista e do número das suas ações;
b) das entradas ou prestações de capital realizado;
c) das conversões de ações, de uma em outra espécie ou classe;
d) do resgate, reembolso e amortização das ações, ou de sua aquisição pela companhia;
e) das mutações operadas pela alienação ou transferência de ações;
f) do penhor, usufruto, fideicomisso, da alienação fiduciária em garantia ou de qualquer ônus que grave as ações ou obste sua negociação.

II – o livro de "Transferência de Ações Nominativas", para lançamento dos termos de transferência, que deverão ser assinados pelo cedente e pelo cessionário ou seus legítimos representantes;

III – o livro de "Registro de Partes Beneficiárias Nominativas" e o de "Transferência de Partes Beneficiárias Nominativas", se tiverem sido emitidas, observando-se, em ambos, no que couber, o disposto nos números I e II deste artigo;

IV – o livro de Atas das Assembleias Gerais;

V – o livro de Presença dos Acionistas;

VI – os livros de Atas das Reuniões do Conselho de Administração, se houver, e de Atas das Reuniões de Diretoria;

VII – o livro de Atas e Pareceres do Conselho Fiscal.
§ 1º A qualquer pessoa, desde que se destinem a defesa de direitos e esclarecimento de situações de interesse pessoal ou dos acionistas ou do mercado de valores mobiliários, serão dadas certidões dos assentamentos constantes dos livros mencionados nos incisos I a III, e por elas a companhia poderá cobrar o custo do serviço, cabendo, do indeferimento do pedido por parte da companhia, recurso à Comissão de Valores Mobiliários.
§ 2º Nas companhias abertas, os livros referidos nos incisos I a V do *caput* deste artigo poderão ser substituídos, observadas as normas expedidas pela Comissão de Valores Mobiliários, por registros mecanizados ou eletrônicos.

2.5.2 LIVROS FACULTATIVOS E AUXILIARES

Segundo a lei, é facultado às empresas adotarem livros destinados a complementar seus registros contábeis, chamados por isso de *auxiliares*. São os mais comuns:
1) Caixa;
2) Contas-correntes;
3) Registro de estoques.

Existem, ainda, os livros trabalhistas, como o Livro de registro de empregados, o Livro de inspeção do trabalho, e os livros fiscais, tendo estes últimos denominações variáveis, segundo a(s) atividade(s) a que a entidade se dedica.

Exemplos: livro de Registro de apuração do ICMS, para empresas comerciais; livro de Registro de prestação de serviços, para empresas prestadoras de serviços e, portanto, sujeitas ao pagamento de Imposto Sobre Serviços de Qualquer Natureza (ISS).

2.6 FORMALIDADES

Os livros contábeis, fiscais e trabalhistas requerem forma própria de utilização e devem, portanto, ser escriturados nos moldes estabelecidos pela lei. Essa trilha legal a ser obedecida pelos contadores tem o nome de *formalidades*. São elas *extrínsecas* ou *intrínsecas*.

2.6.1 FORMALIDADES EXTRÍNSECAS (EXTERIORES)

- Termos de abertura e de encerramento. Os livros precisam conter, na primeira e na última folha, um "termo" preenchido e assinado, indicando sua composição, por exemplo, o número de folhas.
- Registro da Junta Comercial. Para ter validade, os livros necessitam apresentar registro (autenticação) da Junta Comercial do Estado em que a escrita se opera.
- Numeração tipográfica das folhas. As folhas precisam estar tipográfica e sequencialmente numeradas.

2.6.2 FORMALIDADES INTRÍNSECAS (INTERNAS)

- Escrituração em ordem cronológica de dia, mês e ano. É passível de penalidades a empresa cuja escrituração for realizada fora de sequência. Infringe essa formalidade, por exemplo, a escrituração de uma nota fiscal emitida em 6 de novembro, logo após outra datada do dia 7 do mesmo mês.
- Inexistência de emendas, rasuras e espaços em branco. Isso quer dizer que os espaços precisam estar correta e integralmente preenchidos. Não se permitem defeitos de escrita nem as conhecidas entrelinhas, "vacinando-se" assim a escrituração contra "enxertos" indesejáveis.

Vejamos o que as Normas Brasileiras de Contabilidade dispõem sobre as formalidades da escrituração.

NBC T 2.1 – DAS FORMALIDADES DA ESCRITURAÇÃO CONTÁBIL

2.1.1 – A entidade deve manter um sistema de escrituração uniforme dos seus atos e fatos administrativos, através do processo manual, mecanizado ou eletrônico.

2.1.2 – A escrituração será executada:
a) em idioma e moeda corrente nacionais;
b) em forma contábil;
c) em ordem cronológica de dia, mês e ano;
d) com ausência de espaços em branco, entrelinhas, borrões, rasuras, emendas ou transportes para margens;
e) com base em documentos de origem externa ou interna ou, na sua falta, em elementos que comprovem ou evidenciem fatos e a prática de atos administrativos.

2.1.2.1 – A terminologia utilizada deverá expressar o verdadeiro significado das transações.

2.1.2.2 – Admite-se o uso de códigos e/ou abreviaturas nos históricos dos lançamentos, desde que permanentes e uniformes, devendo constar, em elenco identificador, no "Diário" ou em registro especial revestido das formalidades extrínsecas.

2.1.3 – A escrituração contábil e a emissão de relatórios, peças, análises e mapas demonstrativos e demonstrações contábeis são de atribuição e responsabilidade exclusivas de contabilistas legalmente habilitados.

2.1.4 – O Balanço e demais Demonstrações Contábeis de encerramento de exercício serão transcritos no "Diário", completando-se com as assinaturas do contabilista e do titular ou representante legal de entidade.

Igual procedimento será adotado quanto às demonstrações contábeis elaboradas por força de disposições legais, contratuais ou estatutárias.

2.1.5 – O "Diário" e o "Razão" constituem os registros permanentes da entidade.

Os registros auxiliares, quando adotados, devem obedecer aos preceitos gerais da escrituração contábil, observadas as peculiaridades de sua função. No "Diário", serão lançadas, em ordem cronológica, com individualização, clareza e referência ao documento probante, todas as operações ocorridas, inclusive as de natureza aleatória, e quaisquer outros fatos que provoquem variações patrimoniais.

2.1.5.1 – Observado o disposto no "caput", admite-se:
a) a escrituração do "Diário" por meio de partidas mensais;
b) a escrituração resumida ou sintética do "Diário", com valores totais que não excedam as operações de um mês, desde que haja escrituração analítica lançada em registros auxiliares.

2.1.5.2 – Quando o "Diário" e o "Razão" forem feitos por processo que utilize fichas ou folhas soltas, deverá ser adotado o registro "Balancetes Diários e Balanços".

2.1.5.3 – No caso de a Entidade adotar para sua escrituração contábil o processo eletrônico, os formulários contínuos, numerados mecanicamente ou tipograficamente, serão destacados e encadernados em forma de livro.

2.1.5.4 – O livro Diário será registrado no Registro Público Competente de acordo com a legislação vigente.

2.7 PAUSA PARA EXERCÍCIOS

Indique os fatos contábeis que deram origem aos seguintes lançamentos:

QUESTÃO 1
D – Empréstimos e financiamentos
C – Bancos conta movimento

QUESTÃO 2
D – Caixa
C – Duplicatas a receber

QUESTÃO 3
D – MERCADORIAS
C – CAPITAL A INTEGRALIZAR

QUESTÃO 4
D – Bancos conta movimento
C – Duplicatas a receber

Nos lançamentos 5, 6 e 7, indique as contas a serem debitadas e creditadas nos seguintes fatos contábeis:

QUESTÃO 5
Compra de mercadorias, com cheque
D –
C –

QUESTÃO 6
Vendas de mercadorias a prazo
D –
C –

QUESTÃO 7
Recebimento de duplicatas por caixa
D –
C –

GABARITO

1. Pagamento de empréstimos e financiamento com cheque ou débito em conta corrente.
2. Recebimento de duplicatas em dinheiro.
3. Integralização de capital social com mercadorias.
4. Recebimento de duplicatas através de conta corrente bancária.
5. D – Mercadorias (ou compras de mercadorias)
   C – Bancos conta movimento
6. D – Duplicatas a receber
   C – Vendas de mercadorias
7. D – Caixa
   C – Duplicatas a receber

Capítulo 3
BALANCETE DE VERIFICAÇÃO
(EM LINGUAGEM DE HOJE)

Em linguagem técnica, o *balancete de verificação* é um instrumento obrigatório da Contabilidade, destinado a aferir a exatidão dos valores por ela escriturados até a data de sua elaboração.

Numa linguagem simples pode-se definir balancete de verificação como uma tabela ou quadro de contas, com os respectivos saldos, que a contabilidade prepara – mensalmente ou a qualquer tempo – como peça intermediária entre a escrituração feita na empresa e seu balanço patrimonial.

Convém acrescentar que o balancete de verificação não se rege pelas mesmas normas que disciplinam a elaboração do balanço patrimonial. Tampouco o balancete é preparado em função do balanço. A recíproca, porém, é verdadeira: ele constitui a peça-base para a estruturação do balanço, no instante que a entidade dele precisar, e é obrigatório também no encerramento de cada exercício social.

3.1 PARTICULARIDADES

Entre as características e funções do balancete, merece especial destaque aquela que estabelece a igualdade entre os saldos das contas devedoras e credoras que o compõem. Em outros termos: a soma final dos saldos devedores e credores deve ser igual.

Diz-se, informal e jocosamente, que, se os débitos e créditos não chegarem a valores iguais, alguma coisa está errada e essa "alguma coisa" é sempre o contador.

3.2 DA(S) CONTA(S) DO BALANCETE

Devem estar relacionadas no balancete as contas patrimoniais e de resultado, com os saldos a que chegaram na data da elaboração. Elas são dispostas de forma livre ou na ordem do plano de contas da entidade, e não por grau de liquidez, vencimentos ou outros critérios técnicos próprios do balanço.

3.3 A DISPOSIÇÃO DOS DADOS

O saldo de cada conta é lançado na coluna correspondente à sua natureza. Ou seja, as contas devedoras têm seus valores postos na penúltima coluna – da esquerda para a direita (saldo devedor) – e as credoras, na última da direita, que é a coluna destinada aos saldos credores.

Conforme as Normas Brasileiras de Contabilidade, NBC T. 2.7, a estruturação do balancete deve reger-se pelos seguintes critérios:

NBC T 2.7 – DO BALANCETE

1 – O balancete de verificação do Razão é a relação de contas, com seus respectivos saldos, extraídos dos registros contábeis em determinada data.

2 – O grau de detalhamento do balancete deverá ser consentâneo com sua finalidade.

3 – Os elementos mínimos que devem constar do balancete são:
a) identificação da entidade;
b) data a que se refere;
c) abrangência;
d) a identificação das contas e respectivos grupos;
e) saldos das contas, indicando se devedores ou credores;
f) soma dos saldos devedores e credores.

4 – O balancete que se destinar a fins externos à entidade deverá conter nome e assinatura do contabilista responsável, sua categoria profissional e número de registro no CRC.
Logo, os dados de identificação do profissional responsável pela contabilidade da empresa podem ser dispensados, quando se tratar de uma elaboração apenas para "consumo" interno.

5 – O balancete deve ser levantado, no mínimo, mensalmente. Este exemplar mensal exige a identificação do contador.

3.4 MODELO RESUMIDO DE BALANCETE DE VERIFICAÇÃO (QUATRO COLUNAS)

N.	CONTAS	SALDO DEVEDOR	SALDO CREDOR
01	Caixa	R$ 10.000,00	
02	Capital social		R$ 200.000,00
03	Bancos conta movimento	R$ 6.000,00	
04	Aplicações financeiras	R$ 22.000,00	
05	Reservas de capital		R$ 75.000,00
06	Mercadorias	R$ 50.000,00	
07	Aluguéis a vencer	R$ 2.000,00	
08	Adiantamento a diretores	R$ 5.000,00	
09	Títulos a pagar		R$ 15.000,00
10	Seguros a vencer	R$ 3.000,00	
11	Ações e participações	R$ 45.000,00	
12	Imóveis não de uso	R$ 200.000,00	
13	Máquinas e equipamentos	R$ 30.000,00	
14	Veículos	R$ 60.000,00	
15	Móveis e utensílios	R$ 20.000,00	
16	Duplicatas a pagar		R$ 20.000,00
17	Instalações	R$ 20.000,00	
18	Empréstimos e financiamentos		R$ 100.000,00
19	Materiais de expediente	R$ 2.000,00	
20	Receita antecipada		R$ 50.000,00
21	Obrigações trabalhistas		R$ 5.000,00
22	Reservas de lucro		R$ 10.000,00
TOTAL		R$ 475.000,00	R$ 475.000,00

Esse é o modelo resumido daquilo que as Normas Brasileiras de Contabilidade chamam de balancete de verificação. Note-se que, nesse exemplo, o balancete tem apenas quatro colunas, limitando-se, portanto, a mostrar os números de ordem (ou os códigos das contas), os nomes das contas e os respectivos saldos finais (devedor ou credor). Há, porém, o balancete em formato mais amplo, que contém seis colunas, em vez das quatro que aqui apresentamos. Esse outro modelo contém na primeira coluna (da esquerda para a direita) os códigos das contas; na segunda, os nomes; a terceira é destinada a registrar os valores lançados a débito em toda a escrituração do período; e a quarta apresenta os valores lançados a crédito. Nas duas colunas finais, são lançados, respectivamente, o somatório do saldo devedor e o do saldo credor, como ocorre na tabela que compõe nosso exemplo precedente.

3.5 MODELO AMPLIADO DE BALANCETE DE VERIFICAÇÃO (SEIS COLUNAS)

N.	CONTAS	DÉBITOS	CRÉDITOS	SALDO DEVEDOR	SALDO CREDOR
01	Caixa	R$ 50.000,00	R$ 40.000,00	R$ 10.000,00	
02	Capital		R$ 200.000,00		R$ 200.000,00
03	Bancos conta movimentos	R$ 36.000,00	R$ 30.000,00	R$ 6.000,00	
04	Aplicações financeiras	R$ 22.000,00	-	R$ 22.000,00	
05	Reservas de capital	-	R$ 75.000,00		R$ 75.000,00
06	Mercadorias	R$ 250.000,00	R$ 200.000,00	R$ 50.000,00	-
07	Aluguéis a vencer	R$ 2.000,00		R$ 2.000,00	
08	Adiantamento a diretores	R$ 5.000,00		R$ 5.000,00	
09	Títulos a pagar		R$ 15.000,00		R$ 15.000,00
10	Seguros a vencer	R$ 3.000,00		R$ 3.000,00	
11	Ações e participações	R$ 45.000,00		R$ 45.000,00	
12	Imóveis não de uso	R$ 200.000,00		R$ 200.000,00	
13	Máquinas e equipamentos	R$ 30.000,00		R$ 30.000,00	
14	Veículos	R$ 60.000,00		R$ 60.000,00	
15	Móveis e utensílios	R$ 20.000,00		R$ 20.000,00	
16	Duplicatas a pagar		R$ 20.000,00		R$ 20.000,00
17	Instalações	R$ 20.000,00		R$ 20.000,00	
18	Empréstimos e financiamentos		R$ 100.000,00		R$ 100.000,00
19	Materiais de expediente	R$ 2.000,00		R$ 2.000,00	
20	Receita antecipada		R$ 50.000,00		R$ 50.000,00
21	Obrigações trabalhistas		R$ 5.000,00		R$ 5.000,00
22	Reservas de lucro		R$ 10.000,00		R$ 10.000,00
TOTAL		R$ 745.000,00	R$ 745.000,00	R$ 475.000,00	R$ 475.000,00

3.6 PAUSA PARA EXERCÍCIOS

QUESTÃO 1
As contas abaixo compõem o patrimônio, em 31.12.X1, de uma empresa hipotética. Identifique as contas devedoras e credoras, faça o balancete de verificação e informe o valor do débito e do crédito.

Ajustes de avaliação patrimonial .... R$ 5.000,00
Bancos conta movimento .... R$ 15.000,00
Reservas de lucro .... R$ 17.500,00
Salários a pagar .... R$ 16.000,00
Marcas e patentes .... R$ 15.000,00
ICMS a recuperar .... R$ 1.000,00
Mercadorias para venda .... R$ 55.000,00
Computadores e periféricos .... R$ 7.000,00
Veículos .... R$ 20.000,00
Duplicatas a receber .... R$ 17.000,00
PIS/Pasep a recolher .... R$ 400,00
Capital social .... R$ 60.000,00
Reservas de capital .... R$ 1.200,00
Empréstimos a diretores .... R$ 2.000,00
Obras de arte .... R$ 5 000,00
Caixa .... R$ 8.700,00
Fornecedores .... R$ 25.000,00
Duplicatas a pagar (120 dias) .... R$ 21.000,00
Móveis e utensílios .... R$ 15.800,00
Empréstimo (venc. em 13 meses) .... R$ 46.700,00
Duplicatas a pagar (venc. em 15 meses) .... R$ 13.000,00
Prédio comercial .... R$ 40.000,00
Máquinas e equipamentos .... R$ 5.000,00
Imposto de renda a pagar .... R$ 700,00

QUESTÃO 2
As contas abaixo compõem o patrimônio, em 31.12.X1, de uma empresa hipotética. Identifique as contas devedoras e credoras, faça o balancete de verificação e informe o valor do débito e do crédito.

Bancos conta movimento .... R$ 10.000,00
Obrigações trabalhistas .... R$ 7.580,00
Aplicações financeiras diárias .... R$ 5.000,00

Salários a pagar .... R$ 20.000,00
PIS/Pasep a recolher .... R$ 420,00
Mercadorias para venda .... R$ 10.000,00
Cofins a recolher .... R$ 200,00
Computadores e periféricos.. R$ 14.000,00
Veículos... R$ 10.000,00
Duplicatas a receber.. R$ 14.000,00
Material de embalagem... R$ 6.000,00
Capital social.. R$ 29.500,00
Reservas de capital .... R$ 2.400,00
Adiantamento a diretores .... R$ 4.000,00
Obras de arte .... R$ 10 000,00
IPI a recuperar.. R$ 1.500,00
Caixa .... R$ 8.000,00
Fornecedores .... R$ 8.500,00
Duplicatas a pagar (venc. 30.04.X2) .... R$ 2.000,00
Móveis e utensílios .... R$ 10.000,00
Impostos e taxas a pagar.. R$ 4.000,00
Empréstimos e financiamentos (venc. 31.01.X3) .... R$ 27.000,00
Duplicatas a pagar (venc. 31.03.X3) .... R$ 16.000,00
Prédio comercial .... R$ 23.500,00
Máquinas e equipamentos .... R$ 6.000,00
Reservas de lucros.. R$ 13.000,00
Imposto de Renda a pagar... R$ 1.400,00

GABARITO

1. R$ 206.500,00.
2. R$ 132.000,00.

Capítulo 4
DEMONSTRAÇÕES CONTÁBEIS – ORDEM ATUAL

Harmonizar as demonstrações contábeis brasileiras com as normas internacionais é um antigo desejo dos pensadores dessa ciência e profissão. E, graças ao contínuo empenho das lideranças, a contabilidade, suas técnicas e ferramentas têm evoluído de tal modo que o *status* que experimentamos hoje difere significativamente do que fomos ontem e por certo ainda está aquém daquilo que seremos amanhã.

Dessa forma, as alterações inseridas no ordenamento brasileiro, em dezembro de 2007, por meio da Lei n. 11.638, e aprimoradas em 2008 pela Medida Provisória 449 (convertida na Lei n. 11.941/2009), são consequências naturais do que tem sido buscado no curso dos anos e, assim, foram acolhidas de bom grado pelo conjunto da classe.

Não obstante, como costuma acontecer em todo processo de mudanças, tais alterações acarretariam, num primeiro instante, transtornos inevitáveis à atividade, ao ensino acadêmico e à própria bibliografia estabelecida até então. É que, além das reformulações requeridas pelas ferramentas, como sistemas eletrônicos etc., uma importante parcela do acervo bibliográfico da área contábil – notadamente as publicações editadas até 2008 –, em um curto lapso, foi sucessivamente desatualizada. O novo ordenamento modifica a estrutura do balanço e o número das demonstrações obrigatórias, com a exclusão de uma – Demonstração de Origens e Aplicações de Recursos (Doar) – e a inclusão de duas outras – Demonstração dos Fluxos de Caixa (DFC) e Demonstração do Valor Adicionado DVA).

4.1 EM BUSCA DO TEMPO PERDIDO

A Lei n. 11.638, de 28 de dezembro de 2007, promoveu naquele final de ano, com vigência prevista para o início do exercício seguinte, uma intervenção material e numérica no rol "oficial" dos demonstrativos contábeis. Alterou a estrutura do balanço (tema do próximo capítulo) e a relação estabelecida havia décadas pela Lei n. 6.404/76, excluindo a e incorporando duas outras demonstrações até então praticadas apenas como ferramenta suplementar de gerência. São elas a DFC e a DVA.

Com essa operação matemática – que logicamente adiciona recursos novos à técnica e à atividade contábil –, a lista anterior cresceu de cinco para seis demonstrativos e passou a compor-se da seguinte forma:

1) Balanço patrimonial;
2) Demonstração de Lucros e Prejuízos Acumulados;
3) Demonstração do Resultado do Exercício;
4) Demonstração dos Fluxos de Caixa;
5) Demonstração do Valor Adicionado (no caso de companhia aberta);
6) Demonstração das Mutações do Patrimônio Líquido.

4.2 MUDANÇA PUXA MUDANÇA

Em 3 de dezembro de 2008, dias antes, portanto, de terminar o primeiro exercício sob a égide da Lei n. 11.638/2007, a ordem contábil é contemplada de novo com um leque de mudanças. Surge a Medida Provisória n. 449 – posteriormente convertida na Lei n. 11.941/2009 –, que outra vez altera a estrutura do balanço e, de resto, o ordenamento contábil. Algumas das mudanças introduzidas, aliás, não eram apenas postuladas pela classe, mas já vinham sendo antecipadas, de algum modo, por muitos profissionais em certas tarefas especializadas. É o caso, por exemplo, do remanejamento (reclassificação) do grupo Resultado de exercícios futuros nos procedimentos preparatórios para a análise de balanço. Esse grupo acabou excluído do balanço na segunda fase da mudança.

4.3 BALANÇO PATRIMONIAL – NOVA ESTRUTURA

O balanço patrimonial – a mais popular das demonstrações contábeis brasileiras e peça obrigatória em empresas de qualquer porte – continua dividido em dois hemisférios: Ativo (lado esquerdo) e Passivo (lado direito). Duas bandas graficamente paralelas e opostas em essência e composição. Esses dois grupos dividem-se, por seu turno, em subgrupos, segundo um rol de critérios técnicos, tais como: prazos de realização ou exigibilidades de seus elementos, suas finalidades no contexto patrimonial etc.

Trata-se de uma demonstração contábil estática. Isto é, retrata o patrimônio da empresa ou instituição nas condições de quantidade e qualidade do dia em que o balanço é elaborado. E é com esse *status* que, a qualquer tempo, ele será interpretado pelos analistas e visto e considerado pelos demais destinatários.

Esse levantamento é obrigatório e usualmente feito no encerramento do exercício social. Pode, todavia, ocorrer a qualquer tempo, segundo conveniências momentâneas da entidade.

O balanço expõe e dispõe – nos sentidos amplos desses termos – os haveres e deveres da entidade (bens, direitos e obrigações) e representa também uma equação entre o que a entidade possui, o que deve a terceiros e o que sobra para seus proprietários. O valor resultante dessa conta (Bens + Direitos – Obrigações) é denominado situação líquida. Se for positivo, chamar-se-á patrimônio líquido. Se negativo, passivo a descoberto. E pode ainda ser igual a zero. Ou seja, quando o jogo entre o que a empresa possui e o que deve – caso raro, mas de ocorrência possível – terminar empatado, tem-se a chamada situação nula.

4.4 DEMONSTRAÇÃO DE LUCROS OU PREJUÍZOS ACUMULADOS (DLPA)

Não obstante a Lei n. 11.638/2007 tenha extinguido a conta *Lucros acumulados*, deixando para o patrimônio líquido apenas "o prejuízo", isto é, "prejuízos acumulados", a DLPA tem sua existência prolongada. Mantém-se na lista das demonstrações contábeis oficiais, isto é, aquelas relacionadas na Lei n. 6.404/76.

A DLPA mostra a forma como se compõe e se distribui o lucro ou prejuízo da entidade. Essa demonstração será tratada com seus pormenores, no *capítulo 5* deste livro.

4.5 DEMONSTRAÇÃO DO RESULTADO DO EXERCÍCIO SEGUNDO A LEI OU DEMONSTRAÇÃO DO RESULTADO DO PERÍODO, COMO ESTÁ NO CPC 26

A Demonstração do Resultado do Exercício (DRE), segundo a Lei n. 6.404/76, art. 187, também chamada de Demonstração do Resultado do Período (DRP), conforme o Comitê de Pronunciamentos Contábeis 26 (CPC 26), ou simplesmente de DRE, como é tratada nos meios contábeis, mostra os saldos finais das receitas, custos e despesas computados na entidade, no curso do exercício social – ou, de outro modo, os saldos acumulados no dia de sua elaboração.

O próprio nome define seu conteúdo e finalidade. A DRE não apura, apenas demonstra, segundo a ordem legal, as contas e valores já conhecidos no processo da apuração do resultado. Em outras palavras, demonstra o resultado que a empresa obteve no exercício. Consiste numa relação de contas, dispostas vertical e dedutivamente, contendo os valores apurados e gastos pela empresa durante o período. Em sua última linha, fica evidenciada a diferença (positiva ou negativa) entre as receitas auferidas e os custos e despesas incorridos.

Destinamos o capítulo 7 deste livro ao estudo detalhado desse importante tema.

4.6 DEMONSTRAÇÃO DOS FLUXOS DE CAIXA (DFC) – A RIQUEZA EM ESPÉCIE

Esse demonstrativo – abreviadamente chamado de DFC – ingressou no "quadro oficial" das demonstrações contábeis brasileiras a partir do exercício de 2008. Foi admitida por força da Lei n. 11.638/2007. Antes, e durante muitos anos, ela foi praticada apenas de forma pontual e não obrigatória.

A DFC demonstra o movimento financeiro da entidade num período determinado. Apresenta, de forma ordenada, o saldo inicial, as entradas e saídas do dinheiro no caixa e equivalentes de caixa – independentemente da época em que as receitas tenham sido geradas e os gastos, incorridos – e o saldo final.

No seu modelo direto, apresenta, também, a classificação das entradas e saídas sob os *fluxos das operações, dos financiamentos e dos investimentos*.

A DFC pode ser feita em qualquer fase do exercício, segundo a necessidade ou o interesse momentâneo da entidade. A Lei n. 11.638, que a incluiu na lista de demonstrações oficiais, em substituição à Doar, tornou sua publicação anual obrigatória para as seguintes entidades:

a) sociedades anônimas de capital aberto;
b) sociedades de capital fechado, cujo patrimônio líquido seja igual ou superior a dois milhões de reais.

Trataremos dessa demonstração, com mais informações e sua forma de elaboração, no capítulo 8 deste livro.

4.7 DEMONSTRAÇÃO DO VALOR ADICIONADO (DVA) – UMA VISÃO SISTÊMICA DA EMPRESA

Incluída na Lei n. 6.404/76 pela Lei n. 11.638/2007, a DVA retrata a riqueza que a entidade auferiu no exercício e a forma como esses valores são distribuídos entre os correspondentes (fornecedores, governos etc.), colaboradores e proprietários.

O Conselho Federal de Contabilidade (CFC) já a institucionalizara por meio da Resolução n. 1.010/2005, normativo que também descrevia sua estrutura e conteúdo. A ordem institucional em vigor, até a publicação deste livro, traça a composição da DFC através da NBC TG 09 (normativo mais recente).

Para ela reservamos o capítulo 9.

4.8 DEMONSTRAÇÃO DAS MUTAÇÕES DO PATRIMÔNIO LÍQUIDO (DMPL)

A DMPL evidencia as mudanças ocorridas nas contas do patrimônio líquido (PL) em determinado período. Começa pelos saldos iniciais das contas do PL, registra os ajustes dos períodos anteriores, os aumentos do capital social e suas fontes, as reversões de reservas, o lucro do exercício em curso, a transferência deste para reservas e dividendos e – por fim – seu saldo final.

No capítulo 10, apresentaremos essa demonstração de corpo inteiro. Até lá!

Capítulo 5
BALANÇO PATRIMONIAL – DEMONSTRAÇÃO DE RIQUEZA

O Balanço Patrimonial – o mais popular demonstrativo contábil brasileiro, obrigatório para entidades de quaisquer espécie, ramo e porte (Código Civil, art. 1.020) – é definido como a relação nominal – e tecnicamente ordenada – dos componentes do patrimônio, com seus valores finais, apurados no encerramento do período. É o próprio retrato da dimensão patrimonial da entidade no fechamento do exercício social ou de um período determinado pela empresa, segundo sua particular necessidade.

Saliente-se que esse demonstrativo contábil, a exemplo dos demais que a Lei n. 6.404/76 estabelece, é tratado subsidiariamente pelo CPC e, assim, pelas Normas Brasileiras de Contabilidade.

O Balanço compõe-se, segundo a lei supramencionada, de dois grandes grupos denominados Ativo e Passivo. Por seu turno, o Comitê de Pronunciamento Contábeis amplia para três o número dessas divisões. Ele separa (conceitualmente) o Balanço em: Ativo, Passivo e Patrimônio Líquido. Em ponto próprio deste capítulo, estudaremos, em pormenores, essa divergência recorrente entre os citados normativos.

Em qualquer das duas fontes, entretanto, as contas que integram o Balanço são classificadas e dispostas tendo em vistas critérios técnicos, como grau de liquidez, finalidades, vencimentos, entre outros, ocupando cada uma o subgrupo pertinente às suas características.

5.1 DESTAQUE DA NORMA

Sobre a classificação das contas, a NBC TG 26 (R3), em tópico específico de seu contexto, faz esta elucidação:

A norma não prescreve a ordem ou o formato que deva ser utilizado na apresentação das contas do balanço patrimonial, mas a ordem legalmente instituída no Brasil deve ser observada. O item 54 simplesmente lista os itens que são suficientemente diferentes na sua natureza ou função para assegurar uma apresentação individualizada no balanço patrimonial.

Fica patente, dessa forma, que a classificação deve seguir a ordem traçada pela lei.

Diz a Lei n. 6.404/76:

> Art. 178. No balanço, as contas serão classificadas segundo os elementos do patrimônio que registrem, e agrupadas de modo a facilitar o conhecimento e a análise da situação financeira da companhia.
>
> § 1º No ativo, as contas serão dispostas em ordem decrescente de grau de liquidez dos elementos nelas registrados, nos seguintes grupos:
>
> I – ativo circulante; e (Incluído pela Lei n. 11.941, de 2009)
>
> II – ativo não circulante, composto por ativo realizável a longo prazo, investimentos, imobilizado e intangível. (Incluído pela Lei n. 11.941, de 2009)

O significado próprio para a expressão "grau de liquidez", a que o art. 178 se refere no § 1º, é a capacidade que os elementos patrimoniais (bens e direitos) têm de transformar-se em dinheiro. E esse grau de liquidez que o dispositivo legal reconhece existir nas contas do Ativo obedece à "ordem decrescente". Por exemplo, as três primeiras contas do Balanço proposto neste capítulo são: caixa, bancos conta movimento e aplicações financeiras diárias. Elas ocupam essa ordem no balanço em razão de sua liquidez plena, ou disponibilidade para uso imediato.

Não por acaso, essas contas integram um segmento do grupo circulante que a lei denomina disponibilidades e que a doutrina consagrou como disponível. Nelas se encontram o dinheiro vivo em poder da empresa, pronto para utilização rápida (Caixa) ou depositado à disposição de seus gestores em alguma instituição financeira (Bancos Conta Movimento) e Aplicações Financeiras Diárias ou de Liquidez Imediata – recursos que o CPC 03 considera "equivalentes de Caixa". A entidade pode dispor desses valores no momento e na forma de sua necessidade.

Compõem ainda o Ativo Circulante, pela ordem decrescente de liquidez, os bens e direitos que deverão realizar-se (converter-se em dinheiro) até doze meses da data do Balanço: Disponibilidades, Direitos Realizáveis no Curso do Exercício Social Subsequente e Despesas do Exercício Seguinte.

5.2 COMENTA-SE

A "ordem decrescente de grau de liquidez" vale também para as outras contas do Ativo Circulante e para o Ativo Não Circulante, subgrupo Realizável a Longo Prazo.

Vejamos também o que preceitua o art. 179 da Lei n. 6.404/76:

> Art. 179. As contas serão classificadas do seguinte modo:
> I – no ativo circulante: as disponibilidades, os direitos realizáveis no curso do exercício social subsequente e as aplicações de recursos em despesas do exercício seguinte;
> II – no ativo realizável a longo prazo: os direitos realizáveis após o término do exercício seguinte, assim como os derivados de vendas, adiantamentos ou empréstimos a sociedades coligadas ou controladas (artigo 243), diretores, acionistas ou participantes no lucro da companhia, que não constituírem negócios usuais na exploração do objeto da companhia;
> III – em investimentos: as participações permanentes em outras sociedades e os direitos de qualquer natureza, não classificáveis no ativo circulante, e que não se destinem à manutenção da atividade da companhia ou da empresa;
> IV – no ativo imobilizado: os direitos que tenham por objeto bens corpóreos destinados à manutenção das atividades da companhia ou da empresa ou exercidos com essa finalidade, inclusive os decorrentes de operações que transfiram à companhia os benefícios, riscos e controle desses bens; (Redação dada pela Lei n. 11.638, de 2007);
> V – (Revogado pela Lei n. 11.941, de 2009);
> VI – no intangível: os direitos que tenham por objeto bens incorpóreos destinados à manutenção da companhia ou exercidos com essa finalidade, inclusive o fundo de comércio adquirido. (Incluído pela Lei n. 11.638, de 2007)
> Parágrafo único. Na companhia em que o ciclo operacional da empresa tiver duração maior que o exercício social, a classificação no circulante ou longo prazo terá por base o prazo desse ciclo.

5.3 A NBC TG 00 – ESTRUTURA CONCEITUAL

Assim define:

> Ativo: é um recurso controlado pela entidade como resultado de eventos passados e do qual se espera que resultem futuros bene-

fícios econômicos para a entidade. Se não houver a expectativa de contribuição futura, direta ou indireta, ao caixa da empresa, não existe o ativo.

Em outros termos, nesse lado esquerdo do Balanço estão aplicados os recursos que, em algum momento, por diversas fontes, ingressaram no patrimônio da entidade. Tais recursos têm como finalidade essencial gerar novas riquezas para a organização.

5.4 A VISÃO DA NBC TG 26

5.4.1 ATIVO CIRCULANTE

O ativo deve ser classificado como circulante quando satisfizer qualquer dos seguintes critérios:

- Espera-se que seja realizado, ou pretende-se que seja vendido ou consumido no decurso normal do ciclo operacional da entidade;
- Está mantido essencialmente com o propósito de ser negociado;
- Espera-se que seja realizado até doze meses após a data do balanço; ou
- É caixa ou equivalente de caixa (conforme definido no Pronunciamento Técnico CPC 03 – Demonstração dos Fluxos de Caixa).

Todos os demais ativos devem ser classificados como não circulantes. A norma arremata:

> Este Pronunciamento utiliza o termo "não circulante" para incluir ativos tangíveis, intangíveis e ativos financeiros de natureza associada a longo prazo. Não se proíbe o uso de descrições alternativas desde que seu sentido seja claro.

5.4.2 COMENTA-SE

Como veremos em tópicos subsequentes, os ativos tangíveis que o CPC "inclui" no grupo não circulante são exatamente aqueles que a Lei n. 6.404/76 classifica nos subgrupos Investimentos e Imobilizado (obras de arte, imóveis, veículos, máquinas etc). Os ativos financeiros ocupam fundamentalmente o Realizável a Longo Prazo (contas a receber, empréstimos a receber e CDBs, certificados de depósitos bancários, por exemplo) e os "intangíveis" estão no segmento do mesmo nome que lhes foi reservado pela Lei n. 11.638/2007. Ex.: marcas, patentes, *softwares* etc.

5.4.3 ADENDO

Esclareça-se que o termo "circulante" na Contabilidade, como na semântica, contém a ideia da dinâmica ou rapidez com que certos bens, direitos e obrigações transitam pelo patrimônio da entidade. Isto é, o curto prazo que eles têm para realizarem-se (serem recebidos) ou para serem exigidos (pagos). A mesma relação causal está contida na expressão "não circulante", que obviamente indica morosidade ou prazo mais elástico de realização.

5.4.4 SEGUE A NORMA...

O ativo não circulante deve ser subdividido em realizável a longo prazo, investimentos, imobilizado e intangível. Sendo:

* Realizável a Longo Prazo: é composto por bens e direitos com liquidez após o último dia do exercício seguinte. Exemplos de contas classificadas nessa divisão do Ativo Não Circulante:
    a) Duplicatas a receber (longo prazo);
    b) Títulos a receber em longo prazo;
    c) Investimentos temporários ou
* Aplicações Financeiras de longo prazo, inclusive CDB e RDB;
* Empréstimos (ou adiantamentos) a diretores e acionistas;
* Empréstimos a empresas coligadas e controladas.

5.4.5 INVESTIMENTOS

São arroladas nessa divisão do ativo não circulante aqueles bens e direitos que a empresa possui, não pretende vender e nem está usando em suas atividades.

VOLTA AO CPC:

No Grupo Investimentos são classificadas as participações e aplicações financeiras de caráter permanente, com o objetivo de gerar rendimentos para a empresa de forma que esses bens e direitos não sejam destinados à manutenção das atividades normais da companhia.

NOTA NOSSA!

No Balanço Patrimonial que virá no fim deste capítulo relacionaremos algumas contas que integram os Investimentos e os demais subgrupos do Ativo Não Circulante.

RESSALVAS

Caso a empresa venha a ter intenção de vender algum bem ou direito não relacionado a sua atividade e saiba quando pretende colocá-lo à venda (no curto ou longo prazo), deverá classificar o bem no Ativo Circulante (se for no curto prazo) ou no Realizável a Longo Prazo (se for no longo prazo), não sendo mais classificado no grupo Investimentos.

IMOBILIZADO

Nesse subgrupo, são classificados aqueles bens corpóreos (materiais) que a empresa possui, não pretende vender, mas está usando em suas atividades quotidianas. "São mantidos para uso na produção ou fornecimento de mercadorias ou serviços, para aluguel a outros, ou para fins administrativos; e se espera utilizar por mais de um período".

5.4.6 O QUE DIZEM NORMA E LEI

Segundo a Lei n. 6.404/76, art. 179, IV, classificam-se no ativo imobilizado os direitos que tenham por objeto bens corpóreos destinados à manutenção das atividades da companhia ou da empresa ou exercidos com essa finalidade, inclusive os decorrentes de operações que transfiram à companhia os benefícios, riscos e controle desses bens (Redação dada pela Lei n. 11.638/2007).

O pronunciamento técnico CPC 27 define ativo imobilizado como um bem tangível que: "É mantido para uso na produção ou fornecimento de mercadorias ou serviços, para aluguel a outros ou para fins administrativos".

Imobilizado, de outro modo, é um agrupamento de ativos de natureza e uso semelhantes nas operações da entidade. São exemplos de classes individuais:

- terrenos;
- terrenos e edifícios;
- máquinas;
- navios;
- aviões;
- veículos a motor;
- móveis e utensílios;
- equipamentos de escritório;
- plantas portadoras.

5.4.7 ATIVO INTANGÍVEL

As entidades frequentemente despendem recursos ou contraem obrigações com a aquisição, o desenvolvimento, a manutenção ou o aprimoramento de recursos intangíveis como conhecimento científico ou técnico, desenho e implantação de novos processos ou sistemas, licenças, propriedade intelectual, conhecimento mercadológico, nome, reputação, imagem e marcas registradas (incluindo nomes comerciais e títulos de publicações).

COMPÕEM O INTANGÍVEL

Softwares, marcas, patentes, fundo de comércio, direitos autorais, direitos sobre filmes cinematográficos, listas de clientes, direitos sobre hipotecas, licenças de pesca, quotas de importação, franquias, relacionamentos com clientes ou fornecedores, fidelidade de clientes, participação no mercado e direitos de comercialização.

OUTRA VEZ, À LEI

Descrita a ordem do ativo, passaremos a partir de agora ao estudo do grupo "oposto" – passivo –, situado no lado direito do Balanço.

A Lei n. 6.404/76 assim conceitua:

> Passivo Exigível
> Art. 180. As obrigações da companhia, inclusive financiamentos para aquisição de direitos do ativo não circulante, serão classificadas no passivo circulante, quando se vencerem no exercício seguinte, e no passivo não circulante, se tiverem vencimento em prazo maior, observado o disposto no parágrafo único do art. 179 desta Lei. (Redação dada pela Lei n. 11.941, de 2009)

5.4.8 PASSIVO – CONCEITO DA CPC 00 – ESTRUTURA CONCEITUAL

"É uma obrigação presente da entidade, derivada de eventos já ocorridos, cuja liquidação se espera que resulte em saída de recursos capazes de gerar benefícios econômicos."

REQUISITOS DO PASSIVO (CIRCULANTE E NÃO CIRCULANTE)

Segundo a NBC TG 26:

> Passivo circulante
> Art. 69. O passivo deve ser classificado como circulante quando satisfizer qualquer dos seguintes critérios:
> a) espera-se que seja liquidado durante o ciclo operacional normal da entidade;
> b) está mantido essencialmente para a finalidade de ser negociado;

c) deve ser liquidado no período de até doze meses a contar da data do balanço; ou
d) a entidade não tem direito incondicional de diferir a liquidação do passivo durante pelo menos doze meses após a data do balanço.

Todos os outros passivos devem ser classificados como não circulantes.

5.4.9 PATRIMÔNIO LÍQUIDO – O RETRATO DO PL CONFORME A LEI N. 6.404/76

Art. 182. A conta do capital social discriminará o montante subscrito e, por dedução, a parcela ainda não realizada.

§ 1º Serão classificadas como reservas de capital as contas que registrarem:
a) a contribuição do subscritor de ações que ultrapassar o valor nominal e a parte do preço de emissão das ações sem valor nominal que ultrapassar a importância destinada à formação do capital social, inclusive nos casos de conversão em ações de debêntures ou partes beneficiárias;
b) o produto da alienação de partes beneficiárias e bônus de subscrição;

§ 2º Será ainda registrado como reserva de capital o resultado da correção monetária do capital realizado, enquanto não capitalizado.

§ 3º Serão classificadas como ajustes de avaliação patrimonial, enquanto não computadas no resultado do exercício em obediência ao regime de competência, as contrapartidas de aumentos ou diminuições de valor atribuídos a elementos do ativo e do passivo, em decorrência da sua avaliação a valor justo, nos casos previstos nesta Lei ou, em normas expedidas pela Comissão de Valores Mobiliários, com base na competência conferida pelo § 3º do art. 177 desta Lei. (Redação dada pela Lei n. 11.941, de 2009)

§ 4º Serão classificados como reservas de lucros as contas constituídas pela apropriação de lucros da companhia.

§ 5º As ações em tesouraria deverão ser destacadas no balanço como dedução da conta do patrimônio líquido que registrar a origem dos recursos aplicados na sua aquisição.

O PL SEGUNDO O CPC 00

Patrimônio Líquido: é o valor residual dos ativos da entidade depois de deduzidos todos os seus passivos.

5.4.10 COMENTA-SE

O conceito que o CPC 00, em síntese, atribui aos "ativos", corresponde, em outros termos, ao que a Lei n. 6.404/76 classifica e descreve como Ativo Circulante e Ativo não Circulante, com todos os seus subgrupos e contas. Por outro lado, a ideia que ele, em sua definição, exprime de "passivos", a Lei n. 6.404/76 restringe à composição dos grupos Passivo Circulante e Passivo não Circulante. Ou seja, todas as obrigações (ou passivo exigível) da entidade. Quanto ao Patrimônio Líquido que a Lei n. 6.404/76 inclui no grupo Passivo, restringe-se à situação líquida positiva – e não exigível – do patrimônio.

5.4.11 CIRCULANTE OU NÃO CIRCULANTE?

HÁ DUAS PREPOSIÇÕES NO MEIO DO CAMINHO

Está posto que a separação das contas por subgrupos ou prazos segue parâmetros da lei e das Normas Brasileiras de Contabilidade. Objetivando maior efeito didático na montagem do Balanço Patrimonial – e na formação dos grupos, como consequência –, pinçamos duas preposições para auxiliar-nos em clareza.

A tarefa de distinguir, por exemplo – tanto no Ativo quanto no Passivo –, os elementos "circulantes" dos "não circulantes" parece-nos facilitada pelo uso das preposições ATÉ e APÓS. Essas palavras-chave têm considerável poder associativo e ajudam o estudante não a memorizar, mas a entender esses conceitos decisivos para a construção correta desse importante demonstrativo.

Observe-se que os bens e direitos inseridos no Ativo Circulante são realizáveis (recebíveis) ATÉ o último dia do exercício seguinte. Isto é, 12 meses contados da data do balanço, quando o ciclo operacional da entidade não for superior a esse prazo.

O CPC 26 fecha (define) o ciclo:

> O ciclo operacional da entidade é o tempo entre a aquisição de ativos para processamento e sua realização em caixa ou seus equivalentes. Quando o ciclo operacional normal da entidade não for claramente identificável, pressupõe-se que sua duração seja de doze meses.

Os ativos circulantes incluem ativos que são vendidos (tais como estoque e contas a receber comerciais), consumidos ou realizados como parte do ciclo operacional normal mesmo quando não se espera que sejam realizados no período de até doze meses após a data do balanço.

Os ativos circulantes também incluem ativos essencialmente mantidos com a finalidade de serem negociados (por exemplo, ativos financeiros dentro dessa categoria classificados como disponíveis para venda de acordo com o Pronunciamento Técnico CPC 38 – Instrumentos Financeiros: Reconhecimento e Mensuração) e a parcela circulante de ativos financeiros não circulantes.

NOSSO OBSERVATÓRIO

Um exemplo de "parcela circulante de ativos financeiros não circulantes", referida no CPC 38, é o valor correspondente aos primeiros 12 meses de uma aplicação financeira (RDB, CDB etc.) com resgate a longo prazo.

DE VOLTA ÀS PREPOSIÇÕES

Assim, as contas do Ativo com realização prevista para um período superior a doze meses, isto é, APÓS o término do exercício seguinte, classificam-se no Ativo Realizável a Longo Prazo. Este grupo, que até 2008 era o segundo segmento do Ativo, a partir do exercício de 2009 perdeu o "status" de grupo independente e transformou-se em uma subdivisão (a primeira) do Ativo não Circulante.

ASSIM NO ATIVO COMO NO PASSIVO

O mesmo raciocínio aplicável aos bens e direitos vale também para as obrigações – contas do Passivo exigível – no que tange a seus vencimentos ou prazos de exigibilidades. Isto é, as obrigações vencíveis ATÉ 12 meses da data do Balanço classificam-se no Passivo Circulante; e as que serão pagas APÓS 12 meses vão para o Passivo não Circulante.

Ressalte-se, novamente, que, nas empresas cujo ciclo operacional é superior a um ano (raros casos), o circulante e o não circulante obedecem à duração desse período, já definido na citação anterior.

PAUSA PARA PREPARAR BALANÇO

No curso de um certo exercício social, ou em outro período considerado pela entidade, ocorreu uma série de operações dentro da empresa/sociedade empresária tomada aqui como exemplo. As contas movimentadas chegaram, no encerramento do período, a seus saldos finais. Nesse ponto, elas são relacionadas no balancete de verificação e, por fim, assumem os lugares que lhes são próprios no patrimônio da empresa. É hora, pois, de se elaborar o Balanço, com conteúdo e forma previstas na Lei n. 6.404/76 e nas Normas Brasileiras de Contabilidade. Eis, enfim, o demonstrativo contábil mais conhecido no mercado brasileiro: BALANÇO

PATRIMONIAL (no lado esquerdo, o Ativo – bens e direitos: os recursos aplicados pela entidade, para gerar novas e futuras riquezas).

O Exemplo:

ATIVO

CIRCULANTE
DISPONIBILIDADES
    Caixa ....R$ 40.000,00
    Bancos Conta Movimento ....R$ 30.000,00
    Aplicações financeiras diárias ....R$ 74.000,00

DIREITOS REALIZÁVEIS NO CURSO DO EXERCÍCIO
SOCIAL SUBSEQUENTE
    Duplicatas a Receber ....R$ 103.000,00
    Promissórias a Receber ....R$ 10.000,00
    (–) Provisão para Créditos de Liquidação
    Duvidosa* .... (R$ 3.000,00)
    Adiantamentos a Empregados ....R$ 3.000,00
    Cheques em Cobrança ....R$ 1.000,00
    Dividendos a Receber ....R$ 1.000,00
    Impostos a Recuperar
    ICMS a Recuperar ....R$ 14.000,00

Estoques:
    Mercadorias ....R$ 127.000,00
    Material de Embalagem ....R$ 16.000,00
    Almoxarifado ....R$ 4.000,00

    Estoque de Material de Expediente ....R$ 6.000,00
    (–) Provisão para Perdas de Estoques ....(R$ 10.000,00)*

DESPESAS DO EXERCÍCIO SEGUINTE:
    Aluguéis Passivos a Apropriar (ou a Vencer) ....R$ 5.000,00
    Juros Passivos a Apropriar (ou a Vencer) ....R$ 2.000,00
    Seguros a Vencer ....R$ 5.000,00
    Outras Despesas Pagas Antecipadamente ....R$ 6.000,00
TOTAL DO ATIVO CIRCULANTE ....R$ 434.000,00

ATIVO NÃO CIRCULANTE
REALIZÁVEL A LONGO PRAZO:
    Adiantamento a Diretores e Acionistas .... R$ 4.000,00
    Empréstimos a Sociedades Coligadas .... R$ 14.000,00
    Duplicatas a Receber em Longo Prazo .... R$ 20.000,00

INVESTIMENTO
    Participações em Outras Empresas .... R$ 50.000,00
    Obras de Arte .... R$ 16.000,00
    Imóveis não de Uso .... R$ 60.000,00
    Ações .... R$ 15.000,00
    (–) Provisão para Perdas com Investimento .... (R$ 5.000,00)

IMOBILIZADO
    Computadores e Periféricos .... R$ 11.000,00
    Imóveis .... R$ 90.000,00
    Instalações .... R$ 5.000,00
    Móveis e Utensílios .... R$ 3.000,00
    Veículos .... R$ 27.000,00
    Máquinas e Equipamentos .... R$ 10.000,00
    (–) Depreciação Acumulada .... (R$ 20.000,00)*

INTANGÍVEL
    Marcas e Patentes .... R$ 14.000,00
    Fundo de Comércio .... R$ 56.000,00

TOTAL DO ATIVO NÃO CIRCULANTE .... R$ 370.000,00
ATIVO TOTAL .... R$ 804.000,00
*Contas Redutoras de Ativo

PASSIVO (LADO DIREITO)

No que tange à ordem do passivo, embora a lei não a defina expressamente, a própria natureza dos (sub)grupos, à exceção do patrimônio líquido, sugere que as contas sejam dispostas em ordem decrescente de exigibilidade. Em outras palavras, as obrigações são ordenadas – de cima para baixo – segundo os respectivos vencimentos. Primeiramente, vem a mais exigível (vencimento mais próximo); em seguida, a segunda mais exigível e assim por diante. Tomaremos aqui por modelo o Passivo que completa este Balanço:

PASSIVO CIRCULANTE
  COFINS a Recolher ....R$ 2.500,00
  ICMS a Recolher ....R$ 6.000,00
  IPI a Recolher ....R$ 5.000,00
  IRRF sobre Lucro Líquido a Recolher...R$ 8.500,00
  ISS a Recolher ....R$ 23.000,00
  PIS sobre Faturamento a Recolher ....R$ 5.000,00
  Contas a Pagar...R$ 10.000,00
  FGTS a Recolher...R$ 4.000,00
  Salários a Pagar...R$ 30.000,00
  Provisão para Contribuição Social..R$ 5.000,00
  Provisão para Férias ....R$ 7.000,00
  Provisão para Imposto de Renda ....R$ 3.000,00
  Duplicatas a Pagar..R$ 46.000,00
  Fornecedores ....R$ 54.000,00
  Empréstimos a Pagar..R$ 116.000,00
  Financiamento a Pagar..R$ 26.000,00
  Promissórias a Pagar..R$ 112.000,00
  Empréstimos a Pagar – Duplicatas Descontadas..........................R$ 35.000,00
  Encargos Financeiros a Apropriar.. (R$ 1.000,00)
TOTAL DO PASSIVO CIRCULANTE ....R$ 497.000,00

PASSIVO NÃO CIRCULANTE
  Duplicatas a Pagar após 365 dias...R$ 10.000,00
  Fornecedores (após 365 dias) ....R$ 22.000,00
TOTAL PASSIVO NÃO CIRCULANTE ....R$ 32.000,00

PATRIMÔNIO LÍQUIDO
  Capital Subscrito ....R$ 229.000,00
  (–) Capital a Realizar .... (R$ 10.000,00)**
  Reserva de Capital...R$ 24.000,00
  Ações de Emissão Própria em Tesouraria...................................... (R$ 9.000,00)**
  Ajustes de Avaliação Patrimonial ....R$ 13.000,00
  Reserva Legal..R$ 12.000,00
  Reservas Estatutárias ....R$ 5.000,00
  Reservas para Contingências ....R$ 6.000,00
  Reserva de Incentivos Fiscais..R$ 5.000,00
TOTAL DO PATRIMÔNIO LÍQUIDO...R$ 275.000,00

** Contas Redutoras de Patrimônio Líquido
TOTAL DO PASIVO (inclusive PL) ....R$ 804.000,00

Relativamente ao Patrimônio Líquido, temos a enfatizar, finalmente, que esse grupo de contas representa a situação líquida, positiva, da entidade. Forma-se, em regra e pela ordem, com Capital Social, contas de reservas de capital, ajustes de avaliação patrimonial, reservas de lucro. Situam-se, também, no Patrimônio Líquido – quando sua geração for necessária –, as contas redutoras: Prejuízos acumulados, Capital a Realizar e Ações de emissão própria em Tesouraria.

5.4.12 OS TERMOS DA EQUAÇÃO PATRIMONIAL

O confronto aritmético entre os elementos patrimoniais, além de revelar a situação líquida da entidade, ratifica uma propriedade contida no Balanço. Isto é, que este demonstrativo contém os termos de uma equação – a conhecida equação patrimonial.

Eis a fórmula:

BENS + DIREITOS – OBRIGAÇÕES = situação líquida.
Ou ATIVO – PASSIVO EXIGÍVEL = PATRIMÔNIO LÍQUIDO.

Essa operação básica pode apresentar a situação líquida em 3 diferentes *status*.

Se a soma de Bens e Direitos (ATIVO) for superior ao conjunto das obrigações (PASSIVO CIRCULANTE + PASSIVO NÃO CIRCULANTE), a situação será positiva e se chamará Patrimônio Líquido.

Um exemplo eloquente desse fato está constituído no Balanço acima:

BENS + DIREITOS (ativo total) ....R$ 804.000,00
OBRIGAÇÕES (PC + PNC) ....R$ 529.000,00
SITUAÇÃO LÍQUIDA ....R$ 275.000,00

Em um patrimônio cujos bens e direitos (AT) tenham montante inferior às obrigações (PC + PNC), a situação líquida será negativa e se chamará, assim, Passivo a Descoberto.

Ou seja, o passivo da empresa está desprotegido e, dessa forma, ela caminha em direção à insolvência, requerendo gestão especial, para que a falência não se concretize.

Ex.:
BENS + DIREITOS (ativo total) ....R$ 180.000,00
OBRIGAÇÕES (PC + PNC) ....R$ 250.000,00
SITUAÇÃO LÍQUIDA ....(R$ 70.000,00) = Passivo a descoberto

3. Quando os Bens e Direitos (AT) igualam-se às obrigações (PC + PNC), o resultado será zero. Nesse caso – de existência rara, mas possível –, dá-se a chamada Situação Nula.

5.4.13 COMENTÁRIO FINAL – NORMA *VERSUS* LEI – UMA INCOMPATIBILIDADE RELEVANTE

Cumpre observar que a composição atribuída ao passivo pela Lei n. 6.404/76, em seu art. 178, § 2º – dividindo-o em Passivo Circulante, Passivo Não circulante e Patrimônio Líquido – não é reconhecida pelas normas Brasileiras de Contabilidade. O CPC 00, entre outros, segmenta o balanço patrimonial em Ativo, Passivo e Patrimônio Líquido, conferindo-lhes, portanto, caráter de grupos separados, embora interdependentes. O CPC 26, por seu turno, é taxativo ao definir o Patrimônio Líquido como "o valor residual dos ativos da entidade depois de deduzidos todos os seus passivos", o que define, em outros termos, a fórmula da equação patrimonial. Essas discrepâncias conceituais entre a lei e a norma refletem visões hermenêuticas de notáveis extensão e desdobramentos, cujo mérito não reputamos oportuno discutir nesta obra.

Inevitável, porém, admitir-se que tal diferença – estranhamente mantida há décadas – embute um potencial conflituoso de alcance imensurável, com prejuízos para a unidade doutrinária e técnica no ambiente acadêmico e no quotidiano da profissão. E, de resto, é um complicador gratuito para a pacificação de critérios e julgamentos em fóruns e, sobretudo, em processos seletivos que tenham o Balanço Patrimonial entre seus conteúdos.

Tal óbice poderia ser facilmente removido mediante a simples harmonização pontual entre a norma e a legislação brasileira. Tarefa para as autoridades dessas áreas.

LEMBRETE AO LEITOR

Parece-nos inteligente e conciliadora a posição adotada por estudiosos das finanças, os quais dividem o Passivo em capital de terceiros (Passivo Circulante e Passivo não Circulante) e em capital próprio (o Patrimônio Líquido). Ou, de outro modo, dividem esse grupo (direito) do Balanço em passivo exigível (o circulante e o não circulante) e passivo não exigível (Patrimônio Líquido).

IMPORTANTE: esses conceitos, volta e meia, são objeto de questões nas provas para o Exame de Suficiência. Veja-se, a propósito, a prova 2022.2, resolvida e comentada neste livro.

5.5 EXERCÍCIOS COM BALANÇO

1. As contas abaixo compõem o balanço patrimonial de 31.12.2008 de uma empresa hipotética. Elabore o balanço patrimonial conforme a Lei das Sociedades Anônimas e dê as respostas solicitadas.

Ajustes de avaliação patrimonial .... R$ 5.000,00
Bancos conta movimento .... R$ 15.000,00
Reservas de lucro .... R$ 17.500,00
Salários a pagar .... R$ 16.000,00
Marcas e patentes .... R$ 15.000,00
ICMS a recuperar .... R$ 1.000,00
Mercadorias para venda .... R$ 55.000,00
Computadores e periféricos .... R$ 7.000,00
Veículos .... R$ 20.000,00
Duplicatas a receber .... R$ 17.000,00
PIS/Pasep a recolher .... R$ 400,00
Capital social .... R$ 60.000,00
Reservas de capital .... R$ 1.200,00
Empréstimos a diretores .... R$ 2.000,00
Obras de arte .... R$ 5 000,00
Caixa .... R$ 8.700,00
Fornecedores .... R$ 25.000,00
Duplicatas a pagar (120 dias) .... R$ 21.000,00
Móveis e utensílios .... R$ 15.800,00
Empréstimos (venc. em 13 meses) .... R$ 46.700,00
Duplicatas a pagar (venc. em 15 meses) .... R$ 13.000,00
Prédio comercial .... R$ 40.000,00
Máquinas e equipamentos .... R$ 5.000,00
Imposto de Renda a pagar .... R$ 700,00

a) Qual o valor do Ativo circulante?
b) Qual o valor do Ativo não circulante?
c) Qual o valor total do Ativo?
d) Qual o valor do Passivo circulante?
e) Qual o valor do Patrimônio líquido?

RESOLUÇÃO

ATIVO

CIRCULANTE
DISPONÍVEL
    Caixa .... R$ 8.700,00
    Bancos conta movimento .... R$ 15.000,00

OUTROS CRÉDITOS
    ICMS a recuperar .... R$ 1.000,00

CLIENTES
    Duplicatas a receber .... R$ 17.000,00

ESTOQUES
    Mercadorias .... R$ 55.000,00

NÃO CIRCULANTE
REALIZÁVEL A LONGO PRAZO
    Empréstimos a diretores .... R$ 2.000,00

INVESTIMENTOS
    Obras de arte .... R$ 5.000,00

IMOBILIZADO
    Computadores e periféricos .... R$ 7.000,00
    Móveis e utensílios .... R$ 15.800,00
    Veículos .... R$ 20.000,00
    Máquinas e equipamentos .... R$ 5.000,00
    Prédio comercial .... R$ 40.000,00

INTANGÍVEL
    Marcas e patentes .... R$ 15.000,00

TOTAL DO ATIVO .... R$ 206.500,00

PASSIVO

CIRCULANTE
    Salários a pagar .... R$ 16.000,00
    PIS/Pasep a recolher .... R$ 400,00

Imposto de Renda a pagar .... R$ 700,00
Duplicatas a pagar .... R$ 21.000,00
Fornecedores .... R$ 25.000,00

NÃO CIRCULANTE
Empréstimos (venc. 13 meses) .... R$ 46.700,00
Duplicatas a pagar (venc. 15 meses) .... R$ 13.000,00

PATRIMÔNIO LÍQUIDO
Capital subscrito .... R$ 60.000,00
Reserva de capital .... R$ 1.200,00
Ajustes de avaliação patrimonial .... R$ 5.000,00
Reservas de lucros .... R$ 17.500,00

TOTAL DO PASSIVO .... R$ 206.500,00

2. As contas abaixo compõem o balanço patrimonial de uma empresa hipotética, em 31.12.X1. Faça o balanço patrimonial, classificando as contas nos respectivos grupos e subgrupos.

Bancos conta movimento .... R$ 10.000,00
Obrigações trabalhistas .... R$ 7.580,00
Aplicações financeiras diárias .... R$ 5.000,00
Salários a pagar .... R$ 20.000,00
PIS/Pasep a recolher .... R$ 420,00
Mercadorias para venda .... R$ 10.000,00
Cofins a recolher .... R$ 200,00
Computadores e periféricos .... R$ 14.000,00
Veículos .... R$ 10.000,00
Duplicatas a receber .... R$ 14.000,00
Material de embalagem .... R$ 6.000,00
Capital social .... R$ 29.500,00
Reservas de capital .... R$ 2.400,00
Adiantamento a diretores .... R$ 4.000,00
Obras de arte .... R$ 10.000,00
IPI a recuperar .... R$ 1.500,00
Caixa .... R$ 8.000,00
Fornecedores .... R$ 8.500,00
Duplicatas a pagar (venc. 30.04.X2) .... R$ 2.000,00
Móveis e utensílios .... R$ 10.000,00
Impostos e taxas a pagar .... R$ 4.000,00

Empréstimos e financiamentos (venc. 31.01.X3) .... R$ 27.000,00
Duplicatas a pagar (venc. 31.03.X3) .... R$ 16.000,00
Prédio comercial .... R$ 23.500,00
Máquinas e equipamentos .... R$ 6.000,00
Reservas de lucros .... R$ 13.000,00
Imposto de Renda a pagar .... R$ 1.400,00

RESOLUÇÃO

ATIVO

CIRCULANTE
DISPONÍVEL
   Caixa .... R$ 8.000,00
   Bancos conta movimento .... R$ 10.000,00
   Aplicações financeiras diárias .... R$ 5.000,00

OUTROS CRÉDITOS
   IPI a recuperar .... R$ 1.500,00

CLIENTES
   Duplicatas a receber .... R$ 14.000,00

ESTOQUES
   Mercadorias .... R$ 10.000,00
   Material de embalagem .... R$ 6.000,00

NÃO CIRCULANTE
REALIZÁVEL A LONGO PRAZO
   Empréstimos a diretores .... R$ 4.000,00

INVESTIMENTOS
   Obras de arte .... R$ 10.000,00

IMOBILIZADO
   Computadores e periféricos .... R$ 14.000,00
   Móveis e utensílios .... R$ 10.000,00
   Veículos .... R$ 10.000,00
   Máquinas e equipamentos .... R$ 6.000,00
   Prédio comercial .... R$ 23.500,00

TOTAL DO ATIVO .... R$ 132.000,00

PASSIVO

CIRCULANTE
Salários a pagar ....R$ 20.000,00
Cofins a recolher..R$ 200,00
PIS/Pasep a recolher ....R$ 420,00
Imposto de Renda a pagar ....R$ 1.400,00
Impostos e taxas a pagar ....R$ 4.000,00
Obrigações trabalhistas...R$ 7.580,00
Duplicatas a pagar (X2) ....R$ 2.000,00
Fornecedores ....R$ 8.500,00

NÃO CIRCULANTE
Empréstimos e financiamentos (X3) ....R$ 27.000,00
Duplicatas a pagar (venc. X3) ....R$ 16.000,00

PATRIMÔNIO LÍQUIDO
Capital social...R$ 29.500,00
Reserva de capital..R$ 2.400,00
Reservas de lucros...R$ 13.000,00

TOTAL DO PASSIVO..R$ 132.000,00

3. As contas abaixo compõem o balanço patrimonial de 31.12.X1 de uma empresa hipotética. Classifique-as nos respectivos grupos e subgrupos e elabore o balanço patrimonial em conformidade com a Lei n. 6.404/76.

Computadores e periféricos ....R$ 7.000,00
Móveis e utensílios...R$ 5.000,00
Bancos conta movimento ....R$ 14.000,00
Provisão para devedores duvidosos ....R$ 200,00
Mercadorias...R$ 55.000,00
Almoxarifado ....R$ 1.200,00
Encargos financeiros a apropriar...R$ 5.000,00
Impostos e taxas a pagar ....R$ 2.000,00
Dividendos a pagar ....R$ 700,00
Empréstimos a coligadas ....R$ 2.000,00
Ações e participações..R$ 500,00
Obras de arte ....R$ 5.000,00
Duplicatas a receber ....R$ 7.200,00

Duplicatas a pagar (venc. X3) .... R$ 8.000,00
Máquinas e equipamentos .... R$ 3.000,00
Fornecedores .... R$ 5.000,00
Empréstimo bancário (X2) .... R$ 50.000,00
Depreciação acumulada .... R$ 2.210,00
Salários a pagar .... R$ 10.000,00
Reserva de capital .... R$ 1.200,00
Caixa .... R$ 4.000,00
Reserva legal .... R$ 2.600,00
PIS/Pasep a recolher .... R$ 400,00
Fundo de comércio .... R$ 21.000,00
Contribuições previdenciárias a pagar .... R$ 1.400,00
Participações em controladas .... R$ 8.000,00
Imóveis não de uso .... R$ 26.500,00
Aluguéis a vencer .... R$ 2.000,00
Provisão para Imposto de Renda .... R$ 700,00
Veículos .... R$ 25.000,00
Prédio comercial .... R$ 50.000,00
Duplicatas a pagar (X2) .... R$ 1.000,00
Capital a realizar .... R$ 800,00
Empréstimos a pagar (X3) .... R$ 14.100,00
Receitas antecipadas .... R$ 25.000,00
Capital subscrito .... R$ 100.000,00
Ajustes de avaliação patrimonial .... R$ 1.800,00
Duplicatas descontadas .... R$ 3.790,00
Reservas para contingência .... R$ 1.100,00
Reservas de incentivos fiscais .... R$ 12.000,00
ICMS a recuperar .... R$ 1.000,00

RESOLUÇÃO

ATIVO

CIRCULANTE
DISPONÍVEL
    Caixa .... R$ 4.000,00
    Bancos conta movimento .... R$ 14.000,00

OUTROS CRÉDITOS
    ICMS a recuperar .... R$ 1.000,00

CLIENTES
    Duplicatas a receber .... R$ 7.200,00
    Duplicatas descontadas .... (R$ 3.790,00)
    Provisão para devedores duvidosos .... (R$ 200,00)

ESTOQUES
    Mercadorias .... R$ 55.000,00
    Almoxarifado .... R$ 1.200,00

DESPESAS DO EXERCÍCIO SEGUINTE
    Encargos financeiros a apropriar .... R$ 5.000,00
    Aluguéis a vencer .... R$ 2.000,00

NÃO CIRCULANTE
REALIZÁVEL A LONGO PRAZO
    Empréstimos a coligadas .... R$ 2.000,00

INVESTIMENTO
    Ações e participações .... R$ 500,00
    Obras de arte .... R$ 5.000,00
    Participações em controladas .... R$ 8.000,00
    Imóveis não de uso .... R$ 26.500,00

IMOBILIZADO
    Computadores e periféricos .... R$ 7.000,00
    Móveis e utensílios .... R$ 5.000,00
    Veículos .... R$ 25.000,00
    Prédio comercial .... R$ 50.000,00
    Máquinas e equipamentos .... R$ 3.000,00
    (–) Depreciação acumulada .... (R$ 2.210,00)

INTANGÍVEL
    Fundo de comércio .... R$ 21.000,00

TOTAL DO ATIVO .... R$ 236.200,00

PASSIVO

CIRCULANTE
    Salários a pagar .... R$ 10.000,00
    PIS/Pasep a recolher .... R$ 400,00

Contribuições previdenciárias a pagar ....R$ 1.400,00
Provisão para Imposto de Renda ....R$ 700,00
Impostos e taxas a pagar ....R$ 2.000,00
Dividendos a pagar ....R$ 700,00
Duplicatas a pagar (X2) ....R$ 1.000,00
Fornecedores ....R$ 5.000,00
Empréstimo bancário (X2) ....R$ 50.000,00

NÃO CIRCULANTE
Empréstimos a pagar (X3) ....R$ 14.100,00
Duplicatas a pagar (venc. X3) ....R$ 8.000,00
Receitas antecipadas (X3) ....R$ 25.000,00

PATRIMÔNIO LÍQUIDO
Capital subscrito ....R$ 100.000,00
Capital a realizar ....(R$ 800,00)
Reserva de capital ....R$ 1.200,00
Ajustes de avaliação patrimonial ....R$ 1.800,00
Reservas para contingência ....R$ 1.100,00
Reserva legal ....R$ 2.600,00
Reservas de incentivos fiscais ....R$ 12.000,00

TOTAL DO PASSIVO ....R$ 236.200,00

4. As contas abaixo compõem o Balanço Patrimonial de 31.12.X1 de uma empresa hipotética. Classifique-as nos respectivos grupos e subgrupos, e elabore o Balanço Patrimonial em conformidade com a Lei n. 6.404/76.

Imóveis de renda ....R$ 16.000,00
Computadores e periféricos ....R$ 10.000,00
Duplicatas a pagar após 365 dias ....R$ 10.000,00
Capital a realizar ....R$ 10.000,00
Reserva de capital ....R$ 14.000,00
Caixa ....R$ 12.000,00
Promissórias a receber ....R$ 10.000,00
Duplicatas descontadas ....R$ 6.000,00
Adiantamentos a empregados ....R$ 3.000,00
Bancos conta movimento ....R$ 2.000,00
IPI a recuperar ....R$ 1.300,00
IRRF a recuperar ....R$ 3.600,00

Mercadorias	R$ 12.400,00
Material de embalagem	R$ 1.600,00
Estoque de material de expediente	R$ 6.000,00
Provisão para perdas de estoques	R$ 1.000,00
Despesas financeiras a apropriar (ou a vencer)	R$ 4.000,00
Juros passivos a apropriar (ou a vencer)	R$ 2.200,00
Prêmios de seguros a apropriar (ou a vencer)	R$ 4.800,00
Empréstimos a sociedades coligadas	R$ 14.000,00
Participações em coligadas	R$ 2.600,00
Participações em controladas	R$ 1.400,00
Obras de arte	R$ 16.000,00
Imóveis	R$ 14.000,00
Instalações	R$ 5.000,00
Móveis e utensílios	R$ 3.600,00
Contribuições previdenciárias a recolher	R$ 3.000,00
Décimo terceiro salário a pagar	R$ 10.000,00
Reserva de incentivos fiscais	R$ 10.000,00
Veículos	R$ 16.400,00
Depreciação acumulada	R$ 4.000,00
Provisão para contribuição social	R$ 1.600,00
Provisão para férias	R$ 6.400,00
Marcas e patentes	R$ 14.000,00
Duplicatas a pagar até 365 dias	R$ 6.000,00
Fornecedores	R$ 14.000,00
Cheques em cobrança	R$ 1.000,00
Dividendos a receber	R$ 1.000,00
Empréstimos e financiamentos	R$ 16.000,00
Outras despesas pagas antecipadamente	R$ 6.000,00
Adiantamento a diretores e acionistas	R$ 4.000,00
IPI a recolher	R$ 1.600,00
IRRF sobre lucro líquido a recolher	R$ 3.800,00
Aluguéis passivos a apropriar (ou a vencer)	R$ 5.000,00
ICMS a recuperar	R$ 1.400,00
Provisão para créditos de liquidação duvidosa	R$ 300,00
ISS a recolher	R$ 3.000,00
Promissórias a pagar	R$ 2.400,00
Cofins a recolher	R$ 600,00
PIS sobre faturamento a recolher	R$ 5.000,00
Férias a pagar	R$ 10.000,00

FGTS a recolher ....R$ 4.000,00
Salários a pagar ....R$ 20.000,00
Provisão para Imposto de Renda ....R$ 3.000,00
Fornecedores (após 365 dias) ....R$ 22.000,00
Capital subscrito ....R$ 40.000,00
Ajustes de avaliação patrimonial ....R$ 4.000,00
Reserva legal ....R$ 2.000,00
Financiamentos a pagar ....R$ 6.000,00
ICMS a recolher ....R$ 1.600,00
Reservas estatutárias ....R$ 3.000,00
Reservas para contingências ....R$ 6.000,00
Aplicações de liquidez imediata ....R$ 26.000,00
Duplicatas a receber ....R$ 10.000,00

RESOLUÇÃO

ATIVO

CIRCULANTE
DISPONÍVEL
    Caixa ....R$ 12.000,00
    Bancos conta movimento ....R$ 2.000,00
    Aplicações de liquidez imediata ....R$ 26.000,00

DIREITOS REALIZÁVEIS A CURTO PRAZO
    Clientes
    Duplicatas a receber ....R$ 10.000,00
    Promissórias a receber ....R$ 10.000,00
    (–) Duplicatas descontadas .... (R$ 6.000,00)
    (–) Provisão para créditos de liquidação duvidosa ..... (R$ 300,00)
    Adiantamentos a empregados ....R$ 3.000,00
    Cheques em cobrança ....R$ 1.000,00
    Dividendos a receber ....R$ 1.000,00

IMPOSTOS A RECUPERAR
    ICMS a recuperar ....R$ 1.400,00
    IPI a recuperar ....R$ 1.300,00
    IRRF a recuperar ....R$ 3.600,00

ESTOQUES
    Mercadorias .... R$ 12.400,00
    Material de embalagem .... R$ 1.600,00
    Estoque de material de expediente .... R$ 6.000,00
    (–) Provisão para perdas de estoques .... (R$ 1.000,00)

DESPESAS DO EXERCÍCIO SEGUINTE
    Aluguéis passivos a apropriar (ou a vencer) .... R$ 5.000,00
    Despesas financeiras a apropriar (ou a vencer) .... R$ 4.000,00
    Juros passivos a apropriar (ou a vencer) .... R$ 2.200,00
    Prêmios de seguros a apropriar (ou a vencer) .... R$ 4.800,00
    Outras despesas pagas antecipadamente .... R$ 6.000,00

TOTAL DO ATIVO CIRCULANTE .... R$ 106.000,00

NÃO CIRCULANTE
REALIZÁVEL A LONGO PRAZO
    Adiantamento a diretores e acionistas .... R$ 4.000,00
    Empréstimos a sociedades coligadas .... R$ 14.000,00

INVESTIMENTO
    Participações em coligadas .... R$ 2.600,00
    Participações em controladas .... R$ 1.400,00
    Obras de arte .... R$ 16.000,00
    Imóveis de renda .... R$ 16.000,00

IMOBILIZADO
    Computadores e periféricos .... R$ 10.000,00
    Imóveis .... R$ 14.000,00
    Instalações .... R$ 5.000,00
    Móveis e utensílios .... R$ 3.600,00
    Veículos .... R$ 16.400,00
    (–) Depreciação acumulada .... (R$ 4.000,00)

INTANGÍVEL
    Marcas e patentes .... R$ 14.000,00

TOTAL DO ATIVO NÃO CIRCULANTE .... R$ 113.000,00
TOTAL DO ATIVO .... R$ 219.000,00

PASSIVO

CIRCULANTE
- Duplicatas a pagar ....R$ 6.000,00
- Fornecedores ....R$ 14.000,00
- Empréstimos ....R$ 16.000,00
- Financiamentos a pagar..R$ 6.000,00
- Promissórias a pagar ....R$ 2.400,00
- Cofins a recolher..R$ 600,00
- ICMS a recolher ....R$ 1.600,00
- IPI a recolher ....R$ 1.600,00
- IRRF sobre lucro líquido a recolher.....................................R$ 3.800,00
- ISS a recolher...R$ 3.000,00
- PIS sobre faturamento a recolher ....R$ 5.000,00
- Contribuições previdenciárias a recolher ....R$ 3.000,00
- Décimo terceiro salário a pagar..R$ 10.000,00
- Férias a pagar..R$ 10.000,00
- FGTS a recolher...R$ 4.000,00
- Salários a pagar ....R$ 20.000,00
- Provisão para contribuição social ....R$ 1.600,00
- Provisão para férias ....R$ 6.400,00
- Provisão para Imposto de Renda ....R$ 3.000,00

TOTAL DO PASSIVO CIRCULANTE ....R$ 118.000,00

NÃO CIRCULANTE
- Duplicatas a pagar após 365 dias ....R$ 10.000,00
- Fornecedores (após 365 dias)...R$ 22.000,00

PATRIMÔNIO LÍQUIDO
- Capital subscrito...R$ 40.000,00
- (–) Capital a realizar ....(R$ 10.000,00)
- Reserva de capital...R$ 14.000,00
- Ajustes de avaliação patrimonial..R$ 4.000,00
- Reserva legal ....R$ 2.000,00
- Reservas estatutárias ....R$ 3.000,00
- Reservas para contingências ....R$ 6.000,00
- Reserva de incentivo fiscal...R$ 10.000,00

TOTAL DO PASSIVO..R$ 219.000,00

5.6 PAUSA PARA EXERCÍCIOS

QUESTÃO 1
O balanço patrimonial é:
a) ( ) um conjunto de bens e direitos.
b) ( ) um conjunto de bens, direitos, obrigações e situação líquida.
c) ( ) um conjunto de bens, direitos e situação líquida.
d) ( ) NDA.

QUESTÃO 2
A Companhia Agradável tem R$ 280.000,00 de bens, R$ 120.000,00 de direitos e R$ 200.000,00 de obrigações. Dessa forma, ela dispõe de:
a) ( ) patrimônio líquido de R$ 20.000,00.
b) ( ) passivo a descoberto de R$ 80.000,00.
c) ( ) patrimônio líquido de R$ 200.000,00.
d) ( ) passivo a descoberto de R$ 120.000.00.
e) ( ) NDA.

QUESTÃO 3
As contas abaixo integram o balanço patrimonial de 31.12.X1 de uma empresa hipotética. Classifique-as nos respectivos grupos e subgrupos do balanço patrimonial) em conformidade com a Lei n. 6.404/76 e escolha a alternativa que corresponde ao valor do ativo não circulante:

Fundo de comércio .... R$ 20.000,00
Capital subscrito .... R$ 80.000,00
Almoxarifado .... R$ 1.200,00
Reservas de capital .... R$ 1.200,00
Empréstimos a coligadas .... R$ 22.000,00
Participações em controladas .... R$ 8.000,00
Obras de arte .... R$ 5 000,00
Empréstimos bancários (venc. X2) .... R$ 50.000,00
Caixa .... R$ 4.000,00
Fornecedores .... R$ 10.200,00
Duplicatas a pagar (venc. 30.04.X2) .... R$ 1.000,00
Móveis e utensílios .... R$ 5.000,00
Contribuições previdenciárias a pagar .... R$ 1.400,00
Dividendos a pagar .... R$ 700,00
Impostos e taxas a pagar .... R$ 2.000,00
Imóveis não de uso .... R$ 25.000,00

Empréstimo a pagar (venc. 31.01.X3)..............................R$ 14.100,00
Prédio comercial ....R$ 50.000,00
Máquinas e equipamentos ....R$ 3.000,00
Aluguéis a vencer ....R$ 2.000,00

    a) ( ) R$ 138.000,00
    b) ( ) R$ 133.000,00
    c) ( ) R$ 119.200,00
    d) ( ) NDA.

QUESTÃO 4
As contas abaixo integram o balanço patrimonial de 31.12.X1 de uma empresa hipotética. Classifique-as nos respectivos grupos e subgrupos em conformidade com a Lei n. 6.404/76 e escolha a alternativa que corresponde ao patrimônio líquido:

Receitas antecipadas...R$ 25.000,00
Bancos conta movimento ....R$ 14.000,00
Salários a pagar...R$ 10.000,00
Marcas de patentes...R$ 3.000,00
ICMS a recuperar...R$ 1.000,00
Mercadorias para venda...R$ 55.000,00
Computadores e periféricos ....R$ 7.000,00
Reservas de lucro ....R$ 22.000,00
Veículos..R$ 5.000,00
Duplicatas a receber ....R$ 7.000,00
PIS/Pasep a recolher ....R$ 400,00
Fundo de comércio..R$ 18.000,00
Capital subscrito..R$ 80.000,00
Almoxarifado ....R$ 1.200,00
Reservas de capital ....R$ 21.000,00
Empréstimos bancários (venc. X2).....................................R$ 50.000,00
Fornecedores ....R$ 10.200,00
Duplicatas a pagar (venc. 30.04.X2) ....R$ 1.000,00
Ajustes de avaliação patrimonial.......................................R$ 20.000,00

    a) ( ) R$ 96.600,00
    b) ( ) R$ 71.600,00
    c) ( ) R$ 143.000,00
    d) ( ) R$ 123.000,00

QUESTÃO 5
Leia as frases abaixo e marque a que contém uma afirmação correta.
a) ( ) O balanço patrimonial é um conjunto de bens, direitos e obrigações.
b) ( ) O patrimônio é um conjunto de bens e direitos.
c) ( ) O patrimônio é um conjunto de bens, direitos e obrigações.
d) ( ) No balanço patrimonial, o Ativo mais o Passivo exigível é igual à situação líquida.
e) ( ) NDA.

QUESTÃO 6
As contas abaixo integram o balanço patrimonial de 31.12.X1 de uma empresa hipotética. Classifique-as nos respectivos grupos e subgrupos do balanço patrimonial em conformidade com a Lei n. 6.404/76 e dê a resposta solicitada.

Bancos conta movimento ....R$ 14.000,00
Contribuições previdenciárias a pagar ....R$ 1.400,00
Dividendos a pagar ....R$ 700,00
Impostos e taxas a pagar ....R$ 2.000,00
Imóveis não de uso ....R$ 26.500,00
Empréstimo a pagar (venc. 31.01.X3)..R$ 14.100,00
Duplicatas a pagar (venc. 31.03.X3) ....R$ 8.000,00
Aplicações financeiras diárias ....R$ 3.000,00
Prédio comercial ....R$ 50.000,00
Máquinas e equipamentos ....R$ 3.000,00
Ajustes de avaliação patrimonial..R$ 1.800,00
Provisão para Imposto de Renda ....R$ 700,00
Reserva de lucros ....R$ 15.700,00
Aluguéis a vencer ....R$ 2.000,00
Caixa ....R$ 10.000,00

Com base nessas contas, o valor do Ativo circulante disponível é:
a) ( ) R$ 27.000,00.
b) ( ) R$ 24.000,00.
c) ( ) R$ 33.000,00.
d) ( ) NDA.

QUESTÃO 7
A ordem atual dos (sub)grupos do Ativo não Circulante, conforme o art. 178 da Lei n. 6.404/76, é:
a) ( ) Realizável a longo prazo, Investimentos, Imobilizado e Diferido.
b) ( ) Realizável a longo prazo, Intangível, Investimentos e Imobilizado.

c) ( ) Investimentos, Realizável a Longo Prazo, Imobilizado e Intangível.
d) ( ) Investimentos, Imobilizado, Intangível e Realizável a Longo Prazo.
e) ( ) Realizável a Longo Prazo, Investimentos, Imobilizado e Intangível.

QUESTÃO 8

As contas abaixo representam o balanço patrimonial de certa empresa, em 31.12.X1. Classifique as contas nos respectivos grupos e subgrupos e faça o balanço, conforme a lei. Em seguida, responda às questões abaixo.

Empréstimos a coligadas	R$ 2.000,00
Provisão para Imposto de Renda	R$ 15.000,00
Obrigações fiscais	R$ 5.000,00
Empréstimos a diretores	R$ 18.000,00
Intangível	R$ 20.000,00
Tributos a recolher	R$ 15.000,00
Empréstimos bancários (8 meses)	R$ 10.000,00
Duplicatas a pagar em 15 meses	R$ 40.000,00
Empréstimos bancários (15 meses)	R$ 50.000,00
Despesas do exercício seguinte	R$ 30.000,00
Empréstimos a controladas	R$ 100.000,00
Bancos conta movimento	R$ 27.000,00
Aplicações financeiras diárias	R$ 20.000,00
Receitas antecipadas (9 meses)	R$ 100.000,00
Capital social	R$ 278.000,00
Reservas de capital	R$ 10.000,00
Fornecedores (16 meses)	R$ 20.000,00
Caixa	R$ 50.000,00
Adiantamento a funcionários	R$ 3.000,00
Reservas de lucro	R$ 50.000,00
Imóveis não de uso	R$ 60.000,00
Máquinas e equipamentos	R$ 100.000,00
Impostos a recuperar	R$ 10.000,00
Dividendos propostos a pagar	R$ 27.000,00
Fornecedores (6 meses)	R$ 170.000.00
Duplicatas a receber	R$ 50.000,00
Estoques	R$ 300.000,00

8.1 Com bases nessas contas patrimoniais, pode-se afirmar que o valor do Ativo circulante é:
a) R$ 460.000,00.
b) R$ 462.000,00.
c) R$ 480.000,00.
d) R$ 490.000,00.
e) NDA.

8.2 Com bases nessas contas patrimoniais, pode-se afirmar que o valor do Ativo não circulante é:
a) R$ 320.000,00.
b) R$ 300.000,00.
c) R$ 330.000,00.
d) R$ 303.000,00.
e) NDA.

8.3 Com bases nessas contas patrimoniais, pode-se afirmar que o valor total do Passivo é:
a) R$ 770.000,00.
b) R$ 342.000,00.
c) R$ 790.000,00.
d) R$ 820.000,00.
e) NDA.

8.4 Com bases nessas contas patrimoniais, pode-se afirmar que o valor do Passivo circulante é:
a) R$ 342.000,00.
b) R$ 350.000,00.
c) R$ 790.000,00.
d) R$ 338.000,00.
e) NDA.

8.5 Com bases nessas contas patrimoniais, pode-se afirmar que o valor do Patrimônio líquido é:
a) R$ 342.000,00.
b) R$ 338.000,00.
c) R$ 790.000,00.
d) R$ 358.000,00.
e) NDA.

GABARITO

1. b; 2. c; 3. a; 4. c; 5. c; 6. a; 7. e; 8.1. d; 8.2. b; 8.3. c; 8.4. a; 8.5. b.

Capítulo 6
DEMONSTRAÇÃO DE LUCROS OU PREJUÍZOS ACUMULADOS (DLPA)

Embora a Lei n. 11.638/2007 tenha excluído do patrimônio líquido (PL) a conta Lucros Acumulados, a DLPA permanece na lista das demonstrações estabelecidas e descritas pela Lei n. 6.404/76.

Essa demonstração está contida no art. 186 da lei retromencionada, com atualização e todos os efeitos da Lei n. 11.638/2007:

> Art. 186. A demonstração de lucros ou prejuízos acumulados discriminará:
> I – o saldo do início do período, os ajustes de exercícios anteriores e a correção monetária do saldo inicial;
> II – as reversões de reservas e o lucro líquido do exercício;
> III – as transferências para reservas, os dividendos, a parcela dos lucros incorporada ao capital e o saldo ao fim do período.
> § 1º Como ajustes de exercícios anteriores serão considerados apenas os decorrentes de efeitos da mudança de critério contábil, ou da retificação de erro imputável a determinado exercício anterior, e que não possam ser atribuídos a fatos subsequentes.
> § 2º A demonstração de lucros ou prejuízos acumulados deverá indicar o montante do dividendo por ação do capital social e poderá ser incluída na demonstração das mutações do patrimônio líquido, se elaborada e publicada pela companhia.

O Comitê de Pronunciamentos Contábeis (CPC) trata subsidiariamente dessa demonstração e traça suas regras de preenchimento. Motivo principal aparente: a conta Lucros acumulados, segundo o Comitê de Pronunciamentos Contábeis – Contabilidade para Pequenas e Médias Empresas (CPC PME), ainda se aplica às pequenas e médias empresas do país. Vejamos estes tópicos do CPC PME sobre a Demonstração de Lucros ou Prejuízos Acumulados (DLPA).

6.1 OBJETIVO

A DLPA apresenta o resultado da entidade e as alterações nos lucros ou prejuízos acumulados para o período de divulgação. O item 3.18 do CPC PME permite que a entidade apresente a DLPA no lugar da Demonstração do Resultado Abrangente (DRA) e da Demonstração das Mutações do Patrimônio Líquido (DMPL). A condição é que as únicas alterações no seu patrimônio líquido, durante os períodos para os quais as demonstrações contábeis são apresentadas, derivem do resultado, do pagamento de dividendos ou de outra forma de distribuição de lucro, correção de erros de períodos anteriores e de mudanças de políticas contábeis.

6.2 COMENTA-SE...

Tendo em vista a relevância do texto institucional para a supressão de passos ou procedimentos no âmbito da empresa, tentaremos nos tópicos subsequentes contribuir para uma compreensão melhor dos pontos-chaves do pronunciamento:

- a elaboração da DLPA pode dispensar a entidade da montagem de outros dois relatórios contábeis, a saber: a DRA e a DMPL.
- a DRA, citada no normativo do CPC, constitui demonstrativo complementar e sequente da DRE. Acrescentado pela doutrina em anos recentes, objetiva retratar os desdobramentos dos resultados do exercício, a partir do lucro líquido; começa, portanto, onde termina a DRE. O CPC PME prevê sua dispensa, caso a DLPA elaborada pela empresa não apresente alterações além "do resultado, de pagamento de dividendos ou de outra forma de distribuição de lucro, correção de erros de períodos anteriores, e de mudanças de políticas contábeis".

6.3 O CPC PME SOB NOVO EXAME

Segundo o CPC, esta é a informação a ser apresentada na DLPA:

a) lucros ou prejuízos acumulados no início do período contábil;
b) dividendos ou outras formas de lucro declarados e pagos ou a pagar durante o período;
c) ajustes nos lucros ou prejuízos acumulados em razão de correção de erros de períodos anteriores;
d) ajustes nos lucros ou prejuízos acumulados em razão de mudanças de práticas contábeis;
e) lucros ou prejuízos acumulados no fim do período contábil.

Como se percebe, o CPC PME apenas ratifica, não necessariamente na mesma ordem, os dados que a Lei n. 6.404/76 prescreve para a montagem da DLPA.

6.3.1 QUANDO E COMO...

A DLPA, a exemplo das demais demonstrações contábeis, deve ter elaboração concomitante com o balanço patrimonial, a DRE etc. E, segundo o art. 186 da Lei n. 6.404/76, ela deve ser feita com a composição e ordem indicadas a seguir.

> Art. 186. A demonstração de lucros ou prejuízos acumulados discriminará:
> I – o saldo do início do período, os ajustes de exercícios anteriores e a correção monetária do saldo inicial;
> II – as reversões de reservas e o lucro líquido do exercício;
> III – as transferências para reservas, os dividendos, a parcela dos lucros incorporada ao capital e o saldo ao fim do período.
> § 1º Como ajustes de exercícios anteriores serão considerados apenas os decorrentes de efeitos da mudança de critério contábil, ou da retificação de erro imputável a determinado exercício anterior, e que não possam ser atribuídos a fatos subsequentes.
> § 2º A demonstração de lucros ou prejuízos acumulados deverá indicar o montante do dividendo por ação do capital social e poderá ser incluída na demonstração das mutações do patrimônio líquido, se elaborada e publicada pela companhia.

6.4 DLPA RESOLVIDA: UM EXEMPLO

SALDO (DA CONTA LPA) EM 01.01.X1...................................... R$ 120.000,00
+ ou – AJUSTES DE EXERCÍCIOS ANTERIORES
    Efeitos da mudança de critérios contábeis............................(R$ 15.000,00)
    Retificação de erros de exercícios anteriores..........................(R$ 5.000,00)
= SALDO AJUSTADO.. R$ 100.000,00

REVERSÕES DE RESERVAS
    Reservas de lucros... R$ 10.000,00
+ ou – LUCRO (OU PREJUÍZO) DO EXERCÍCIO .... R$ 60.000,00
= SALDO À DISPOSIÇÃO DA ASSEMBLEIA............................... R$ 170.000,00
– PROPOSTA DA ADMINISTRAÇÃO PARA
DESTINAÇÃO DOS LUCROS
    TRANSFERÊNCIA PARA RESERVAS
        Reserva legal..(R$ 6.000,00)

Reserva estatuária .... (R$ 2.000,00)
Reserva para contingência .... (R$ 3.000,00)
Reserva de lucros a realizar .... (R$ 2.000,00)
Reserva especial para pagamento de dividendos .... (R$ 12.000,00)
DIVIDENDOS A DISTRIBUIR
Dividendos por ação do capital social (R$ 2,50 × 10.000) ..... (R$ 25.000,00)
Parcela dos lucros incorporada ao capital .... (R$ 10.000,00)
= SALDO EM 31.12.X1 .... R$ 110.000,00

6.4.1 DLPA DESCRITA EM DETALHES

Saldo em 01.01.X1

Este item retrata o saldo da conta Lucros Acumulados no último balanço patrimonial. É com ele, portanto, que a empresa inicia o novo exercício.

Comenta-se...

Mesmo extinta pela Lei n. 11.638/2007, para as sociedades anônimas, conforme menção no parágrafo inicial, a conta Lucros acumulados ainda tem a atenção do CPC. Por essa razão, a classe a mantém em seu plano.

Ajustes de exercícios anteriores

A Lei n. 6.404/76 define assim os "ajustes de exercícios anteriores":

> § 1º Como ajustes de exercícios anteriores serão considerados apenas os decorrentes de efeito da mudança de critério contábil ou da retificação de erro imputável a determinado exercício anterior e que não possam ser atribuídos a fatos subsequentes.

Mudanças de critério

A contabilidade da empresa pode decidir experimentar, no exercício que vai iniciar-se, alternativas técnicas e legais diferentes daquelas adotadas no exercício mais recente. Ao fazê-lo, terá de reverter os efeitos econômicos gerados pela escolha anterior no patrimônio. Por exemplo: substituir o método de apuração de estoques Primeiro a Entrar, Primeiro a Sair (Peps) pela média ponderada; mudar o método de avaliação de determinado investimento (do método de custo para equivalência patrimonial) etc. Os impactos que os critérios anteriores produziram nos resultados da empresa precisam ser ajustados no exercício atual. Tais ajustes geram o que a legislação denomina "efeitos na mudança de critérios contábeis".

Em sentido semelhante, pode ser efetuada a "retificação de erros de exercícios anteriores". Isto é, erros identificados *a posteriori*, ou após o encerramento do exercício, que precisam ser corrigidos – e compensados no exercício subsequente – nos exatos valores que acrescentaram ao lucro passado ou que dele subtraíram.

Como exemplos de erros a serem retificados, podem-se citar:

a) uma receita ou despesa que a contabilidade registrou a maior ou a menor no exercício findo;

b) uma receita não tributável que integrou indevidamente o lucro real do período;

c) uma despesa indedutível que deixou de ser adicionada à base de cálculo do Imposto de Renda.

Tais equívocos aumentam ou diminuem o lucro líquido do exercício, alterando, em consequência, para maior ou para menor, o Imposto de Renda e a Contribuição Social a Pagar. Corrigir esses erros constitui, pois, medida saneadora e necessária.

Saldo ajustado

Este item traduz o resultado da operação: saldo inicial menos os ajustes.

Reversões de reservas

Discrimina os saldos remanescentes de algumas reservas anteriores, não aplicadas (ou aplicadas apenas parcialmente) em sua destinação de origem. Em ambos os casos, os valores são adicionados aos lucros da empresa.

Ressalte-se que o saldo da reserva para contingência deve juntar-se aos lucros acumulados, mesmo quando se confirma a "perda provável" para a qual foi originalmente constituída. É que, ao realizar-se a ocorrência que motivou sua constituição, a contabilidade lança a perda diretamente no resultado do exercício.

Lucro (ou prejuízo) do exercício após a provisão para o Imposto de Renda

O saldo dessa conta é obtido na apuração do resultado e aparece no último item da DRE, antes das participações.

Saldo à disposição da assembleia

Trata-se do valor que resulta das somas e subtrações dos itens anteriores da DLPA e que serve de base para a nova destinação, conforme o disposto no quadro precedente.

Proposta da administração para destinação dos lucros

Neste tópico estão inseridas as transferências que a companhia deve fazer do lucro para as diversas contas de reserva – algumas, por força de lei, outras por determinação estatutária. Incluem-se igualmente neste tópico os dividendos que a empresa precisa distribuir a seus acionistas, respeitada a proporcionalidade entre a parcela do lucro a ser dividida e o número de ações de que se compõe o capital social.

Saldo em 31.01.X1

Saldo da conta Lucros ou Prejuízos Acumulados a que a empresa chegou no encerramento do exercício. Vale enfatizar, para fins didáticos, que o valor expresso neste item é igual ao "saldo à disposição da assembleia" menos as parcelas transferidas para reservas e dividendos obrigatórios.

6.5 PAUSA PARA EXERCÍCIOS

QUESTÃO 1

A Empresa Progresso registrou em sua contabilidade as seguintes ocorrências durante o exercício de X1:

Lucros acumulados em 01.01.X1..R$ 50.000,00
Aumento dos lucros acumulados por mudança
de critérios contábeis ....R$ 5.000,00
Aumento dos lucros acumulados por retificação
de erros anteriores..R$ 4.000,00
Aumento de capital com lucros acumulados ....R$ 10.000,00
Transferência para reserva legal ....R$ 2.000,00.
Aumento de capital com reservas de capital........................R$ 8.000,00
Reversão de reservas para contingência...............................R$ 3.000,00
Lucro líquido do exercício de X3 ....R$ 40.000,00
Transferência para reserva para contingência ....R$ 6.000,00
Dividendos a distribuir por ações R$ 1,50 × 10.000 ações
Aumento de capital com reservas de lucros ....R$ 6.000,00
Reversão de reserva estatutária...R$ 3.000,00
Saldo das reservas de capital em 01.01.X1..........................R$ 15.000,00
Valor do capital social em 01.01.X1 ....R$ 200.000,00
Saldo das reservas de lucro em 01.01.X1..............................R$ 15.000,00

À vista dos elementos informados, elabore a Demonstração das Mutações do Patrimônio Líquido em 31.12.X1.
O saldo da conta lucros acumulados em 31.12.X1 é:
a) ( ) R$ 50.000,00.
b) ( ) R$ 65.000,00.

c) ( ) R$ 70.000,00.
d) ( ) NDA.

QUESTÃO 2
A Empresa Lucrativa, que, em 31.12.X1, chegou a um saldo de R$ 47.900,00 na conta Lucros e Prejuízos Acumulados, registrou em sua contabilidade as seguintes ocorrências durante o exercício:

+ Reversão de reserva de lucros a realizar .... R$ 6.000,00
Reversão de reservas estatutárias .... R$ 10.000,00
Transferência para reserva legal .... R$ 1.700,00
Transferência para reserva de lucros a realizar .... R$ 4.000,00
Provisão para Imposto de Renda .... R$ 10.000,00
Dividendos por ação do capital social .... (R$ 1,70 × 10.000)
Saldo da conta LPA em 01.01 .... R$ 40.000,00
Redução de lucro por efeitos da mudança de critérios contábeis..... R$ 3.000,00
Parcela do lucro líquido incorporada ao capital .... R$ 15.000,00
Redução de lucro por retificação de erros de exercícios anteriores....R$ 2.000,00
Lucro líquido antes do Imposto de Renda em 31.12.X1 .... R$ 55.000,00
Transferência para reserva estatuária .... R$ 3.400,00
Transferência para reserva para contingência .... R$ 3.000,00

Elabore a DLPA em 31 de dezembro.
O valor do saldo ajustado é:
a) R$ 28.000,00.
b) R$ 35.000,00.
c) R$ 30.000,00.
d) NDA.

QUESTÃO 3
Com base nos dados da questão 2, o lucro (ou prejuízo) do exercício após a provisão para o IR é:
a) R$ 40.000,00.
b) R$ 50.000,00.
c) R$ 45.000,00.
d) NDA.

QUESTÃO 4
Com base nos dados da questão 2, o saldo à disposição da assembleia é:
a) R$ 100.000,00.
b) R$ 102.000,00.

c) R$ 96.000,00.
d) NDA.

QUESTÃO 5
Com base nos dados da questão 2, o saldo final em 31.12.X1 é:
a) R$ 45.000,00.
b) R$ 47.900,00.
c) R$ 56.200,00.
d) NDA.

QUESTÃO 6
A Sociedade Justa, que, em 01.01.X1, apresentava um saldo de R$ 60.000,00 na conta Lucros ou Prejuízos Acumulados, tomou as seguintes providências contábeis durante o exercício em curso:
- reverteu R$ 5.000,00 de reservas de lucros a realizar e R$ 5.000,00 de reservas para contingência;
- mudou o método de apuração de seus investimentos e teve de excluir R$ 5.000,00 do lucro anterior, a título de ajustes;
- corrigiu erro do balanço anterior, de cujo lucro teve de excluir R$ 3.000,00, por contabilização feita a maior;
- transferiu R$ 1.500,00 para reserva legal, R$ 3.000,00 para reserva estatutária e R$ 3.000,00 para reserva para contingência;
- constituiu provisão para Imposto de Renda no valor de R$ 5.000,00;
- distribuiu dividendos aos acionistas no valor de R$ 10.000,00;
- teve um lucro no exercício de R$ 35.000,00.

O saldo à disposição da assembleia é:
a) R$ 92.000,00.
b) R$ 88.000,00.
c) R$ 96.000,00.
d) NDA.

QUESTÃO 7
Com base nos dados da questão 6, o saldo em 31.12.X1 é:
a) R$ 82.000,00.
b) R$ 74.500,00.
c) R$ 76.000,00.
d) NDA.

GABARITO

1. d; 2. b; 3. c; 4. c; 5. b; 6. a; 7. b

Capítulo 7
DEMONSTRAÇÃO DO RESULTADO DO EXERCÍCIO (DRE) – VERTICAL E DEDUTIVA

... O ouro e a prata

Julgamos oportuno esclarecer de princípio – tendo em vista dúvidas e indagações recorrentes nos cursos de contabilidade, sobretudo entre os alunos iniciantes – que a elaboração da Demonstração do Resultado do Exercício (DRE) e do balanço patrimonial, como também ocorre com as demais demonstrações, não tem preferência de ordem. Isto é, as demonstrações contábeis são feitas na mesma data, mas é indiferente sua ordem de elaboração.

A DRE (também conhecida como Demonstração do Resultado do Período), não tem a função de apurar os lucros ou prejuízos do exercício, embora seu nome possa sugerir tal papel. Trata-se apenas de um demonstrativo pormenorizado do que já foi contabilizado no processo de apuração.

A tarefa de apurar o resultado consiste em um procedimento específico, adotado pela contabilidade no encerramento de cada período.

7.1 COMO...

Os saldos das contas de receitas e despesas são transferidos, por meio de lançamentos próprios, para a conta transitória Resultado do exercício (ou Lucros e perdas, como preferem alguns autores). Essas contas (receitas e despesas) são submetidas a lançamentos de transferência para Resultado do exercício, e a diferença entre as receitas (as quais são credoras) e as despesas (que são devedoras) será o lucro alcançado ou o prejuízo sofrido pela entidade. Por fim, o resultado – positivo ou negativo – será distribuído, por meio de contas próprias e específicas, para o Passivo, em geral, o Passivo circulante, e para o Patrimônio líquido (PL).

7.1.1 A PARTILHA

Importante salientar que, na atual ordem técnico-jurídica da contabilidade brasileira, o balanço patrimonial já não deve conter, em seu PL, a conta Lucros acumulados. A diferença entre receitas e despesas, conhecida após o processo como "apuração do resultado", quando se mostra positiva, precisa ser transferida, ato contínuo, para *dividendos propostos a pagar e as reservas de lucro*.

De outro modo, as diferenças negativas são lançadas em Prejuízos acumulados – conta mantida pela legislação atual e que integra o PL na condição de redutora.

7.2 DO MAIOR PARA O MENOR

Conforme prescreve a Lei n. 6.404/76, a DRE é apenas um demonstrativo e não um processo de contabilização. O Comitê de Pronunciamentos Contábeis (CPC) a denomina Demonstração do Resultado do Período, e o Código Civil, Balanço de Resultado Econômico.

A DRE literalmente demonstra, numa disposição vertical e dedutiva, estabelecida no art. 187 da Lei n. 6.404/76, as receitas e despesas, com os saldos correspondentes no final do período, assim como os tributos incidentes sobre as operações, os custos das mercadorias, produtos e/ou serviços vendidos e, por fim, os resultados a que a empresa chegou no final do período considerado.

É elaborada simultaneamente ao balanço, e não antes ou depois deste, pois, embora paralelos ou coexistentes, são independentes entre si.

7.2.1 CONTEÚDO E FORMA

Trata-se de um demonstrativo contábil obrigatório para todas as empresas, a despeito de seu porte (ver art. 1.020 do Código Civil). Consiste em um "relatório" de grupos e contas, em ordem definida pela lei e pelas Normas Brasileiras de Contabilidade (NBC). Contém todas as receitas apuradas pela entidade no período – recebidas ou não – e os gastos incorridos por ela – pagos e/ou pendentes de pagamento.

A despeito das dúvidas eventualmente levantadas quanto ao fato de integrarem a DRE receitas "ganhas" e não recebidas e despesas incorridas e não pagas, é mister esclarecer que, conforme mencionado em parágrafos anteriores, o papel dessa demonstração consiste em retratar o saldo final das contas de resultado movimentadas no período, os tributos incidentes sobre as operações e os lucros da empresa e os valores e contas resultantes desse confronto. A DRE segue o regime de competência, em que apurados e gastos são registrados nos períodos em que de fato ocorreram, independentemente de recebimentos ou pagamentos.

Ocupa-se, em última análise, das ocorrências de efeito apenas econômico. Os fatos financeiros – entradas e saídas do dinheiro propriamente dito – constituem objeto da Demonstração dos Fluxos de Caixa (DFC). Esta, também oficial, atualmente disciplinada pela Lei n. 6.404/76, será estudada com detalhes, por seu modelo direto, no capítulo 8 deste livro.

7.2.2 O PASSO A PASSO DA LEI N. 6.404/76

Assim começa a DRE, segundo a lei:

Art. 187 – A demonstração do resultado do exercício discriminará:
I – A receita bruta das vendas e serviços, as deduções das vendas, os abatimentos e os impostos.

RECEITA BRUTA DAS VENDAS .... R$ 500.000,00
DEDUÇÕES DAS VENDAS: .... (R$ 140.000,00)
   Vendas anuladas .... R$ 20.000,00
   Descontos incondicionais concedidos .... R$ 34.000,00
   ICMS sobre vendas .... R$ 80.000,00
   PIS/Pasep .... R$ 2.000,00
   Cofins .... R$ 4.000,00

Percebe-se, à vista deste tópico, estruturado sob a ordem legal, que a DRE tem seu ponto de partida em um grupo – formado por uma conta ou conjugação de contas – que retrata o montante do faturamento alcançado pela empresa, no período, com suas atividades principais. Refere-se às vendas totais de produtos e/ou serviços. Denomina-se Receita bruta das vendas, Receita bruta das vendas e serviços ou Receita operacional bruta, denominações encontradas na terminologia usada pela doutrina.

A conta Receita bruta das vendas e serviços pressupõe a existência concomitante de atividades comerciais e prestacionais. Isto significa que ela será desdobrada em Receita bruta das vendas ou Receita bruta dos serviços, se a empresa exercer, alternativamente, apenas uma dessas atividades.

7.2.2.1 APURADO LÍQUIDO

O grupo de contas que vem abaixo da receita é denominado Deduções das vendas ou, segundo a lei, Deduções das vendas, abatimentos e impostos. Esse grupo é constituído das vendas canceladas (ou devolvidas), dos abatimentos (descontos) incondicionalmente concedidos e dos impostos ou tributos incidentes sobre o faturamento. Todas essas contas, por sua natureza, devem ser subtraídas da receita para chegar à receita líquida das vendas ou receita operacional líquida, novo grupo que aparece logo abaixo.

II – as receitas líquidas das vendas e serviços, o custo das mercadorias e serviços vendidos e o lucro bruto.

= RECEITA OPERACIONAL LÍQUIDA .... R$ 360.000,00
Custo das Mercadorias Vendidas (CMV) .... (R$ 210.000,00)
= LUCRO OPERACIONAL BRUTO .... R$ 150.000,00

O tópico precedente, previsto no inciso II do art. 187, apresenta a receita líquida (receita bruta menos as deduções) e, em seguida, o custo das mercadorias e serviços vendidos. O CMV é um componente obrigatório da DRE e aparece logo abaixo da receita líquida.

O CMV é obtido por meio da fórmula:

$$EI + C - EF$$

Em que:
EI = estoque inicial;
C = compras líquidas do período;
EF = estoque final.

O Custo dos Serviços Prestados (CSP) tem aplicação exclusiva às empresas com atividades prestacionais e a sua composição deriva de um conjunto de fatores: materiais empregados, mão de obra utilizada, entre outros.

7.2.2.2 AMPLIANDO A FÓRMULA

A fórmula do CMV pode ser ampliada, conforme as peculiaridades do negócio, para a seguinte composição:

$$CMV = EI + (C - DC + FC) - EF$$

Em que:
EI = estoque inicial;
C = compras do período;
DC = devolução de compras;
FC = fretes e seguros (quando não inclusos no preço da mercadoria adquirida);
EF = estoque final.

O lucro bruto, ou lucro operacional bruto, é o primeiro passo do resultado obtido pela empresa, quando lucrativa. Na empresa comercial, o lucro bruto corresponde ao Resultado Bruto com Mercadoria (RCM). Serve de base para o abatimento das chamadas despesas operacionais, de que tratará o inciso III, e ainda funciona como numerador no cálculo da margem bruta, quando se analisa a DRE.

7.2.2.3 PONDO AS DESPESAS EM ORDEM

A ordem legal do grupo despesas operacionais:
   III – as despesas com as vendas, as despesas financeiras, deduzidas das receitas, as despesas gerais e administrativas, e outras despesas operacionais

DESPESAS OPERACIONAIS: .... (R$ 80.000,00)

DESPESAS DE VENDAS
Comissões pagas sobre vendas .... (R$ 7.500,00)
Propaganda e publicidade .... (R$ 5.000,00)
Fretes sobre vendas .... (R$ 10.000,00)

DESPESAS FINANCEIRAS
Descontos condicionais concedidos .... (R$ 2.000,00)
Juros pagos .... (R$ 500,00)
Despesas bancárias .... (R$ 800,00)
Juros recebidos ....R$ 5.000,00

DESPESAS ADMINISTRATIVAS
Despesas com pessoal administrativo .... (R$ 54.000,00)
Depreciações e amortizações .... (R$ 700,00)
Impostos e taxas .... (R$ 500,00)
Outras despesas operacionais .... (R$ 4.000,00)

De acordo com a doutrina contábil, o grupo precedente é denominado Despesas operacionais e abrange todas as despesas que têm relação direta com as atividades principais da entidade. A lei estabelece uma divisão em subgrupos para as despesas operacionais, cujas contas são listadas pela doutrina: despesas com vendas (comissão de vendedores, publicidade etc.); despesas financeiras (juros, taxas bancárias etc. deduzidos das receitas da mesma espécie); despesas gerais e administrativas (pessoal e encargos, água, luz, telefone, entre outras) e outras despesas operacionais, representadas por despesas menores ou eventuais, não classificáveis nas três subdivisões que a antecedem na composição do inciso III.

7.2.2.4 DESPESAS *VERSUS* RECEITAS – CONFRONTO HISTÓRICO

No subgrupo das despesas financeiras, os descontos obtidos são receitas financeiras. O valor de R$ 13.400,00 aparece sem parênteses, o que indica sua natureza oposta à das demais contas do grupo e, portanto, delas deve ser subtraído. A operação segue a natureza heterogênea das receitas e despesas. Dessa forma, as primeiras são diminuídas da segunda, porque elas são sempre excludentes entre si.

Essas contas – as despesas operacionais – são dispostas logo abaixo do lucro operacional bruto. Seu valor total líquido (despesas menos receitas) é subtraído do item anterior, resultando em um novo item denominado lucro ou prejuízo operacional, usualmente batizado pela doutrina como Lucro Operacional Líquido (LOL), quando o resultado é positivo e há outras receitas ou despesas a serem demonstradas. Pode ser igualmente chamado de Lucro Antes do Imposto de Renda (Lair), se não existirem outras receitas e despesas a computar.

7.2.2.5 COMPUTANDO OS GANHOS E PERDAS EVENTUAIS

> IV – o lucro ou prejuízo operacional, as outras receitas e as outras despesas; (*Redação dada pela Lei n. 11.941, de 2009.*)

Como se vê na redação do inciso IV, podem aparecer antes do Lair, se existirem, "as outras receitas e as outras despesas". Essas contas são eventuais, ou seja, ganhos ou gastos incorridos em situações alheias às operações regulares da entidade. Quando existirem, podem apresentar-se com saldo credor (se receitas, ou nos casos em que elas superam as despesas) ou devedor (se despesas, ou nos casos em que elas superam as receitas). O saldo desse grupo gera, conforme o caso, acréscimo ao lucro operacional líquido ou sua diminuição. Somente após a verificação desse resíduo, vem o *resultado do exercício antes do Imposto de Renda*, ou lucro do exercício antes do Imposto de Renda, que o jargão contábil costuma chamar abreviadamente de Lair. Veja-se:

> V – o resultado do exercício antes do Imposto sobre a Renda e a provisão para o imposto;

= RESULTADO OPERACIONAL LÍQUIDO ....R$ 70.000,00
Outras receitas..R$ 10.000,00
LUCRO DO EXERCÍCIO ANTES DO IR ....R$ 80.000,00
Provisão para contribuição social.. (R$ 8.000,00)
Provisão para Imposto de Renda .... (R$ 12.000,00)
= LUCRO DO EXERCÍCIO APÓS O IR (Lair) ....R$ 60.000,00

Percebe-se, nesse grupo, que o Resultado operacional líquido, acrescido das "outras receitas", redundou em um Lair. Deste, foram subtraídas as provisões para a Contribuição Social sobre o Lucro Líquido (CSLL) e para o Imposto de Renda. A primeira é uma contribuição destinada à Previdência Social e o segundo é o popular "Leão". Com a diminuição desses dois valores – calculados conforme as normas aplicadas ao regime tributário em que a empresa se insere –, chega-se então ao resultado do exercício após o Imposto de Renda.

7.2.2.6 "QUANDO SE MULTIPLICAM OS BENS..."

É bíblico: "Quando se multiplicam os bens, multiplicam-se os que comem" (Ecl. 5:11a). Assim é também nas organizações: o Lair é submetido, por força da lei, a uma série de cinco participações. Seus beneficiários são aqueles grupos de pessoas físicas ou jurídicas que fazem jus a um percentual do lucro apurado em cada exercício. Essa sequência de participações tem valores decrescentes, pois as bases de cálculo diminuem sucessivamente a cada nova participação deduzida. A ordem em que elas estão dispostas na série (e, consequentemente, os valores devidos a cada uma) está prevista na Lei n. 6.404/76, art. 187, inciso VI, conforme se vê nesta transcrição:

> VI – as participações de debêntures, empregados, administradores e partes beneficiárias, mesmo na forma de instrumentos financeiros, e de instituições ou fundos de assistência ou previdência de empregados, que não se caracterizem como despesa; (Redação dada pela Lei n. 11.941, de 2009.)

```
PARTICIPAÇÕES........................................................(R$ 13.688,89)
Debêntures ...................................5%..........................R$ 3.000,00
Empregados...................................5%..........................R$ 2.850,00
Administradores.............................5%..........................R$ 2.707,50
Partes beneficiárias........................................................R$ 2.572,12
Fundo de Assistência e Previdência
de Empregados...............................5%..........................R$ 2.559,27
= LUCRO LÍQUIDO DO EXERCÍCIO ...............................R$ 46.311,11
```

7.2.2.7 FECHANDO A OPERAÇÃO

Essa operação, conforme mencionado no parágrafo precedente, tem formato de cascata: as bases de cálculo das participações decrescem sucessivamente, ou seja, cada nova participação calculada é deduzida de sua base antecedente, gerando assim uma nova base para a participação seguinte.

E, como está definido pelo dispositivo legal acima transcrito, os participantes do lucro são, pela ordem, debêntures, empregados, administradores, partes beneficiárias e as contribuições para instituições e fundos de assistência e previdência de empregados.

Vencida, passo a passo, essa linha sequencial – obrigatória e (se a um mesmo percentual) de valores decrescentes –, alcança-se o lucro ou prejuízo do exercício e o seu montante por ação do capital social.

7.2.2.8 AS (BOAS) AÇÕES...

O montante por ações, mencionado no inciso VII do art. 187, consiste, na verdade, em uma divisão proporcional do lucro líquido final pelo número de ações que compõem o capital da empresa. Obviamente, esse divisor varia de empresa para empresa, em função das ações totais e dos lucros auferidos por cada uma.

7.2.2.9 POUCOS SÃO OS ESCOLHIDOS..

Cumpre esclarecer que nem toda empresa possui a lista completa desses participantes. A ordem sequencial, no entanto, por força do inciso VI, é obrigatória para as empresas que os possuem no todo ou em parte. E mais: toda essa operação estruturada pela Lei n. 6.404/76), para partilha do lucro líquido do exercício, refere-se às sociedades anônimas. A praxe nas empresas de outras categorias é fazer a divisão de seus lucros entre os sócios.

A seguir, será apresentada na íntegra a DRE cuja estrutura e conteúdos foram estudados neste capítulo.

```
RECEITA BRUTA DAS VENDAS ................................................. R$ 500.000,00
DEDUÇÕES DAS VENDAS: ....................................................... R$ 140.000,00)
    Vendas anuladas ............................................................... R$ 20.000,00
    Descontos incondicionais concedidos ................................ R$ 34.000,00
    ICMS sobre vendas ........................................................... R$ 80.000,00
    PIS/Pasep ......................................................................... R$ 2,000,00
    Cofins ............................................................................... R$ 4.000,00
= RECEITA OPERACIONAL LÍQUIDA ....................................... R$ 360.000,00
    Custo das Mercadorias Vendidas (CMV) ........................... R$ 210.000,00)
= LUCRO OPERACIONAL BRUTO ............................................ R$ 150.000,00
DESPESAS OPERACIONAIS .................................................... (R$ 80.000,00)

DESPESAS DE VENDAS
    Comissões pagas sobre vendas ......................................... (R$ 7.500,00)
    Propaganda e publicidade ................................................ (R$ 5.000,00)
    Fretes sobre vendas ......................................................... (R$ 10.000,00)

DESPESAS FINANCEIRAS
    Descontos condicionais concedidos .................................. (R$ 2.000,00)
    Juros pagos ..................................................................... (R$ 500,00)
    Despesas bancárias .......................................................... (R$ 800,00)
    Juros recebidos ................................................................ R$ 5.000,00
```

DESPESAS ADMINISTRATIVAS
  Despesas com pessoal administrativo.................................. (R$ 54.000,00)
  Depreciações e amortizações .... (R$ 700,00)
  Impostos e taxas.. (R$ 500,00)
  Outras despesas operacionais... (R$ 4.000,00)
= RESULTADO OPERACIONAL LÍQUIDO ....R$ 70.000,00
  Outras receitas..R$ 10.000,00
LUCRO DO EXERCÍCIO ANTES DO IR ....R$ 80.000,00
  Provisão para contribuição social... (R$ 8.000,00)
  Provisão para Imposto de Rrenda.. (R$ 12.000,00)
= LUCRO DO EXERCÍCIO APÓS O IR (Lair) ....R$ 60.000,00
PARTICIPAÇÕES.. (R$ 13.688,89)
  Debêntures ....5%...............................R$ 3.000,00
  Empregados ....5%...............................R$ 2.850,00
  Administradores ....5%...............................R$ 2.707,50
  Partes beneficiárias..R$ 2.572,12
  Fundo de Assistência e Previdência
  de Empregados...5%...............................R$ 2.559,27
= LUCRO LÍQUIDO DO EXERCÍCIO ....R$ 46.311,11

7.3 PAUSA PARA EXERCÍCIOS

QUESTÃO 1
As contas abaixo compõem a DRE da empresa Intermediária em dado exercício. Ordene-as adequadamente, em conformidade com a Lei n. 6.404/76, e faça o que se pede.

PIS/Pasep ....R$ 2.000,00
Despesas de Vendas..R$ 5.000,00
Cofins..R$ 4.000,00
Estoque inicial ....R$ 90.000,00
Vendas de mercadorias ....R$ 400.000,00
Provisão para Imposto de Renda......................................R$ 6.000,00
Provisão para contribuição social.....................................R$ 3.000,00
Descontos incondicionais concedidos...........................R$ 20.000,00
Estoque final..R$ 60.000,00
Vendas canceladas ....R$ 34.000,00
Despesas financeiras ....R$ 9.000,00
ICMS sobre vendas ....R$ 50.000,00.
Compras do período..R$ 120.000,00

Despesas administrativas...R$ 28.000,00
Receitas financeiras..R$ 10.000,00

Com base nesses dados, calcule a receita operacional líquida.

QUESTÃO 2
As contas abaixo compõem a DRE – da empresa Simulada em dado exercício. Ordene-as adequadamente, em conformidade com a Lei n. 6.404/76, e faça o que se pede.

PIS/Pasep ....R$ 2.000,00
Despesas de vendas ....R$ 5.000,00
Cofins...R$ 4.000,00
Estoque inicial ....R$ 90.000,00
Vendas de mercadorias ....R$ 400.000,00
Provisão para Imposto de Renda..R$ 6.000,00
Provisão para contribuição social...R$ 3.000,00
Descontos incondicionais concedidos..R$ 20.000,00
Estoque final ....R$ 60.000,00
Vendas canceladas ....R$ 34.000,00
Despesas financeiras ....R$ 9.000,00
ICMS sobre vendas ....R$ 50.000,00.
Compras do período..R$ 120.000,00
Despesas administrativas..R$ 28.000,00
Receitas financeiras..R$ 10.000,00

Qual o valor das deduções das vendas?

QUESTÃO 3
As contas abaixo compõem a DRE da empresa Praça no exercício de X1. Ordene-as adequadamente, em conformidade com a Lei n. 6.404/76, e faça o que se pede.

Vendas de mercadorias ....R$ 300.000,00
Provisão para Imposto de Renda..R$ 6.000,00
Provisão para contribuição social...R$ 3.000,00
Descontos incondicionais concedidos..R$ 12.000,00
PIS/Pasep ....R$ 2.000,00
Despesas de vendas ....R$ 5.000,00
Estoque final ....R$ 60.000,00
Vendas canceladas ....R$ 15.000,00

Despesas financeiras ....R$ 9.000,00
ICMS sobre vendas ....R$ 45.000,00.
Compras do período..R$ 120.000,00
Despesas administrativas..R$ 28.000,00
Receitas financeiras...R$ 10.000,00
Cofins...R$ 4.000,00
Estoque inicial ....R$ 90.000,00

Com base nessas informações, pode-se afirmar que o Lucro Operacional Bruto, o Lucro do Exercício antes do Imposto de Renda e o Lucro Líquido após o Imposto de Renda foram, respectivamente, de:
a) ( ) R$ 72.000,00, R$ 33.400,00 e R$ 27.400,00.
b) ( ) R$ 110.000,00, R$ 40.400,00 e R$ 27.400,00.
c) ( ) R$ 72.000,00, R$ 40.000,00 e R$ 31.000,00.
d) ( ) NDA.

QUESTÃO 4
Qual das contas abaixo não é conta de resultado?
a) ( ) Salários e ordenados.
b) ( ) Receita de equivalência patrimonial.
c) ( ) Receitas financeiras.
d) ( ) Aluguéis passivos.

QUESTÃO 5
NÃO integra(m) a DRE:
a) ( ) Descontos condicionais concedidos.
b) ( ) Juros pagos.
c) ( ) Receitas antecipadas.
d) ( ) Receita de prestação de serviços.

QUESTÃO 6
As contas abaixo compõem a DRE da empresa Lucrativa no exercício de X1. Ordene-as adequadamente, em conformidade com a Lei n. 6.404/76, e faça o que se pede.

Receitas financeiras..R$ 5.000,00
Participação de debêntures...5%
Participação de fundos de assistência
e previdência de empregados...5%
Participação de administradores ....R$ 803,50
Participação de empregados...5%

Vendas canceladas ....R$ 10.000,00
Despesas financeiras ....R$ 8.600,00
Provisão para contribuição social..R$ 2.000,00
Descontos incondicionais concedidos...................................R$ 6.600,00
Despesas administrativas...R$ 8.000,00
Despesas de Vendas..R$ 5.000,00
PIS/Pasep ....R$ 1.300,00
Cofins...R$ 2.600,00
Estoque inicial ....R$ 60.000,00
Vendas de mercadorias ....R$ 150.000,00
Provisão para Imposto de Renda...R$ 4.000,00
Estoque final..R$ 50.000,00
Participação de partes beneficiárias......................................5%
ICMS sobre vendas ....R$ 19.500,00.
Compras do período..R$ 60.000,00

Com base apenas nessas informações, calcule o lucro líquido (final) do exercício.

QUESTÃO 7

As contas abaixo compõem a DRE – da empresa Cia Progressista no exercício de X1. Ordene-as adequadamente, em conformidade com a Lei n. 6.404/76, e faça o que se pede.

Descontos incondicionais concedidos...................................R$ 6.600,00
PIS/Pasep ....R$ 1.300,00
Cofins...R$ 2.600,00
Estoque inicial ....R$ 60.000,00
Vendas de mercadorias ....R$ 150.000,00
Provisão para Imposto de Renda...R$ 4.000,00
Estoque final..R$ 50.000,00
Participação de partes beneficiárias......................................5%
ICMS sobre vendas ....R$ 19.500,00
Compras do período..R$ 60.000,00
Despesas administrativas...R$ 8.000,00
Despesas de vendas...R$ 5.000,00
Participação de administradores ....R$ 803,50
Participação de empregados..5%
Vendas canceladas. ....R$ 10.000,00
Receitas financeiras..R$ 5.000,00
Participação de debêntures 5%

Participação de fundos de assistência e previdência de empregados 5%
Despesas financeiras ....R$ 8.600,00
Provisão para contribuição social...R$ 2.000,00

Após estruturar a DRE, calcule o valor da participação de empregados.

QUESTÃO 8

As contas abaixo compõem a DRE de uma empresa hipotética no encerramento do exercício de X1. Ordene-as adequadamente, em conformidade com a Lei n. 6.404/76, e faça o que se pede.

PIS/Pasep ....R$ 1.300,00
Cofins..R$ 2.600,00
Estoque inicial ....R$ 60.000,00
Vendas de mercadorias ....R$ 150.000,00
Provisão para Imposto de Renda..................................R$ 4.000,00
Receitas financeiras..R$ 10.000,00
Estoque final..R$ 50.000,00
Participação de partes beneficiárias 5%
ICMS sobre vendas ....R$ 19.500,00
Compras do período...R$ 60.000,00
Despesas administrativas...R$ 8.000,00
Despesas de vendas ....R$ 5.000,00
Participação de debêntures 5%
Participação de fundos de assistência e previdência de empregados 5%
Participação de administradores ....R$ 803,50
Participação de empregados 5%
Vendas canceladas...R$ 10.000,00
Despesas financeiras..R$ 13.600,00
Provisão para contribuição social ....R$ 2.000,00
Descontos incondicionais concedidos ....R$ 6.600,00

8.1 As deduções das vendas e a receita operacional líquida são, respectivamente:
a) R$ 16.600,00 e R$ 110.000,00
b) R$ 16.600,00 e R$ 40.000,00
c) R$ 40.000,00 e R$ 110.000,00
d) R$ 40.000,00 e R$ 23.400,00
e) NDA

8.2 O resultado operacional bruto e o resultado operacional líquido são, respectivamente:
a) R$ 110.000,00 e R$ 40.000,00
b) R$ 40.000,00 e R$ 17.400,00
c) R$ 110.000,00 e R$ 23.400,00
d) R$ 40.000,00 e R$ 23.400,00
e) NDA

8.3 O resultado operacional líquido e o lucro do exercício após o imposto de renda são, respectivamente:
a) R$ 17.400,00 e R$ 23.400,00
b) R$ 23.400,00 e R$ 17.400,00
c) R$ 16.600,00 e R$ 17.400,00
d) R$ 16.400,00 e R$ 17.600,00
e) NDA

8.4 A participação de debêntures é:
a) R$ 745,00
b) R$ 850,00
c) R$ 870,00
d) R$ 826,50
e) NDA

8.5 A participação de partes beneficiárias é:
a) R$ 745,00
b) R$ 707,75
c) R$ 755,00
d) R$ 803,50
e) NDA

GABARITO

1. R$ 290.000,00;
2. R$ 110.000,00;
3. c;
4. b;
5. C;
6. R$ 13.491,25;
7. R$ 826,50;
8.1. c; 8.2. d; 8.3. c; 8.4. c; 8.5. a.

Capítulo 8
DEMONSTRAÇÃO DOS FLUXOS DE CAIXA (DFC)

Somente a partir de 2008 a Demonstração dos Fluxos de Caixa (DFC) passou a figurar no rol oficial das demonstrações contábeis brasileiras. Tornou-se obrigatória para as sociedades anônimas de capital aberto ou para aquelas de capital fechado com patrimônio líquido igual ou superior a dois milhões de reais.

Antes, a DFC era praticada de forma pontual em boa parte das empresas nacionais como ferramenta de gestão, notadamente por iniciativa de seus departamentos financeiros. De instrumento facultativo, foi elevada por lei a nova categoria, com vigência para o ano de 2008.

Sua inclusão no leque dos demonstrativos obrigatórios é uma antiga reivindicação de lideranças contábeis, como alternativa à Demonstração de Origens e Aplicações de Recursos (Doar), vista no ambiente profissional como um relatório de difícil preenchimento e interpretação. Sua aplicabilidade também era questionada, particularmente no que tange à capacidade de proporcionar respostas plausíveis às demandas de liquidez imediata e/ou com prazos reduzidos.

8.1 ÁGUA (MOLE) EM PEDRA (DURA)... DURA...

As queixas recorrentes em desfavor da Doar, vigente na ordem contábil anterior, diziam respeito ao fato de que, por sua composição, essa demonstração não conseguia responder confiavelmente a certas indagações dos analistas. Além da alegada complexidade de sua montagem e interpretação, o cálculo do *Capital Circulante Líquido* (CCL) – elemento-chave para a obtenção do índice de liquidez corrente – abrange o *Ativo circulante* por inteiro. E alguns elementos desse grupo – em regra, os de maior valor – não têm necessariamente liquidez com a velocidade requerida pelos compromissos correntes da entidade. São eles:

* As *contas a receber* nem sempre são recebidas em seus vencimentos. E, mesmo quando realizadas nas datas previstas, não correspondem necessariamente

aos vencimentos das obrigações listadas no *Passivo circulante*, denominador para o cálculo do CCL.

- Os *estoques* também nem sempre serão comercializados – e à vista – de forma tempestiva e em valor suficiente para a liquidação das respectivas faturas junto aos fornecedores.
- As *despesas do exercício seguinte* não se transformarão em dinheiro, mas serão apropriadas como despesas no período subsequente, conforme os meses de sua competência.

Em suma, esses e outros ativos, embora potencialmente recebíveis no curto prazo, não garantem, por sua natureza, o dinheiro líquido e certo de que a empresa precisará para honrar seus pagamentos agendados para o período.

Diante desse quadro de incertezas, a DFC era apontada por profissionais e lideranças como o instrumento mais preciso para o gerenciamento dessas situações corriqueiras no âmbito de qualquer organização.

8.2 O "CARIMBO" LEGAL

Com a promulgação da Lei n. 11.638, de 28 de dezembro de 2007, o art. 176 da Lei n. 6.404/76, no *caput* e em seus incisos, passou a vigorar com a seguinte redação:

> Art. 176. Ao fim de cada exercício social, a diretoria fará elaborar, com base na escrituração mercantil da companhia, as seguintes demonstrações financeiras, que deverão exprimir com clareza a situação do patrimônio da companhia e as mutações ocorridas no exercício:
> I – balanço patrimonial;
> II – demonstração dos lucros ou prejuízos acumulados;
> III – demonstração do resultado do exercício; e
> IV – demonstração dos fluxos de caixa; e (*Redação dada pela Lei n. 11.638, de 2007.*) (Grifo nosso.)
> V – se companhia aberta, demonstração do valor adicionado. (*Incluído pela Lei n. 11.638, de 2007.*)

O art. 188, inciso I e alíneas, enumera os fluxos que devem constar da demonstração, como se vê abaixo.

> Art. 188. As demonstrações referidas nos incisos IV e V do caput do art. 176 desta Lei indicarão, no mínimo: (*Redação dada pela Lei n. 11.638, de 2007.*)

I – demonstração dos fluxos de caixa – as alterações ocorridas, durante o exercício, no saldo de caixa e equivalentes de caixa, segregando-se essas alterações em, no mínimo, 3 (três) fluxos: (*Redação dada pela Lei n. 11.638, de 2007.*)

a) das operações; (*Redação dada pela Lei n. 11.638, de 2007.*)
b) dos financiamentos; e (*Redação dada pela Lei n.11.638, de 2007.*)
c) dos investimentos; (*Redação dada pela Lei n. 11.638, de 2007.*)

8.3 DINHEIRO VAI, DINHEIRO VEM

O termo "fluxo", entre tantas acepções, significa curso, corrente, movimento, ato de fluir. Na atividade contábil, o Fluxo de Caixa ou Demonstração dos Fluxos de Caixa destina-se a registrar a movimentação (entradas e saídas) do dinheiro da entidade em determinado período. Tal denominação objetiva dar ao usuário entendimento imediato sobre o real conteúdo do relatório: as idas e vindas do dinheiro no cotidiano da empresa. Segundo Chagas: "Poderia, segundo defendem alguns expoentes da doutrina contábil, chamar-se *demonstração dos fluxos de disponibilidades*, uma vez que os valores nela registrados transitam pelas contas Caixa, Bancos Conta Movimento e contas representativas de aplicações financeiras" (2013, p. 184).

A própria Lei n. 6.404/76, em seu art. 188, inciso I (depois da introdução da Lei n. 11.638/2007), define a composição da DFC como "as alterações ocorridas, durante o exercício, no saldo de caixa e *equivalentes de caixa*" (grifo nosso).

8.4 O QUE O FLUXO REVELA

O Pronunciamento Técnico CPC 03 ocupa-se formalmente da matéria, num texto que exprime, em síntese, o que tradicionalmente a doutrina contábil tem preconizado a seu respeito. Ou seja, a DFC (elaborada em seu modelo direto) tem o propósito de mostrar aos usuários da contabilidade o que a empresa gerou de caixa e equivalentes de caixa em um período. Revela, também, subliminarmente, as necessidades correntes de liquidez da organização. Dessa forma, o conteúdo da DFC pode respaldar tecnicamente os gestores em suas tomadas de decisão, inclusive no tocante às demandas econômico-financeiras que a entidade tem e/ou terá no curso do exercício.

Essa possibilidade de aferir com clareza a capacidade da empresa em cumprir – ou não – seus compromissos num lapso determinado constituiu, desde sempre, uma aspiração da classe.

8.5 CAIXA E EQUIVALENTES DE CAIXA, SEGUNDO A NBC 03

8.5.1 CAIXA

Compreende numerário em espécie, dinheiro vivo. Até este ponto, a definição do CPC corresponde aos valores que, no balanço, compõem a conta Caixa.

A NBC TG 03, no entanto, no entanto, estende a definição de caixa aos depósitos bancários disponíveis, os valores que, no balanço patrimonial, estão representados pela conta *Bancos conta movimento*. Vejamos o contido na norma:

> "Caixa compreende numerário em espécie e depósitos bancários disponíveis."

8.5.2 EQUIVALENTES DE CAIXA

Segundo a NBC TG 03, "Equivalentes de caixa são aplicações financeiras de curto prazo, de alta liquidez, que são prontamente conversíveis em montante conhecido de caixa e que estão sujeitas a um insignificante risco de mudança de valor."

A NBC TG 03 COMPLEMENTA

> Os equivalentes de caixa são mantidos com a finalidade de atender a compromissos de caixa de curto prazo e, não, para investimento ou outros propósitos. Para que um investimento seja qualificado como equivalente de caixa, ele precisa ter conversibilidade imediata em montante conhecido de caixa e estar sujeito a um insignificante risco de mudança de valor. Portanto, um investimento normalmente qualifica-se como equivalente de caixa somente quando tem vencimento de curto prazo, por exemplo, três meses ou menos, a contar da data da aquisição. Os investimentos em instrumentos patrimoniais (de patrimônio líquido) não estão contemplados no conceito de equivalentes de caixa, a menos que eles sejam, substancialmente, equivalentes de caixa, como, por exemplo, no caso de ações preferenciais resgatáveis que tenham prazo definido de resgate e cujo prazo atenda à definição de curto prazo.

8.6 A DFC EM REVISTA

De forma resumida, essa demonstração registra a origem do dinheiro que entrou nos cofres da empresa e o destino (aplicação) do que saiu. Ela apresenta também o resultado financeiro, evidenciando os saldos inicial e final do período levantado.

8.6.1 O TEMPO E O MODO

A DFC pode ser feita em qualquer fase do exercício, dependendo da necessidade ou do interesse da entidade. Trata-se de expressiva ferramenta de uso gerencial, muito difundida nos estudos e práticas de administração financeira.

Por força das alterações recentes, já mencionadas neste capítulo, a Lei n. 6.404/76 faz algumas indicações no tocante ao conteúdo da DFC. Essas prescrições, aliás, já eram observadas pelas companhias na elaboração e publicação desse demonstrativo. Para fins didáticos, destacamos, em síntese, o que diz o art. 188, transcritos em linhas anteriores: a DFC deve indicar "as alterações ocorridas, durante o exercício, no saldo de caixa e equivalentes de caixa, segregando essas alterações, no mínimo, 3 fluxos: a) das operações; b) dos finananciamentos; e c) dos investimentos".

8.6.2 O MOTIVO DA SEPARAÇÃO

A ideia de separar os fluxos por atividades é prover o usuário de informações que lhe permitam avaliar o impacto de tais atividades sobre a posição financeira da entidade, além de conhecer, por origem ou natureza, o montante de seu caixa e equivalentes de caixa. Essas informações podem ser igualmente usadas para aferir o grau em que essas atividades estão relacionadas entre si.

São entradas e saídas relativas às atividades geradoras das principais receitas, custos e despesas da entidade. A NBC 03 assim define as chamadas atividades operacionais:

> "Atividades operacionais são as principais atividades geradoras de receita da entidade e outras atividades que não são de investimento e tampouco de financiamento."

8.6.2.1 FLUXO DAS OPERAÇÕES

São entradas e saídas relativas às atividades geradoras das principais receitas, custos e despesas da entidade.

8.6.2.1.1 EM DETALHES

Os fluxos de caixa advindos das atividades operacionais são basicamente derivados das principais atividades geradoras de receita da entidade. Portanto, eles geralmente resultam de transações e de outros eventos que entram na apuração do lucro líquido ou prejuízo. Exemplos de fluxos de caixa que decorrem das atividades operacionais são:

a) recebimentos de caixa pela venda de mercadorias e pela prestação de serviços;

b) recebimentos de caixa decorrentes de royalties, honorários, comissões e outras receitas;
c) pagamentos de caixa a fornecedores de mercadorias e serviços;
d) pagamentos de caixa a empregados ou por conta de empregados;
e) recebimentos e pagamentos de caixa por seguradora de prêmios e sinistros, anuidades e outros benefícios da apólice;
f) pagamentos ou restituição de caixa de impostos sobre a renda, a menos que possam ser especificamente identificados com as atividades de financiamento ou de investimento; e
g) recebimentos e pagamentos de caixa de contratos mantidos para negociação imediata ou disponíveis para venda futura.

Algumas transações, como a venda de item do imobilizado, podem resultar em ganho ou perda, que é incluído na apuração do lucro líquido ou prejuízo. Os fluxos de caixa relativos a tais transações são fluxos de caixa provenientes de atividades de investimento. Entretanto, pagamentos em caixa para a produção ou a aquisição de ativos mantidos para aluguel a terceiros que, em sequência, são vendidos, conforme descrito no item 68A da NBC TG 27 – Ativo Imobilizado, são fluxos de caixa advindos das atividades operacionais. Os recebimentos de aluguéis e das vendas subsequentes de tais ativos são também fluxos de caixa das atividades operacionais.

Atenção! A DFC 03 informa...

> "Uma única transação pode inserir-se nos fluxos de caixa classificados em mais de uma atividade. Por exemplo, quando o desembolso de caixa para pagamento de um empréstimo inclui tanto os juros como o principal, a parte dos juros pode ser classificada como atividade operacional, mas a parte do principal deve ser classificada como atividade de financiamento." (CPC 03)

Data venia...

A posição da NBC TG 03mDFC, no tocante ao pagamento do principal, é que ele deve ser classificado "como atividade de financiamento". Entretanto, no que se refere aos juros, está dito que *"pode* ser classificado como atividade operacional".

Não obstante o caráter institucional dessa orientação e a inquestionável autoridade da fonte, nosso entendimento é de que encargos decorrentes de financiamentos devem incluir-se em seu fluxo próprio, ou seja, no fluxo dos *financiamentos*. A flexibilidade na classificação dos juros – ora em um fluxo, ora em outro – não contribuiria para a compreensão do usuário, tampouco para a uniformidade de procedimento no ambiente contábil.

A nosso ver, quaisquer ocorrências – entradas e saídas – devem ser inseridas no fluxo correspondente à sua espécie. Por exemplo, as receitas financeiras oriundas de investimentos devem classificar-se como entradas desse fluxo. Já as despesas financeiras não relacionadas com financiamentos devem ser atribuídas ao fluxo a que estão relacionadas, em geral, o das operações.

Neste caso, estariam classificados como entrada das operações os juros que a entidade recebe dos clientes, por atraso de pagamento, e, como saída, aqueles juros que, pelo mesmo motivo, ela paga aos seus fornecedores.

8.6.2.2 FLUXO DOS FINANCIAMENTOS

"Atividades de financiamento são aquelas que resultam em mudanças no tamanho e na composição do capital próprio e no capital de terceiros da entidade." O segundo fluxo preconizado pela lei é o dos financiamentos. Nele, estão incluídas as ocorrências resultantes das decisões tomadas pela empresa na seara dos financiamentos e estes, por sua vez, vão além dos empréstimos tradicionalmente entendidos como tais.

Constituem financiamentos aqueles valores captados no mercado para alimentar e/ou alavancar as operações e os investimentos da entidade. Esses eventos alteram tanto o volume de endividamento da entidade junto a terceiros (captação de recursos externos) como a composição do capital próprio da empresa (integralização de capital feita por sócios). São, portanto, classificáveis no Passivo circulante e não circulante e no Patrimônio líquido.

Exemplos de fluxos de caixa advindos das atividades de financiamento são:
a) caixa recebido pela emissão de ações ou outros instrumentos patrimoniais;
b) pagamentos em caixa a investidores para adquirir ou resgatar ações da entidade;
c) caixa recebido pela emissão de debêntures, empréstimos, notas promissórias, outros títulos de dívida, hipotecas e outros empréstimos de curto e longo prazos;
d) amortização de empréstimos e financiamentos.

8.6.2.3 FLUXO DOS INVESTIMENTOS

"Atividades de investimento são as referentes à aquisição e à venda de ativos de longo prazo e de outros investimentos não incluídos nos equivalentes de caixa."

NBC TG 03, ITEM 16:
Exemplos de fluxos de caixa advindos das atividades de investimento são:
a) pagamentos em caixa para aquisição de ativo imobilizado, intangíveis e outros ativos de longo prazo. Esses pagamentos incluem aqueles relacionados aos custos de desenvolvimento ativados e aos ativos imobilizados de construção própria;
b) recebimentos de caixa resultantes da venda de ativo imobilizado, intangíveis e outros ativos de longo prazo;
c) pagamentos em caixa para aquisição de instrumentos patrimoniais ou instrumentos de dívida de outras entidades e participações societárias em joint ventures (exceto aqueles pagamentos referentes a títulos considerados como equivalentes de caixa ou aqueles mantidos para negociação imediata ou futura);
d) recebimentos de caixa provenientes da venda de instrumentos patrimoniais ou instrumentos de dívida de outras entidades e participações societárias em joint ventures (exceto aqueles recebimentos referentes aos títulos considerados como equivalentes de caixa e aqueles mantidos para negociação imediata ou futura);
e) adiantamentos em caixa e empréstimos feitos a terceiros (exceto aqueles adiantamentos e empréstimos feitos por instituição financeira);
f) recebimentos de caixa pela liquidação de adiantamentos ou amortização de empréstimos concedidos a terceiros (exceto aqueles adiantamentos e empréstimos de instituição financeira);
g) pagamentos em caixa por contratos futuros, a termo, de opção e swap, exceto quando tais contratos forem mantidos para negociação imediata ou futura, ou os pagamentos forem classificados como atividades de financiamento; erecebimentos de caixa por contratos futuros, a termo, de opção e swap, exceto quando tais contratos forem mantidos para negociação imediata ou venda futura, ou os recebimentos forem classificados como atividades de financiamento.

Neste fluxo incluem-se as ocorrências relativas a aplicações de recursos em caráter temporário ou permanente – eventos econômico-financeiros destinados a dar suporte às atividades operacionais. Idêntica classificação deve ser observada quando esses mesmos recursos fazem o trajeto de volta, por venda (dos bens) ou resgate (das aplicações). Isto é, entradas e saídas da mesma espécie ou "família" merecem igual tratamento.

A movimentação financeira própria desse fluxo, obviamente, trocará valores disponíveis por direitos e bens para o Ativo circulante (aplicações de curto e médio prazos) e Ativo não circulante (aplicações financeiras de longo prazo e aquisições de bens de longa duração).

Em contrapartida, quando as aplicações forem resgatadas e os bens, vendidos, haverá a baixa desses itens nos respectivos grupos, e o dinheiro resultante dessas operações ou transações se tornará entrada de caixa, pertencente ao mesmo fluxo.

8.7 DOIS MÉTODOS PARA DEMONSTRAR OS FLUXOS

A construção do relatório dos fluxos de caixa é realizada com base nos dados do balanço patrimonial, da Demonstração do Resultado do Exercício e na Doar ou pela movimentação das contas que integram o subgrupo do Ativo circulante, denominado "disponível" ou "disponibilidades". Essas contas são as já referidas Caixa e Equivalentes de caixa.

Segundo Marion (1998, p. 381), existem duas formas consagradas para a elaboração da DFC:
1) diretamente na ficha (ou livro) Caixa, sem necessidade, portanto, de examinar as demonstrações contábeis. O levantamento por esse meio pode ser efetuado pelo departamento financeiro.
2) indiretamente, à vista das demonstrações financeiras. Essa tarefa é desenvolvida por profissional contábil, posto exigir conhecimento específico da área.

Em outros termos, são dois os métodos praticados na elaboração da DFC: método direto, conforme definido pelo eminente professor e escritor Marion, no item 1 acima, e método indireto, na forma descrita no item 2.

8.7.1 MÉTODO DIRETO – DINHEIRO VIVO EM MÃO DUPLA

Elaborar a DFC pelo método direto é sem dúvida um processo simples e acessível aos profissionais das áreas contábil e financeira. Pode, entretanto, desdobrar-se em dois modelos, ambos em formato vertical.

8.7.1.1 MÉTODO DIRETO – MODELO 1

O relatório tem começo com o saldo inicial do período, seguido das ocorrências que representam *entradas* de dinheiro, com seus valores individuais e o montante. Logo abaixo destas, relacionam-se as *saídas*, também totalizadas depois da última linha.

Apura-se, na sequência, a diferença (positiva ou negativa) entre entradas e saídas. A ela soma-se o saldo inicial do período e chega-se ao saldo final.

Eis um exemplo do modelo 1.

Período: x2

Empresa Lucrativa Ltda.

Saldo inicial do período..R$ 150.000,00
ENTRADAS (FONTES)
Recebimento de vendas do período ....R$ 250.000,00
Recebimento de duplicatas..R$ 80.000,00
Empréstimos bancários...R$ 50.000,00
Integralização de capital por sócios ....R$ 40.000,00
Prestação de serviços ....R$ 50.000,00
Venda de imobilizados..R$ 30.000,00
Total das entradas ....R$ 500.000,00
SAÍDAS (APLICAÇÕES)
Aquisições de móveis e utensílios .... (R$ 5.000,00)
Aquisições de terrenos .... (R$ 250.000,00)
Aquisições de ações .... (R$ 5.000,00)
Pagamento de compras .... (R$ 150.000,00)
Despesas de vendas .... (R$ 10.000,00)
Despesas financeiras... (R$ 5.000,00)
Amortização de empréstimos anteriores............................... (R$ 20.000,00)
Salários e comissões.. (R$ 10.000,00)
Total das saídas ....R$ 455.000,00

Excesso das entradas sobre as saídas (R$ 500.000,00 – R$ 455.000,00 + R$ 45.000,00)
Saldo final em X2 (R$ 150.000,00 + R$ 45.000,00) R$ 195.000,00

Os mesmos dados podem ser apresentados também no formato de tabela, como se vê na sequência.

Período: X2

Empresa Lucrativa Ltda.

	ENTRADAS	SAÍDAS	SALDOS
SALDO INICIAL EM X2			R$ 150.000,00
ENTRADAS			
Recebimento de vendas do período	R$ 250.000,00	–	
Recebimento de duplicatas	R$ 80.000,00		
Empréstimos bancários	R$ 50.000,00		
Integralização de capital por sócios	R$ 40.000,00		

	ENTRADAS	SAÍDAS	SALDOS
Prestação de serviços	R$ 50.000,00		
Venda de imobilizados	R$ 30.000,00		
TOTAL DAS ENTRADAS			R$ 500.000,00
SAÍDAS			
Aquisições de móveis e utensílios		R$ 5.000,00	
Aquisições de terrenos		R$ 250.000,00	
Aquisições de ações		R$ 5.000,00	
Pagamento de compras		R$ 150.000,00	
Despesas de vendas		R$ 10.000,00	
Despesas financeiras		R$ 5.000,00	
Amortização de empréstimos anteriores		R$ 20.000,00	
Salários e comissões		R$ 10.000,00	
TOTAL DAS SAÍDAS			R$ 455.000,00
SALDO FINAL EM X2			R$ 195.000,00

8.7.1.2 MÉTODO DIRETO – MODELO 2

Em nosso livro *Contabilidade intermediária simplificada*, publicado pela editora Saraiva, encontra-se esta apresentação, com pequena variação dos dados:

> Elaborada a DFC nesse formato, apresentá-la-emos por um outro "ângulo". Isto é, sob um segundo modelo, o qual consiste na classificação das mesmas ocorrências, divididas por fluxos. Nesse segundo formato – que também, a exemplo do primeiro, começa pelo saldo inicial do período – cada fluxo apresenta seu saldo positivo ou negativo (entradas, menos saídas) e, logicamente, o resultado final será exatamente o mesmo a que chegamos com o modelo anterior. (CHAGAS, 2014, 92)

Período: X2

Comprestacional Clarinha Brinquedos

	ENTRADAS	SAÍDAS	SALDOS
SALDO INICIAL EM X2			R$ 150.000,00
FLUXO DAS OPERAÇÕES			
Recebimento de vendas do período	R$ 250.000,00	–	
Recebimento de duplicatas	R$ 80.000,00		

	ENTRADAS	SAÍDAS	SALDOS
Prestação de serviços	R$ 50.000,00		
Pagamento de compras		R$ 150.000,00	
Despesas de vendas		R$ 10.000,00	
Salários e comissões		R$ 10.000,00	
Saldo do fluxo (FO)			R$ 210.000,00
FLUXO DOS FINANCIAMENTOS			
Empréstimos bancários	R$ 50.000,00		
Integralização de capital por sócios	R$ 40.000,00		
Despesas financeiras		R$ 5.000,00	
Amortização de empréstimos		R$ 20.000,00	
Saldo do fluxo (FF)			R$ 65.000,00
FLUXO DOS INVESTIMENTOS			
Venda de imobilizados	R$ 30.000,00		
Aquisição de móveis e utensílios		R$ 5.000,00	
Aquisições de terrenos		R$ 200.000,00	
Aquisição de ações		R$ 5.000,00	
Saldo do fluxo (FI)			(R$ 180.000,00)
EXCESSO DAS ENTRADAS SOBRE AS SAÍDAS			R$ 95.000,00
Saldo final em X2: R$ 50.000,00 + R$ 95.000,00 =			R$ 145.000,00

8.7.2 MÉTODO INDIRETO

Mais da NBC TG 03 (Item 20)

De acordo com o método indireto, o fluxo de caixa líquido advindo das atividades operacionais é determinado ajustando o lucro líquido ou prejuízo quanto aos efeitos de:

a) variações ocorridas no período nos estoques e nas contas operacionais a receber e a pagar;
b) itens que não afetam o caixa, tais como depreciação, provisões, tributos diferidos, ganhos e perdas cambiais não realizados e resultado de equivalência patrimonial quando aplicável; etodos os outros itens tratados como fluxos de caixa advindos das atividades de investimento e de financiamento.

ELABORAÇÃO

A DFC pelo método indireto é feita à vista do balanço e da DRE. Tem seu ponto de partida no lucro do exercício, ao qual serão adicionadas as *despesas com depreciação* e dele serão excluídas as *receitas de equivalência patrimonial*.

Após esses "ajustes", faz-se a análise do Ativo circulante (menos disponível) e do Passivo circulante. Se houver diminuição do Ativo circulante, conclui-se que houve entrada de dinheiro nos equivalentes de caixa, pela venda de estoques, recebimentos de clientes etc. Por outro lado, o aumento do Ativo circulante pressupõe a saída de recursos.

No tocante ao Passivo circulante, sua redução representa a saída de recursos por pagamentos de obrigações. Se, porém, houver aumento no valor desse grupo, fica comprovado um aumento das entradas por meio de financiamentos tomados pela empresa.

8.7.2.1 LIÇÃO DE MESTRE

Conforme o professor Marion (1998, p. 381), a montagem da DFC sob esse método é feita "indiretamente, à vista das demonstrações financeiras". Evidentemente que tal tarefa requer conhecimento contábil mais aprofundado. É necessário, pois, que o responsável pela elaboração da DFC (pelo método indireto) tenha o domínio pleno das demonstrações financeiras.

Apresenta-se em síntese o método, no qual as fontes principais de recursos aparecem nos itens lucro do exercício, entradas de capital (pelas diversas vias) e empréstimos e financiamentos.

As principais aplicações estão no capital de giro, na compra de bens de investimentos, imobilizados e intangíveis e em aplicações financeiras de longo prazo.

Registramos que o método indireto contém certo grau de similaridade com a Doar, pois, como se poderá concluir, à vista de sua composição, vários de seus elementos não representam dinheiro em caixa ou seus equivalentes. E outros, como depreciação, provisões etc., nem mesmo são convertidos em moeda.

8.7.2.2 NOVOS RUMORES NA CLASSE

Conforme comentamos nos parágrafos iniciais deste livro, a DFC foi inserida na Lei n. 6.404/76 em substituição à DOAR. Este demonstrativo, desde sempre, foi alvo de questionamentos quanto à complexidade de sua elaboração e interpretação; e, sobretudo, no que tange à capacidade de proporcionar respostas confiáveis às demandas de liquidez imediata e/ou com prazos reduzidos.

Se esses foram os reais motivos da substituição, torna-se de validade duvidosa pôr em prática o método indireto da DFC e até de justiça discutível cobrá-lo em concursos públicos, pois o tal método:

1) é Elaborado á vista de outras demonstrações contábeis já encerradas – Balanço Patrimonial e Demonstração do Resultado do Exercício, por exemplo;

2) não contém a transparência e a contemporaneidade dos intens financeiros retratados no método direto – feito com base nas entradas e saídas de recursos no curso do período considerado;
3) apresenta, em sua estrutura e elaboração, complexidade igual ou superior à da DOAR, veementemente combatida no âmbito da classe;
4) sua composição altera as disponibilidades iniciais com a interferência de itens não monetários no lucro líquido, como depreciações, por exemplo, e perde, assim, nexo direto com a própria análise de liquidez e seus indicadores.

APESAR DISSO...

O que se tem de concreto, porém, é que as bancas, doutrinadores etc, com intrigante frequência – e notória preferência – exploram em concursos e ensinos a elaboração da DFC por esse método. E, assim, não há escolha. Resta ao candidato familiarizar-se com o jogo (aritmético) dos dados que formam esse demonstrativo, a despeito de sua questionável pertinência com as disponibilidades da empresa e aplicação prática em seus fins originários.

Com a palavra seus idealizadores e responsáveis por sua difusão, quiçá, institucionalização.

8.7.2.3 DFC – MÉTODO INDIRETO – MODELO

Estrutura e composição – efeitos no caixa produzidos pelas seguintes ocorrências:

DISPONIBILIDADES NO INÍCIO DO PERÍODO.............................R$ 30.000,00
1. FLUXOS DE CAIXA DAS ATIVIDADES OPERACIONAIS:
Lucro do exercício antes do IR e CSLL..R$ 75.000,00
Ajustado por:
(+) Depreciação, amortização...R$ 3.000,00
(/–) Lucro nas vendas de Ativos não Circulantes........................ (R$ 6.000,00)
(+/–) Equivalência Patrimonial... (R$ 10.000,00)
Lucro ajustado ....R$ 62.000,00
Variações dos ativos e passivos:
Redução em clientes e contas a receber ....R$ 36.000,00
Aumento dos estoques .... (R$ 40.000,00)
Aumento na conta FORNECEDORES...R$ 60.000,00
Redução nas contas a pagar.. (R$ 10.000,00)
Aumento nas provisões para IR e CSLL ....R$ 3.000,00
= (+/–) DISPONIBILIDADES LÍQUIDAS GERADAS
           PELAS ATIVIDADES OPERACIONAIS...............................R$ 111.000,00

Obs.: os valores entre parênteses são negativos.

2. FLUXOS DE CAIXA DAS ATIVIDADES DE FINANCIAMENTOS
+ Integralização de capital (por sócios) ....R$ 60.000,00
+ Empréstimos bancários tomados ....R$ 120.000,00
+ Recebimentos por emissão de debêntures ....R$ 40.000,00
− Pagamentos de dividendos... (R$ 15.000,00)
− Pagamentos de empréstimos e/ou seus juros .... (R$ 186.000,00)
= (+/−) DISPONIBILIDADES LÍQUIDAS GERADAS
      PELAS ATIVIDADES DE FINANCIAMENTOS ....R$ 19.000,00

3. FLUXOS DE CAIXA DAS ATIVIDADES DE INVESTIMENTOS
− Investimentos em aplicações financeiras de longo prazo .... (R$ 45.000,00)
− Compras de itens do subgrupo Investimentos....................... (R$ 15.000,00)
− Compras de bens do subgrupo Imobilizado........................... (R$ 60.000,00)
− Compras de bens do subgrupo intangível.............................. (R$ 45.000,00)
+ Recebimentos por vendas de Investimentos..............................R$ 8.000,00
+ Recebimentos por vendas de Imobilizados ....R$ 38.000,00
+ Recebimentos por vendas de Intangíveis ....R$ 28.000,00
+ Recebimentos de dividendos ....R$ 10.000,00
= (+/−) DISPONIBILIDADES LÍQUIDAS GERADAS
      PELAS ATIVIDADES DE INVESTIMENTOS .... (R$ 81.000,00)

4. AUMENTO/REDUÇÃO NAS DISPONIBILIDADES NO PERÍODO ....R$ 49.000,00
5. DISPONIBILIDADES NO INÍCIO DO PERÍODO........................R$ 30.000,00
6. DISPONIBILIDADES NO FINAL DO PERÍODO .... R$ 79.000,00

8.8 PAUSA PARA EXERCÍCIOS

QUESTÃO 1
A empresa Alvinho Teclados contabilizou, durante certo exercício, as seguintes entradas e saídas de dinheiro:

Receita de prestação de serviços ....R$ 300.000,00
Pagamento de débito anterior com fornecedores ....R$ 45.000,00
Despesas com entregas de mercadorias.................................R$ 15.000,00
Parcela de capital integralizada por sócios ....R$ 30.000,00
Compras à vista de bens diversos do ativo imobilizado.........R$ 15.000,00
Empréstimos bancários ....R$ 180.000,00
Saldo inicial de caixa ....R$ 300.000,00
Pagamento de despesas administrativas..............................R$ 30.000,00
Comissões pagas a vendedores...R$ 15.000,00
Compras à vista de estoques ....R$ 600.000,00

Vendas de mercadorias com metade recebida à vista .... R$ 1.200.000,00
Emissão de debêntures .... R$ 150.000,00
Aplicação em RDB .... R$ 120.000,00
Integralização de capital em empresas coligadas .... R$ 150.000,00
Desembolso com juros e outras despesas bancárias .... R$ 15.000,00
Compra à vista de ações .... R$ 30.000,00
Desconto de duplicatas .... R$ 150.000,00
Recebimentos de duplicatas de exercícios passados .... R$ 210.000,00
Compra à vista de veículos para a empresa .... R$ 180.000,00
Amortização de financiamentos bancários .... R$ 150.000,00

Faça a DFC e informe:
a) o valor das entradas;
b) o valor das saídas;
c) o saldo final;
d) o saldo final do fluxo das operações;
e) o saldo final do fluxo dos financiamentos;
f) o saldo final do fluxo dos investimentos.

QUESTÃO 2
A empresa Lucrativa contabilizou, durante certo exercício, as seguintes entradas e saídas de dinheiro:

Comissões pagas a vendedores .... R$ 30.000,00
Compras de estoques com metade paga no período .... R$ 400.000,00
Receita de prestação de serviços .... R$ 200.000,00
Pagamento de débito anterior com fornecedores .... R$ 30.000,00
Parcela de capital integralizada por sócios .... R$ 20.000,00
Compras à vista de bens diversos do ativo imobilizado .... R$ 10.000,00
Empréstimos bancários .... R$ 120.000,00
Saldo inicial de caixa .... R$ 200.000,00
Vendas de mercadorias recebidas à vista .... R$ 400.000,00
Emissão de debêntures .... R$ 100.000,00
Aplicação em RDB .... R$ 80.000,00
Integralização de capital em empresas coligadas .... R$ 100.000,00
Desembolso com juros e outras despesas bancárias .... R$ 20.000,00
Compra à vista de ações .... R$ 20.000,00
Desconto de duplicatas .... R$ 100.000,00
Recebimentos de duplicatas de exercícios passados .... R$ 140.000,00
Compra à vista de veículos para a empresa .... R$ 120.000,00
Amortização de financiamentos bancários .... R$ 100.000,00

Faça a DFC e assinale a alternativa que corresponde ao valor das entradas.
a) ( ) R$ 1.040.000,00.
b) ( ) R$ 1.080.000,00.
c) ( ) R$ 1.280.000,00.
d) ( ) NDA.

QUESTÃO 3
A empresa Lucrativa contabilizou, durante certo exercício, as seguintes entradas e saídas de dinheiro:

Comissões pagas a vendedores...R$ 30.000,00
Compras de estoques pagas no período ....R$ 200.000,00
Receita de prestação de serviços..R$ 200.000,00
Pagamento de débito anterior com fornecedores ....R$ 30.000,00
Parcela de capital integralizada por sócios ....R$ 20.000,00
Compras à vista de bens diversos do ativo imobilizado.........R$ 10.000,00
Empréstimos bancários ....R$ 120.000,00
Saldo inicial de caixa..R$ 200.000,00
Vendas de mercadorias recebidas à vista ....R$ 400.000,00
Emissão de debêntures ....R$ 100.000,00
Aplicação em RDB..R$ 80.000,00
Integralização de capital em empresas coligadas ....R$ 100.000,00
Desembolso com juros e outras despesas bancárias..............R$ 20.000,00
Compra à vista de ações ....R$ 20.000,00
Desconto de duplicatas...R$ 100.000,00
Recebimentos de duplicatas de exercícios passados ....R$ 140.000,00
Compra à vista de veículos para a empresa........................R$ 120.000,00
Amortização de financiamentos bancários.........................R$ 100.000,00

Faça a DFC e escolha a alternativa correspondente ao valor das saídas:
a) ( ) R$ 640.000,00.
b) ( ) R$ 700.000,00.
c) ( ) R$ 710.000,00.
d) ( ) NDA.

QUESTÃO 4
A empresa Lucrativa contabilizou, durante certo exercício, as seguintes entradas e saídas de dinheiro:

Comissões pagas a vendedores...R$ 30.000,00
Compras de estoques pagas no período ....R$ 200.000,00
Receita de prestação de serviços..R$ 200.000,00

Pagamento de débito anterior com fornecedores .... R$ 30.000,00
Parcela de capital integralizada por sócios .... R$ 20.000,00
Compras à vista de bens diversos do ativo imobilizado .... R$ 10.000,00
Empréstimos bancários .... R$ 120.000,00
Saldo inicial de caixa .... R$ 200.000,00
Vendas de mercadorias recebidas à vista .... R$ 400.000,00
Emissão de debêntures .... R$ 100.000,00
Aplicação em RDB .... R$ 80.000,00
Integralização de capital em empresas coligadas .... R$ 100.000,00
Desembolso com juros e outras despesas bancárias .... R$ 20.000,00
Compra à vista de ações .... R$ 20.000,00
Desconto de duplicatas .... R$ 100.000,00
Recebimentos de duplicatas de exercícios passados .... R$ 140.000,00
Compra à vista de veículos para a empresa .... R$ 120.000,00
Amortização de financiamentos bancários .... R$ 100.000,00

Faça a DFC e informe o saldo final do período.
a) ( ) R$ 580.000,00.
b) ( ) R$ 390.000,00.
c) ( ) R$ 570.000,00.
d) ( ) NDA.

QUESTÃO 5
Com base nesses mesmos dados, calcule:
a) o saldo final do fluxo das operações;
b) o saldo final do fluxo dos financiamentos;
c) o saldo final do fluxo dos investimentos.

GABARITO

1.a) R$ 2.220.000,00
1.b) R$ 1.365.000,00
1.c) R$ 1.155.000,00
1.d) R$ 1.005.000,00
1.e) R$ 345.000,00
1.f) (R$ 495.000,00)
2. b
3. c
4. c
5.a) R$ 480.000,00
5.b) R$ 220.000,00
5.c) (R$ 330.000,00)

Capítulo 9
DEMONSTRAÇÃO DO VALOR ADICIONADO – PARTILHANDO VALORES

Entre suas propriedades a Demonstração do Valor Adicionado (DVA) tem o papel de retratar a riqueza que a entidade auferiu no exercício e a forma como esses valores foram distribuídos entre os correspondentes (fornecedores, governos etc.), colaboradores e proprietários.

A exemplo da Demonstração do Resultado do Exercício (DRE), com a qual, inclusive, guarda certas semelhanças estruturais, a DVA tem sua elaboração fundada no regime de competência. Não possui, portanto, relação direta com recebimentos ou pagamentos, e sim com receitas e gastos computados à conta da entidade.

9.1 APONTAMENTOS HISTÓRICOS

A DVA, embora seja praticada há tempos por grandes organizações nacionais, com elaboração e publicação sempre respaldadas pela Comissão de Valores Mobiliários (CVM) – e institucionalizada pelo Conselho Federal de Contabilidade (CFC), por meio da CPC 09 (normativo mais recente) –, só a partir do exercício de 2008 passou a integrar o texto da Lei n. 6.404/76.

Por força da Lei n. 11.638, de 28 de dezembro de 2007, a Lei das Sociedades Anônimas incluiu a DVA em seu art. 176, tornando-a, afinal, obrigatória para as companhias abertas. O CFC recomenda "a sua elaboração por todas as entidades que divulgam demonstrações contábeis" (redação dada pela Resolução CFC n. 1.162/09).

9.2 EXEMPLIFICANDO

A DVA preenchida é, na verdade, uma tabela autoexplicativa e transparente, na acepção plena desse termo. Veja abaixo sua composição, desde os maiores valores auferidos pela empresa – as *receitas* – até os subitens a que esses valores foram repassados.

Eis a estrutura da DVA da Cia. Agradável S.A., levantada ao final dos exercícios de X1 e X2:

Modelo I – Demonstração do Valor Adicionado – empresas em geral

DESCRIÇÃO	EM MILHARES DE REAIS X1	EM MILHARES DE REAIS X2
1 – RECEITAS	40.000	44.000
1.1 Vendas de mercadorias, produtos e serviços	38.000	40.000
1.2 Outras receitas	400	500
1.3 Receitas relativas à construção de ativos próprios	1.500	3.400
1.4 Provisão para créditos de liquidação duvidosa – reversão/(constituição)	100	100
2 – INSUMOS ADQUIRIDOS DE TERCEIROS (inclui os valores dos impostos – ICMS, IPI, PIS e Cofins)	(30.000)	(30.000)
2.1 Custos dos produtos, das mercadorias e dos serviços vendidos	(28.000)	(27.000)
2.2 Materiais, energia, serviços de terceiros e outros	(1.600)	(2.700)
2.3 Perda/Recuperação de valores ativos	(400)	(300)
2.4 Outras (especificar)		–
3 – VALOR ADICIONADO BRUTO (1 – 2)	10.000	14.000
4 – DEPRECIAÇÃO, AMORTIZAÇÃO E EXAUSTÃO	(500)	(600)
5 – VALOR ADICIONADO LÍQUIDO PRODUZIDO PELA ENTIDADE (3 – 4)	9.500	13.400
6 – VALOR ADICIONADO RECEBIDO EM TRANSFERÊNCIA	600	500
6.1 Resultado de equivalência patrimonial	500	+300
6.2 Receitas financeiras	100	+200
6.3 Outras		
7 – VALOR ADICIONADO TOTAL A DISTRIBUIR (5 + 6)	10.100	13.900
8 – DISTRIBUIÇÃO DO VALOR ADICIONADO (*)	(10.100)	(13.900)
8.1 Pessoal		
8.1.1 Remuneração direta	(2.500)	(2.300)
8.1.2 Benefícios	(500)	(500)

DESCRIÇÃO	EM MILHARES DE REAIS X1	EM MILHARES DE REAIS X2
8.1.3 FGTS	(240)	(300)
8.2 Impostos, taxas e contribuições		
8.2.1 Federais	(500)	(600)
8.2.2 Estaduais	(900)	(900)
8.2.3 Municipais	(600)	(600)
8.3 Remuneração de capitais de terceiros		
8.3.1 Juros	(500)	(700)
8.3.2 Aluguéis	(800)	(800)
8.3.3 Outras		
8.4 Remuneração de capitais próprios		
8.4.1 Juros sobre o capital próprio	(800)	(800)
8.4.2 Dividendos	(1.000)	(600)
8.4.3 Lucros retidos/Prejuízo do exercício	(1.600)	(5.500)
8.4.4 Participação dos não controladores nos lucros retidos (só para consolidação)	(160)	(300)

OBSERVAÇÃO 1: os parênteses têm apenas aplicação didática e indicam subtração.

OBSERVAÇÃO 2: "O valor adicionado a distribuir" (item 7) corresponde ao total das distribuições (item 8).

OBSERVAÇÃO 3: segundo o normativo do CFC, citado neste capítulo, a DVA "deve ser apresentada de forma comparativa, mediante divulgação simultânea de informações do período atual e do anterior".

9.3 DEFINIÇÃO INSTITUCIONAL DOS ITENS

Apresentamos, nos tópicos subsequentes, uma transcrição livre das instruções emanadas do CPC 09, objetivando o preenchimento da tabela e a definição institucional de cada grupo da DVA e seus componentes.

1) Receitas (soma dos itens 1.1 a 1.4)
   1.1 *Venda de mercadorias, produtos e serviços* – inclui os valores dos tributos incidentes sobre essas receitas (por exemplo, ICMS, IPI, PIS e Cofins), ou seja, corresponde ao ingresso bruto ou faturamento bruto, mesmo quando na demonstração do resultado tais tributos estejam fora do cômputo dessas receitas.

1.2 *Outras receitas* – da mesma forma que o item anterior, inclui os tributos incidentes sobre essas receitas.

1.3 *Receitas relativas à construção de ativos próprios* – a construção de ativos dentro da própria empresa para uso próprio é procedimento comum. Nessa construção, diversos fatores de produção são utilizados, inclusive a contratação de recursos externos (por exemplo, materiais e mão de obra terceirizada) e a utilização de fatores internos, como mão de obra, com os consequentes custos que essa contratação e utilização provocam. *Para a elaboração da DVA, essa construção equivale à produção vendida para a própria empresa, por isso seu valor contábil integral precisa ser considerado receita.* A mão de obra própria alocada é considerada distribuição dessa riqueza criada, e eventuais juros ativados e tributos recebem o mesmo tratamento. Os gastos com serviços de terceiros e materiais são apropriados como insumos.

1.4 *Provisão para créditos de liquidação duvidosa* – inclui os valores relativos à constituição e reversão dessa provisão.

2) Insumos adquiridos de terceiros (itens 2.1–2.3)

2.1 *Custo dos produtos, das mercadorias e dos serviços vendidos* – inclui os valores das matérias-primas adquiridas junto a terceiros e contidas no custo do produto vendido, das mercadorias e dos serviços vendidos adquiridos de terceiros; não inclui gastos com pessoal próprio.

2.2 *Materiais, energia, serviços de terceiros e outros* – inclui valores relativos às despesas originadas da utilização desses bens, utilidades e serviços adquiridos junto a terceiros. Nos valores dos custos dos produtos e mercadorias vendidos, materiais, serviços, energia etc. consumidos, devem ser considerados os tributos incluídos no momento da compra (por exemplo, ICMS, IPI, PIS e Cofins), recuperáveis ou não. Esse procedimento é diferente das práticas utilizadas na demonstração do resultado.

2.3 *Perda e recuperação de valores ativos* – inclui valores relativos a ajustes por avaliação a valor de mercado de estoques, imobilizados, investimentos etc. Também devem ser incluídos os valores reconhecidos no resultado do período, tanto na constituição quanto na reversão de provisão para perdas por desvalorização de ativos, conforme aplicação da NBC TG 01 – Redução ao Valor Recuperável de Ativos (se no período o valor líquido for positivo, deve ser somado).

3) *Valor adicionado bruto* – resultado da subtração item 1 – item 2 (receitas menos insumos adquiridos de terceiros).

4) *Depreciação, amortização e exaustão* – inclui a despesa ou o custo contabilizados no período.

5) *Valor adicionado líquido* – resultado da subtração item 3 – item 4.

6) *Valor adicionado recebido em transferência*

6.1 *Resultado de equivalência patrimonial* – o resultado da equivalência pode representar receita ou despesa; se despesa, deve ser considerado como redução ou valor negativo.

6.2 *Receitas financeiras* – abrange todas as receitas financeiras, inclusive as variações cambiais ativas, independentemente de sua origem.

6.3 *Outras receitas* – inclui os dividendos relativos a investimentos avaliados ao custo, aluguéis, direitos de franquia etc.

7) *Valor adicionado total* – resultado da soma dos itens 5 + 6
8) *Distribuição da riqueza* – distribuição do valor adicionado

A segunda parte da DVA deve apresentar de forma detalhada como a riqueza obtida pela entidade foi distribuída. Os principais componentes dessa distribuição estão indicados a seguir.

Pessoal – valores apropriados ao custo e ao resultado do exercício na forma de:

* *Remuneração direta* – representada pelos valores relativos a salários, 13º salário, honorários da administração (inclusive os pagamentos baseados em ações), férias, comissões, horas extras, participação de empregados nos resultados etc.
* *Benefícios* – representados pelos valores relativos a assistência médica, alimentação, transporte, planos de aposentadoria etc.
* *FGTS* – representado pelos valores depositados em conta vinculada dos empregados.

Impostos, taxas e contribuições – valores relativos ao Imposto de Renda, contribuição social sobre o lucro, contribuições ao INSS (incluídos aqui os valores do Seguro de Acidentes do Trabalho) que sejam ônus do empregador, bem como os demais impostos e contribuições a que a empresa esteja sujeita. Para os impostos compensáveis, tais como ICMS, IPI, PIS e Cofins, devem ser considerados apenas os valores devidos ou já recolhidos, os quais representam a diferença entre os impostos e contribuições incidentes sobre as receitas e os respectivos valores incidentes sobre os itens considerados "insumos adquiridos de terceiros".

* *Federais* – contempla os tributos devidos à União, inclusive aqueles que são repassados no todo ou em parte aos estados, municípios, autarquias etc., tais como: IRPJ (Imposto sobre a Renda de Pessoas Jurídicas), CSLL (Contribuição Social sobre o Lucro Líquido), IPI (Imposto sobre Produtos Industrializados), Cide (Contribuição de Intervenção no Domínio Econômico), PIS, Cofins. Inclui a contribuição sindical patronal.
* *Estaduais* – abrange os tributos devidos aos estados, inclusive aqueles que são repassados no todo ou em parte aos municípios, autarquias etc., tais como ICMS (Imposto sobre Circulação de Mercadorias e Serviços) e IPVA (Imposto sobre a Propriedade de Veículos Automotores).
* *Municipais* – engloba os tributos devidos aos municípios, inclusive aqueles que são repassados no todo ou em parte às autarquias ou quaisquer outras

entidades, tais como ISS (Imposto sobre Serviços) e IPTU (Imposto Predial e Territorial Urbano).

Remuneração de capitais de terceiros – valores pagos ou creditados aos financiadores externos de capital.

- *Juros* – contempla as despesas financeiras, inclusive as variações cambiais passivas, relativas a quaisquer tipos de empréstimos e financiamentos junto a instituições financeiras, empresas do grupo ou outras formas de obtenção de recursos. Inclui os valores que tenham sido capitalizados no período.
- *Aluguéis* – contempla os aluguéis (inclusive as despesas com arrendamento operacional) pagos ou creditados a terceiros, inclusive os acrescidos aos ativos.
- *Outras* – inclui outras remunerações que configurem transferência de riqueza a terceiros, mesmo que originadas em capital intelectual, tais como royalties, franquia, direitos autorais etc.

Remuneração de capitais próprios – valores relativos à remuneração atribuída aos sócios e acionistas.

- *Juros sobre o Capital Próprio (JCP) e dividendos* – inclui os valores pagos ou creditados aos sócios e acionistas por conta do resultado do período, ressalvando-se os valores dos JCP transferidos para a conta de reserva de lucros. Devem ser incluídos apenas os valores distribuídos com base no resultado do próprio exercício, desconsiderando-se os dividendos distribuídos com base em lucros acumulados de exercícios anteriores, uma vez que já foram tratados como "lucros retidos" no exercício em que foram gerados.
- *Lucros retidos e prejuízos do exercício* – inclui os valores relativos ao lucro do exercício destinados às reservas, inclusive os JCP quando tiverem esse tratamento; nos casos de prejuízo, esse valor deve ser incluído com sinal negativo.
- As quantias destinadas aos sócios e acionistas na forma de JCP, independentemente de serem registradas como passivo (JCP a pagar) ou como reserva de lucros, devem ter o mesmo tratamento dado aos dividendos no que diz respeito ao exercício a que devem ser imputados.

9.4 OUTROS MODELOS INSTITUCIONAIS PARA ENTIDADES FINANCEIRAS E SEGURADORAS

O CPC 09 indica dois outros modelos – os modelos II e III –, a serem utilizados, respectivamente, pelas instituições financeiras e seguradoras.

Veja a nota na íntegra:

As entidades mercantis (comerciais e industriais) e prestadoras de serviços devem utilizar o Modelo I, aplicável às empresas em geral, enquanto que para atividades específicas, tais como atividades de intermediação financeira (instituições financeiras bancárias) e de seguros, devem ser utilizados os modelos específicos (II e III).

Modelo II – DVA para Instituições Financeiras Bancárias
Em milhares de reais
Para instituições financeiras, modelo e estrutura não convencionais.

1. RECEITAS
    1.1 Intermediação financeira
    1.2 Prestação de serviços
    DESCRIÇÃO
    1.3 Provisão para créditos de liquidação duvidosa – reversão/(constituição)
    1.4 Outras
2. DESPESAS DE INTERMEDIAÇÃO FINANCEIRA
3. INSUMOS ADQUIRIDOS DE TERCEIROS
    3.1 Materiais, energia e outros
    3.2 Serviços de terceiros
    3.3 Perda/Recuperação de valores ativos
    3.4 Outras (especificar)
4. VALOR ADICIONADO BRUTO (1 – 2 – 3)
5. DEPRECIAÇÃO, AMORTIZAÇÃO E EXAUSTÃO
6. VALOR ADICIONADO LÍQUIDO PRODUZIDO PELA ENTIDADE (4 – 5)
7. VALOR ADICIONADO RECEBIDO EM TRANSFERÊNCIA
    7.1 Resultado de equivalência patrimonial
    7.2 Outras
8. VALOR ADICIONADO TOTAL A DISTRIBUIR (6 + 7)
9. DISTRIBUIÇÃO DO VALOR ADICIONADO
    9.1 Pessoal
        9.1.1 Remuneração direta
        9.1.2 Benefícios
        9.1.3 FGTS
    9.2 Impostos, taxas e contribuições
        9.2.1 Federais
        9.2.2 Estaduais
        9.2.3 Municipais
    9.3 Remuneração de capitais de terceiros
        9.3.1 Aluguéis

9.3.2 Outras
9.4 Remuneração de capitais próprios
9.4.1 Juros sobre o capital próprio
9.4.2 Dividendos
9.4.3 Lucros retidos/Prejuízo do exercício
9.4.4 Participação dos não controladores nos lucros retidos (só para consolidação)
O total do item 9 deve ser exatamente igual ao item 8.

Fonte: Normas legais, 2008.

Modelo III – DVA – Seguradoras
Em milhares de reais

DESCRIÇÃO
1. RECEITAS
   1.1 Receitas com operações de seguro
   1.2 Receitas com operações de previdência complementar
   1.3 Rendas com taxas de gestão e outras taxas
   1.4 Outras
   1.5 Provisão para créditos de liquidação duvidosa – reversão/(constituição)
2. VARIAÇÕES DAS PROVISÕES TÉCNICAS
   2.1 Operações de seguro
   2.2 Operações de previdência
3. RECEITA LÍQUIDA OPERACIONAL (1 + 2)
4. BENEFÍCIOS E SINISTROS
   4.1 Sinistros
   4.2 Variação da provisão de sinistros ocorridos mas não avisados
   4.3 Despesas com benefícios e resgates
   4.4 Variação da provisão de eventos ocorridos mas não avisados
   4.5 Outras
5. INSUMOS ADQUIRIDOS DE TERCEIROS
   5.1 Materiais, energia e outros
   5.2 Serviços de terceiros, comissões líquidas
   5.3 Variação das despesas de comercialização diferidas
   5.4 Perda/Recuperação de valores ativos
6. VALOR ADICIONADO BRUTO (3 – 4 – 5)
7. DEPRECIAÇÃO, AMORTIZAÇÃO E EXAUSTÃO
8. VALOR ADICIONADO LÍQUIDO PRODUZIDO PELA ENTIDADE (6 – 7)
9. VALOR ADICIONADO RECEBIDO/CEDIDO EM TRANSFERÊNCIA
   9.1 Receitas financeiras
   9.2 Resultado de equivalência patrimonial
   9.3 Resultado com operações de resseguros cedidos

9.4 Resultado com operações de cosseguros cedidos
9.5 Outras
10. VALOR ADICIONADO TOTAL A DISTRIBUIR (8 + 9)
11. DISTRIBUIÇÃO DO VALOR ADICIONADO
    11.1 Pessoal
        11.1.1 Remuneração direta
        11.1.2 Benefícios
        11.1.3 FGTS
    11.2 Impostos, taxas e contribuições
        11.2.1 Federais
        11.2.2 Estaduais
        11.2.3 Municipais
    11.3 Remuneração de capitais de terceiros
        11.3.1 Juros
        11.3.2 Aluguéis
        11.3.3 Outras
    11.4 Remuneração de capitais próprios
        11.4.1 Juros sobre o capital próprio
        11.4.2 Dividendos
        11.4.3 Lucros retidos/Prejuízo do exercício
        11.4.4 Participação dos não controladores nos lucros retidos (só para consolidação)

IMPORTANTE: a exemplo da escrita contábil e da elaboração das demais demonstrações obrigatórias, os dados registrados na DVA são de responsabilidade técnica do profissional contábil, inscrito em seu conselho de classe, o Conselho Regional de Contabilidade (CRC) do estado de seu domicílio.

9.5 PAUSA PARA EXERCÍCIOS

QUESTÃO 1
Numa DVA, têm-se os seguintes itens:
Remuneração direta .... R$ 2.000.000,00
Impostos federais .... R$ 150.000,00
FGTS .... R$ 350.000,00
Materiais, energia, serviços de terceiros .... R$ 800.000,00

À vista desses dados, pode-se afirmar que:
a) ( ) a distribuição do valor adicionado é de R$ 2.500.000,00.
b) ( ) a distribuição do valor adicionado é de R$ 1.300.000,00.
c) ( ) a distribuição do valor adicionado é de R$ 2.800.000,00.
d) ( ) NDA.

QUESTÃO 2
Numa DVA têm-se os seguintes itens:
Provisão para créditos de liquidação duvidosa –
Reversão/(constituição) .... R$ 50.000,00
Custos dos produtos, das mercadorias e dos
serviços vendidos .... R$ 3.000.000,00
Materiais, energia, serviços de terceiros e outros .... R$ 900.000,00

À vista desses dados, pode-se afirmar que:
a) os insumos adquiridos de terceiros são R$ 3.000.000,00.
b) os insumos adquiridos de terceiros são R$ 3.900.000,00.
c) os insumos adquiridos de terceiros são R$ 3.950.000,00.
d) os insumos adquiridos de terceiros são R$ 950.000,00.

QUESTÃO 3
Numa DVA, têm-se os seguintes itens:
Impostos federais .... R$ 200.000,00
Aluguéis .... R$ 180.000,00
Juros sobre capital próprio .... R$ 200.000,00
Receitas financeiras .... R$ 120.000,00

À vista desses dados, pode-se afirmar que:
a) ( ) a distribuição do valor adicionado é de R$ 580.000,00.
b) ( ) a distribuição do valor adicionado é de R$ 700.000,00.
c) ( ) a distribuição do valor adicionado é de R$ 500.000,00.
d) ( ) a distribuição do valor adicionado é de R$ 380.000,00.

QUESTÃO 4
Numa DVA têm-se os seguintes itens:
Impostos estaduais .... R$ 200.000,00
Dividendos .... R$ 250.000,00
Juros sobre capital próprio .... R$ 130.000,00
Benefícios .... R$ 70.000,00

À vista desses dados, pode-se afirmar que:
a) ( ) a distribuição do valor adicionado é de R$ 580.000,00.
b) ( ) a distribuição do valor adicionado é de R$ 650.000,00.
c) ( ) a distribuição do valor adicionado é de R$ 520.000,00.
d) ( ) a distribuição do valor adicionado é de R$ 450.000,00.

QUESTÃO 5
Numa DVA têm-se os seguintes itens:
Materiais, energia, serviços de terceiros e outros
Perda/Recuperação de valores ativos
Resultado de equivalência patrimonial
Receitas financeiras

À vista desses dados, pode-se afirmar que:
a) ( ) os quatro itens são insumos adquiridos de terceiros.
b) ( ) três itens são insumos adquiridos de terceiros.
c) ( ) nenhum dos itens é insumo adquirido de terceiros.
d) ( ) dois itens são insumos adquiridos de terceiros.

QUESTÃO 6
Numa DVA têm-se os seguintes itens:
Valor adicionado recebido em transferência .... R$ 2.000.000,00
Receitas .... R$ 15.000.000,00
Depreciação, amortização e exaustão .... R$ 300.000,00
Insumos adquiridos de terceiros .... R$ 1.800.000,00

À vista desses dados, pode-se afirmar que:
a) ( ) o valor adicionado bruto é R$ 19.100.000,00.
b) ( ) o valor adicionado bruto é R$ 15.200.000,00.
c) ( ) o valor adicionado bruto é R$ 16.900.000,00.
d) ( ) o valor adicionado bruto é R$ 13.200.000,00.

QUESTÃO 7
Assinale a alternativa correta:
a) ( ) A DVA sempre foi obrigatória no Brasil.
b) ( ) A DVA passou a ser obrigatória pela Lei n. 11.941/2009.
c) ( ) A DVA passou a ser obrigatória pela Lei n. 11.638/2007.
d) ( ) A DVA passou a ser obrigatória pelo CPC 09.

GABARITO
1. a; 2. b; 3. a; 4. b; 5. d; 6. d; 7. c.

Capítulo 10
DEMONSTRAÇÃO DAS MUTAÇÕES DO PATRIMÔNIO LÍQUIDO

10.1 DEFINIÇÃO E SERVENTIA

Embora a Lei n. 6.404/76 não lhe trace diretrizes – tampouco a estruture –, a exemplo do tratamento dispensado às outras demonstrações contábeis, em seu art. 186, § 2º, menciona-se a Demonstração das Mutações do Patrimônio Líquido (DMPL), o que oficializa sua existência.

10.1.1 LEI É LEI

Art 186, § 2º A demonstração de lucros ou prejuízos acumulados deverá indicar o montante do dividendo por ação do capital social e *poderá ser incluída na demonstração das mutações do patrimônio líquido*, se elaborada e publicada pela companhia. (Grifo nosso.)

10.1.2 A CVM RECONHECE E INSTRUI

A Instrução n. 59/1986 da Comissão de Valores Mobiliários (CVM) tornou a DMPL obrigatória para as sociedades anônimas de capital aberto. E, mais recentemente, o CPC 26 referenda sua inclusão na lista dos demonstrativos contábeis a serem elaborados e divulgados por essas empresas.

10.1.3 O APÊNDICE 10 DO CPC 26

O apêndice mencionado prescreve que:

O exemplo a seguir é ilustrativo de como poderia ser apresentada a demonstração de resultados abrangentes do período, introduzida por este Pronunciamento Técnico, utilizando-se a

Demonstração das Mutações do Patrimônio Líquido que já é usualmente elaborada no Brasil. *O exemplo a seguir não teve por objetivo disciplinar a forma de apresentação da Demonstração das Mutações do Patrimônio Líquido.* (Grifo nosso.)

Demonstração das mutações do patrimônio líquido

Informação a ser apresentada na demonstração das mutações do patrimônio líquido:

106. A entidade deve apresentar a demonstração das mutações do patrimônio líquido conforme requerido no item 10. A demonstração das mutações do patrimônio líquido inclui as seguintes informações:

a) o resultado abrangente do período, apresentando separadamente o montante total atribuível aos proprietários da entidade controladora e o montante correspondente à participação de não controladores;

b) para cada componente do patrimônio líquido, os efeitos da aplicação retrospectiva ou da reapresentação retrospectiva, reconhecidos de acordo com o Pronunciamento Técnico CPC 23 – Políticas Contábeis, Mudança de Estimativa e Retificação de Erro;

c) (eliminada);

d) para cada componente do patrimônio líquido, a conciliação do saldo no início e no final do período, demonstrando-se separadamente as mutações decorrentes:

i) do resultado líquido;

ii) de cada item dos outros resultados abrangentes; e

iii) de transações com os proprietários realizadas na condição de proprietário, demonstrando separadamente suas integralizações e as distribuições realizadas, bem como modificações nas participações em controladas que não implicaram perda do controle.

Informação a ser apresentada na demonstração das mutações do patrimônio líquido ou nas notas explicativas:

106A. Para cada componente do patrimônio líquido, a entidade deve apresentar, ou na demonstração das mutações do patrimônio líquido ou nas notas explicativas, uma análise dos outros resultados abrangentes por item (ver item 106 dii).

106B. O patrimônio líquido deve apresentar o capital social, as reservas de capital, os ajustes de avaliação patrimonial, as reservas de lucros, as ações ou quotas em tesouraria, os prejuízos acumulados, se legalmente admitidos os lucros acumulados e as demais contas exigidas pelos Pronunciamentos Técnicos emitidos pelo CPC.

107. A entidade deve apresentar, na demonstração das mutações do patrimônio líquido ou nas notas explicativas, o montante de dividendos reconhecidos como distribuição aos proprietários durante o período e o respectivo montante dos dividendos por ação.

108. Os componentes do patrimônio líquido referidos no item 106 incluem, por exemplo, cada classe de capital integralizado, o saldo acumulado de cada classe do resultado abrangente e a reserva de lucros retidos.

109. As alterações no patrimônio líquido da entidade entre duas datas de balanço devem refletir o aumento ou a redução nos seus ativos líquidos durante o período. Com a exceção das alterações resultantes de transações com os proprietários agindo na sua capacidade de detentores de capital próprio (tais como integralizações de capital, reaquisições de instrumentos de capital próprio da entidade e distribuição de dividendos) e dos custos de transação diretamente relacionados com tais transações, a alteração global no patrimônio líquido durante um período representa o montante total líquido de receitas e despesas, incluindo ganhos e perdas, gerado pelas atividades da entidade durante esse período.

110. O Pronunciamento Técnico CPC 23 – Políticas Contábeis, Mudança de Estimativa e Retificação de Erro requer ajustes retrospectivos ao se efetuarem alterações nas políticas contábeis, até o ponto que seja praticável, exceto quando as disposições de transição de outro Pronunciamento Técnico, Orientação ou Interpretação do CPC requererem de outra forma. O Pronunciamento Técnico CPC 23 também requer que reapresentações para corrigir erros sejam feitas retrospectivamente, até o ponto em que seja praticável. Os ajustes retrospectivos e as reapresentações retrospectivas para corrigir erros não são alterações do patrimônio líquido, mas são ajustes aos saldos de abertura

da reserva de lucros retidos (ou prejuízos acumulados) exceto quando um Pronunciamento Técnico, Interpretação ou Orientação do CPC exigir ajustes retrospectivos de outro componente do patrimônio líquido. O item 106B requer a divulgação na demonstração das mutações do patrimônio líquido do ajuste total para cada componente do patrimônio líquido resultante de alterações nas políticas contábeis e, separadamente, de correções de erros. Esses ajustes devem ser divulgados para cada período anterior e no início do período corrente. (CPC 26 R1)

10.1.4 POR OUTRO LADO...

Conforme registramos em capítulo precedente, o CPC PME (Contabilidade para Pequenas e Médias Empresas) prevê a dispensa da DMPL na seguinte hipótese: se a Demonstração de Lucros ou Prejuízos Acumulados (DLPA), ao ser elaborada, não contiver alterações além "do resultado, de pagamento de dividendos ou de outra forma de distribuição de lucro, correção de erros de períodos anteriores, e de mudanças de políticas contábeis".

10.1.5 SEGUINDO A DOUTRINA – MODELO SIMPLIFICADO DE UMA DMPL

	CAPITAL	RESERVAS DE CAPITAL	RESERVAS DE LUCRO	LUCROS ACUMULADOS	TOTAL
SALDO EM 31.12.X1	R$ 200.000,00	R$ 30.000,00	R$ 40.000,00	R$ 60.000,00	R$ 330.000,00
AJUSTES DE EXERCÍCIOS ANTERIORES					
Efeitos de mudanças de critérios contábeis	–	–	–	(R$ 5.000)	(R$ 5.000)
Retificação de erros de exercícios anteriores	–	–	–	(R$ 5.000)	(R$ 5.000)
AUMENTOS DE CAPITAL com lucros e reservas	R$ 50.000	(R$ 30.000)	(R$ 20.000)		–
AUMENTO DE CAPITAL POR INTEGRALIZAÇÃO	–	–	–	–	–
REVERSÕES DE RESERVAS					
De contingências			(R$ 5.000)	R$ 5.000	–
Estatutárias			(R$ 2.000)	R$ 2.000	–
LUCRO LÍQUIDO DO EXERCÍCIO	–	–	–	R$ 30.000	R$ 30.000

	CAPITAL	RESERVAS DE CAPITAL	RESERVAS DE LUCRO	LUCROS ACUMULADOS	TOTAL
PROPOSTA DA ADMINISTRAÇÃO PARA DESTINAÇÃO DO LUCRO					
TRANSFERÊNCIA PARA RESERVAS					
Reserva legal	–	–	R$ 1.500	(R$ 1.500)	–
Reservas estatutárias	–	–	R$ 3.500	(R$ 3.500)	–
Dividendos a distribuir por ações (R$ 0,50)				(R$ 15.000)	(R$ 15.000)
SALDOS EM 31.12.19x2	R$ 250.000	0	R$ 18.000	R$ 67.000	R$ 335.000

10.1.6 A DMPL SOB EXAME

A questão seguinte foi inserida no Exame de Suficiência – prova 2014.1.

Para tornar mais clara nossa resposta, acrescentamos aos dados propostos na prova os saldos iniciais do período – intencionalmente não contemplados no enunciado original.

10.1.6.1 EIS A QUESTÃO...

Considere os dados extraídos da Demonstração das Mutações do Patrimônio Líquido de uma empresa, referentes ao exercício de 2013.

Aumento de Capital Social com Reservas ....R$ 45.500,00
Aumento de Capital Social por Integralização..........R$ 59.500,00
Reversão de Reservas de Lucros a Realizar ....R$ 3.780,00
Lucro Líquido do Exercício...R$ 49.000,00

Proposta da administração de destinação do lucro: transferências para reservas:

Reserva legal..R$ 2.450,00
Reserva estatutária ....R$ 18.025,00
Reserva de lucros a realizar...R$ 525,00
Distribuição de dividendos obrigatórios ....R$ 42.280,00

A variação total do Patrimônio Líquido é de:
a) R$ 53.760,00 (negativa).
b) R$ 53.760,00 positiva.
c) R$ 65.240,00 negativa.
d) R$ 65.240,00 positiva.

	CAPITAL	RESERVAS DE CAPITAL	RESERVAS DE LUCRO	LUCROS ACUMULADOS	TOTAL
Saldo em 31.12.X1	R$ 100.000,00	R$ 50.000,00	R$ 50.000,00	R$ 60.000,00	R$ 260.000,00
AJUSTES DE EXERCÍCIOS ANTERIORES					
Efeitos de mudanças de critérios contábeis		–	–		
Retificação de erros de exercícios anteriores		–	–		
AUMENTOS DE CAPITAL com lucros e reservas	R$ 45.500,00	(R$ 45.500,00)			
AUMENTO DE CAPITAL POR INTEGRALIZAÇÃO	R$ 59.500,00				R$ 59.500,00
REVERSÕES DE RESERVAS					
De contingências			(R$ 10.500,00)	R$ 10.500,00	
Lucros a realizar			(R$ 3.780,00)	R$ 3.780,00	
LUCRO LÍQUIDO DO EXERCÍCIO		–		R$ 49.000,00	R$ 49.000,00
PROPOSTA DA ADMINISTRAÇÃO PARA DESTINAÇÃO DO LUCRO					
Transferência para reservas					
Reserva legal		–	R$ 2.450,00	(R$ 2.450,00)	
Reservas estatutárias		–	R$ 18.025,00	(R$ 18.025,00)	
Reservas de lucros a realizar			R$ 525,00	(R$ 525,00)	
Dividendos a distribuir por ações (R$ 0,50)				(R$ 42.280,00)	(R$ 42.280,00)
Ações em tesouraria		(R$ 980,00)			(R$ 980,00)
SALDOS EM 31.12.19x2	R$ 205.000,00	R$ 3.520,00	R$ 56.720,00	R$ 60.000,00	R$ 325.240,00

Variação: R$ 325.240,00 (saldo final) – R$ 260.000,00 (saldo inicial) = R$ 65.240,00 (alternativa d).

10.2 PAUSA PARA EXERCÍCIOS

A Cia. Alegre, cujo patrimônio líquido em 31.12.X1 totalizava R$ 217.000,00, registrou em sua contabilidade, durante o exercício de X2, as seguintes ocorrências:

Reversão de reserva estatutária ....R$ 2.000,00
Lucro líquido do exercício de X2 ....R$ 20.000,00
Transferência para reserva legal ....R$ 1.000,00
Saldo das reservas de lucro em 31.12.X1 ....R$ 12.000,00
Aumento de capital com lucros acumulados ....R$ 15.000,00
Aumento de capital com reservas de capital.........................R$ 10.000,00
Valor do capital social em 31.12.X1 ....R$ 150.000,00
Redução dos lucros acumulados por
retificação de erros anteriores..R$ 2.000,00
Aumento de capital com reservas de lucros ....R$ 6.000,00
Lucros acumulados em 31.12.X1..R$ 30.000,00
Reversão de reservas para contingência.................................R$ 1.000,00
Redução dos lucros acumulados por mudança
de critérios contábeis ....R$ 3.000,00
Transferência para reserva para contingência.......................R$ 4.000,00
Dividendos a distribuir por ações R$ 1,00 × 10.000 ações
Saldo das reservas de capital em 31.12.X1............................R$ 20.000,00

Com base nas informações fornecidas, elabore a DMPL em 31.12.X2 e faça o que se pede nas questões 1 a 4.

QUESTÃO 1
Com base nos dados acima, o saldo da conta Capital em 31.12.X2 é:
a) R$ 150.000,00.
b) R$ 170.000,00.
c) R$ 181.000,00.
d) NDA.

QUESTÃO 2
Com base nos dados acima, o saldo das reservas de capital em 31.12.X2 é:
a) R$ 10,000,00.
b) R$ 20.000,00.
c) R$ 18.000,00.
d) NDA.

QUESTÃO 3
Com base nos dados acima, o saldo das reservas de lucro em 31.12.X2 é:
a) R$ 12.000,00.
b) R$ 20.000,00.
c) R$ 8.000,00.
d) NDA.

QUESTÃO 4
Com base nos dados acima, o saldo total do patrimônio líquido em 31.12.X2 é:
a) R$ 210,000,00.
b) R$ 217.000,00.
c) R$ 218.000,00.
d) NDA.

QUESTÃO 5
A Cia. Festiva, cujo patrimônio líquido em 31.12.X2 totalizava R$ 237.000,00, registrou em sua contabilidade, durante aquele exercício, as seguintes ocorrências:

Aumento de capital com reservas de lucros .... R$ 4.000,00
Reversão de reserva estatutária .... R$ 2.000,00
Saldo das reservas de capital em 31.12.X2 .... R$ 10.000,00
Lucros acumulados em 31.12.X2 .... R$ 30.000,00
Redução dos lucros acumulados por mudança
de critérios contábeis .... R$ 3.000,00
Redução dos lucros acumulados por retificação
de erros anteriores .... R$ 2.000,00
Aumento de capital com lucros acumulados .... R$ 5.000,00
Valor do capital social em 31.12.X2 .... R$ 196.000,00
Saldo das reservas de lucro em 31.12.X2 .... R$ 7.000,00
Transferência para reserva legal .... R$ 2.000,00
Aumento de capital com reservas de capital .... R$ 6.000,00
Reversão de reservas para contingência .... R$ 1.000,00
Lucro líquido do exercício de X2 .... R$ 40.000,00
Transferência para reserva para contingência .... R$ 4.000,00
Dividendos a distribuir por ações R$ 1,50 × 10.000 ações

Com base nos dados acima, pode-se afirmar que o saldo da conta capital no início do exercício de X2 é:

a) R$ 200.000,00.
b) R$ 181.000,00.
c) R$ 192.000,00.
d) NDA.

QUESTÃO 6
Com base nos dados acima, pode-se afirmar que o saldo da conta Lucro acumulados no início do exercício de X2 é:
a) R$ 20.000,00.
b) R$ 18.000,00.
c) R$ 19.000,00.
d) NDA.

QUESTÃO 7
Com base nos dados acima, pode-se afirmar que o saldo do PATRIMÔNIO LÍQUIDO no início do exercício de X2 é:
a) R$ 200.000,00.
b) R$ 221.000,00.
c) R$ 217.000,00.
d) NDA.

GABARITO

1. c; 2. a; 3. c; 4. b; 5. b; 6. b; 7. c

Capítulo 11
APURAÇÃO DE ESTOQUES, TEMPOS E MÉTODOS

Nas empresas em geral, e sobretudo nas empresas comerciais, o estoque é um item de grande relevância. Pertence ao Ativo circulante do balanço e nele podem estar contidas, além das *mercadorias*, as contas *Materiais de embalagens*, *Materiais de expediente* e *Almoxarifado*. A conta Mercadoria, por seu turno, é o ponto focal das operações de compra e venda. Ou seja, é nela que se registram contábil e extracontabilmente todas as entradas e saídas dos bens e produtos que a empresa comercializou no período considerado.

Calcular o custo da mercadoria correspondente a cada saída, determinando o volume e o preço do estoque a cada operação ou série de operações, requer um procedimento técnico específico, denominado apuração. Esta, por sua vez, revelará valores diferentes em função da periodicidade que a empresa adota para o levantamento do inventário e dos critérios (ou métodos) empregados para determinar os custos da mercadoria usada no conjunto das vendas.

11.1 INVENTÁRIO DOS BENS VIVOS

Cumpre esclarecer que o termo "inventário", na acepção técnico-contábil, significa o levantamento estatístico dos bens pertencentes à entidade. No caso específico, o inventário diz respeito ao levantamento da mercadoria em estoque de acordo com os respectivos custos unitários e, consequentemente, o somatório final.

Em outras palavras, para avaliar adequadamente o estoque da empresa, é preciso fazer, contínua ou periodicamente, sua contagem e cálculo. Para a realização desse passo, usam-se, alternativamente, dois sistemas: inventário *permanente* e inventário *periódico*.

11.1.1 INVENTÁRIO PERMANENTE – "EM TEMPO REAL"

Esse sistema consiste no acompanhamento contínuo do estoque mediante criterioso controle das entradas e saídas de mercadorias. Ele exige o registro imediato e correto das compras, por suas quantidades e preços unitários, e das unidades vendidas, com os respectivos preços de custo. É necessário que o levantamento seja feito com precisão e que o saldo do estoque esteja sempre atualizado e seja confiável.

Não obstante tratar-se de um sistema desejável, tendo em vista a instantaneidade de um precioso dado patrimonial para as prontas ações de gerência, ele ainda contém ponderável margem de vulnerabilidade, sobretudo em períodos prolongados e com empresas de intensa movimentação.

A despeito das sofisticadas ferramentas eletrônicas disponíveis, haverá sempre probabilidades de falhas (fortuitas ou intencionais) em sua execução e controle.

11.1.2 INVENTÁRIO PERIÓDICO – NO FINAL, TUDO DÁ CERTO...

O inventário periódico é o levantamento que a empresa faz de seus estoques ao encerrar cada exercício ou a qualquer tempo, quando essa providência se fizer necessária.

Nele, para chegar ao valor total, os itens da mercadoria estocada são contados e multiplicados por seus preços de entrada na empresa. O valor total varia segundo o método de apuração adotado pela contabilidade: custo específico, Peps (Primeiro que Entra, Primeiro que Sai), Ueps (Último que Entra, Primeiro que Sai) e média ponderada.

Com a contagem dos itens e a identificação dos preços unitários, conhece-se o custo de toda a mercadoria vendida no período. Para tanto, aplica-se a conhecida fórmula: Custo das Mercadorias Vendidas = estoque inicial + compras líquidas – estoque final ou, respectivamente, CMV = EI + CL – EF.

Em qualquer caso, o método de apuração adotado determinará o valor final do estoque e, em decorrência, o custo da mercadoria comercializada. Essa escolha também interferirá – pelo menos num plano imediato – na determinação do resultado contábil que a empresa apresentará no final do exercício (lucro ou prejuízo). E o resultado, quando positivo, repercute na distribuição dos lucros remanescentes: reservas, dividendos etc.

11.2 MÉTODOS DE APURAÇÃO

São estes os métodos existentes para a apuração de estoques:
- Custo específico
- Peps
- Ueps
- Média ponderada (móvel e fixa)

11.2.1 CUSTO ESPECÍFICO

Raramente usado. Aplicável apenas em estoques de poucas unidades, em geral, bens de grande porte. Por esse método, cada unidade vendida é baixada do estoque por seu próprio custo de aquisição, incluindo-se frete e tributos não recuperáveis, se houver.

11.2.2 PEPS – O PRIMEIRO QUE SAI

O correspondente em inglês da sigla Peps é Fifo – "First In, First Out". Consiste em atribuir, para cada venda, o custo das unidades mais antigas que se encontrarem em estoque. Vejamos, como exemplo prático, as ocorrências abaixo.

A empresa Aparelhada registrou em fevereiro e março de X1 a seguinte movimentação de compras e vendas:

* Estoque inicial: 100 unidades ao preço unitário de R$ 50,00;
* 03.02.X1: compra de 120 unidades ao preço unitário de R$ 60,00;
* 08.02.X1: venda de 60 unidades por R$ 9.500,00;
* 02.03.X1: compra de 70 unidades ao preço unitário de R$ 70,00;
* 15.03 X1: compra de 40 unidades ao preço unitário de R$ 75,00;
* 18.03.X1: venda de 130 unidades por R$ 17.200,00;
* 24.03.X1: venda de 100 unidades por R$ 14.900,00.

Peps

Data	ENTRADAS			SAÍDA/VENDAS		SALDO		
	Qtde.	Pr. unit	Total	Qtde.	Total	Qtde.	Pr. unit.	Total
EI	~~100~~	R$ 50,00	R$ 5.000,00			100	R$ 50,00	R$ 5.000,00
03/02	~~120~~	R$ 60,00	R$ 7.200,00			120	R$ 60,00	R$ 7.200,00
						= 220		= R$ 12.200,00
08/02				60	R$ 9.500,00	– 60	R$ 50,00	– R$ 3.000,00
						= 160		= R$ 9.200,00
02/03	~~70~~	R$ 70,00	R$ 4.900,00			+ 70	R$ 70,00	+ R$ 4.900,00
15/03	40	R$ 75,00	R$ 3.000			+ 40	R$ 75,00	R$ 3.000,00
						= 270		= R$ 17.100,00
18/03				130	R$ 17.200,00	– 40	R$ 50,00	– R$ 2.000,00
						– 90	R$ 60,00	– R$ 5.400,00
						= 140		= R$ 9.700,00
24/3				100	R$ 14.900,00	– 30	R$ 60,00	– R$ 1.800,00
						70	R$ 70,00	– R$ 4.900,00
						= 40		= R$ 3.000,00

Receita Bruta das Vendas = R$ 9.500,00 + R$ 17.200,00 + R$ 14.900,00 = R$ 41.600,00

Custo da Mercadorias Vendida = R$ 5.000,00 + R$ 15.100,00 – R$ 3.000,00 = R$ 17.100,00

Lucro Operacional Bruto = R$ 41.600,00 – R$ 17.100 = R$ 24.500,00

Consoante o método Peps, percebe-se que o custo total da primeira venda (60 unidades), realizada em 08.02.X1, foi extraído do estoque inicial (60 × R$ 50,00 = R$ 3.000,00). As 40 unidades que permaneceram em estoque só tiveram seus preços computados na segunda venda (18.03.X1). Esta, além de computar os custos das 40 unidades remanescentes do estoque inicial (40 × R$ 50,00 = R$ 2.000,00), incluiu 90 unidades da compra efetuada em 03.02.X1 (90 × R$ 60,00 = R$ 5.400,00). Dessa forma, a mercadoria vendida em 18.03.X1 custou aos cofres da empresa um total de R$ 7.400,00.

Em 24.03.X1, houve uma terceira venda, num total de 100 unidades. Essa venda teve seus custos apurados da seguinte forma: 30 unidades da compra realizada em 03.02.X1 (30 × R$ 60,00 = R$ 1.800,00) e 70 unidades adquiridas em 02.03.X1, ao preço unitário de R$ 70,00 (70 × R$ 70,00 = R$ 4.900,00).

Eis o resultado decorrente das 290 unidades vendidas durante o mês:

RECEITA BRUTA DAS VENDAS

(R$ 9.500,00 + R$ 17.200,00 + R$ 14.900,00) = R$ 41.600,00 =

CUSTO DAS MERCADORIAS VENDIDAS

(R$ 5.000,00 + R$ 15.100,00 – R$ 3.000,00) = R$ 17.100,00

LUCRO OPERACIONAL BRUTO (LOB)

= R$ 24.500,00

Convém notar que o estoque final foi automaticamente demonstrado no quadro (canto inferior direito) e resultou em 40 unidades, pelo custo total de R$ 3.000,00.

Prova real: se somarmos os valores precedidos de sinal negativo (–) encontrados na coluna dos saldos (última da direita), encontraremos exatos R$ 17.100,00 (CMV), já que eles correspondem às saídas de mercadorias em seus preços de custo.

11.2.2.1 UMA QUESTÃO SINGULAR

A prova para o Exame de Suficiência, versão 2014.1, propôs a seguinte ocorrência para ser analisada e resolvida:

Uma sociedade empresária adota o sistema de inventário periódico e utiliza o método Peps para controle dos estoques. O estoque inicial era de 70 unidades, adquiridas ao custo unitário de R$ 15,00. No mês de dezembro de 2013, foram feitas as seguintes aquisições:

DATA	QUANTIDADE	TOTAL DA NOTA FISCAL	IMPOSTOS RECUPERÁVEIS
2.12.2013	100	R$ 2.400,00	R$ 528,00
23.12.2013	50	R$ 1.300,00	R$ 286,00
23.12.2013	60	R$ 1.400,00	R$ 308,00

Em 31.12.2013, o inventário indicou a existência de 120 unidades em estoque. Com base nos dados informados, o Custo da Mercadoria Vendida em dezembro de 2013 foi de:
a) R$ 2.293,20.
b) R$ 2.734,80.
c) R$ 3.042,00.
d) R$ 3.210,00.

Alternativa correta: b.

11.2.2.1.1 JUSTIFICATIVA PARA A RESPOSTA

Vimos que a sigla Peps significa "Primeiro que Entra, Primeiro que Sai". Essa, pois, deve ser a ordem a ser observada para computar o custo das mercadorias vendidas no período levantado. Veja no quadro abaixo como são dispostas as entradas e saídas, de modo a se chegar ao resultado correto, naturalmente contemplado pelo gabarito.

IMPORTANTE: os impostos recuperáveis são excluídos dos valores brutos das respectivas compras; não integram, portanto, o estoque. Seriam ICMS a recuperar, IPI a recuperar etc.

Data	ENTRADAS			SAÍDAS		SALDOS		
	Qtde.	Pr. unit.	Total	Qtde.	Total	Qtde.	Pr. unit.	Total
EI	70	R$ 15,00	R$ 1.050,00			70	R$ 15,00	R$ 1.050,00
2.12	100	R$ 18,72	R$ 1.872,00			100	R$ 18,72	R$ 1.872,00
23.12	50	R$ 20,28	R$ 1.014,00			50	R$ 20,28	R$ 1.014,00
23.12	60	R$ 18,20	R$ 1.092,00			60	R418,20	R$ 1.092,00
Total						280		R$ 5.028,00
				160		(70)	R$ 15,00	(R$ 1.050,00)
						(90)	R$ 18,72	(R$ 1.684,80)
				=120				R$ 2.293,20

Vê-se por essa ficha de estoque que as entradas (inclusive o estoque inicial) totalizam 280 unidades, pelo valor de R$ 5.028,00. Se o estoque final são 120 unidades, foram vendidas, obviamente, 160 unidades (280 – 120). Essas 160 unidades, pelo método Peps, são baixadas por preços unitários diferentes, conforme demonstramos no quadro, observando a ordem cronológica das entradas. O custo total das duas vendas é R$ 2.734,80, o que também pode ser confirmado pela fórmula: CMV = estoque inicial + compras líquidas – estoque final.

Traduzindo-se em valores, tem-se:

CMV = R$ 1.050,00 + R$ 3.978,00 – R$ 2.293,20 = R$ 2.734,80

Alternativa correta: b.

11.2.3 UEPS – OS ÚLTIMOS SERÃO OS PRIMEIROS

Este método (diferentemente do Peps) calcula o custo da mercadoria negociada em cada transação, multiplicando a quantidade vendida pelo preço unitário de sua compra mais recente. Em inglês, corresponde a "Last In, First Out" (Lifo).

Examine o quadro seguinte e compare-o com o método Peps (desenvolvido neste capítulo).

Ueps

Data	ENTRADAS			SAÍDA/VENDAS		SALDO		
	Qtde.	Pr. unit	Total	Qtde.	Total	Qtde.	Pr. unit.	Total
EI	~~100~~	R$ 50,00	R$ 5.000,00			100	R$ 50,00	R$ 5.000,00
3/2	~~120~~	R$ 60,00	R$ 7.200,00			120	R$ 60,00	R$ 7.200,00
						= 220		= R$ 12.200,00

Data	ENTRADAS			SAÍDA/VENDAS		SALDO		
	Qtde.	Pr. unit.	Total	Qtde.	Total	Qtde.	Pr. unit.	Total
8/2				60	R$ 9.500,00	– 60	R$ 60,00	– R$ 3.600,00
						= 160		= R$ 8.600,00
2/3	~~70~~	R$ 70,00	R$ 4.900,00			+ 70	R$ 70,00	+ R$ 4.900,00
15/3	40	R$ 75,00	R$ 3.000			+ 40	R$ 75,00	+ R$ 3.000,00
						= 270		= R$ 16.500,00
18/3				130	R$ 17.200,00	– 40	R$ 75,00	– R$ 3.000,00
						– 70	R$ 70,00	– R$ 4.900,00
						– 20	R$ 60,00	– R$ 1.200,00
				100	R$ 14.900,00	= 140		= R$ 7.400,00
24/3						– 40	R$ 60,00	– R$ 2.400,00
						– 60	R$ 50,00	– R$ 3.000,00
						= 40		= R$ 2.000,00

RBV = R$ 9.500,00 + R$ 17.200,00 + R$ 14.900,00 = R$ 41.600,00
CMV= R$ 5.000,00 + R$ 15.100,00 – R$ 2.000,00 = R$ 18.100,00
LOB = R$ 41.600,00 – R$ 18.100,00 = R$ 23.500,00

Observe-se que, no quadro do Ueps, a contabilidade computou os custos da primeira venda, realizada em 08.02.X1, utilizando os preços da compra mais nova até então (03.02.X1). Restaram, em estoque, 160 unidades, 60 delas remanescentes dessa mesma compra e 100 pertencentes ao "estoque inicial".

Em 18.03.X1, ante a ocorrência de uma nova venda (130 unidades), a empresa contabilizou as 40 unidades compradas em 15.03.X1 (40 × R$ 75,00), 70 unidades foram baixadas a R$ 70,00 (compra de 02.03.X1) e 20 unidades saíram da compra efetuada em 03.02.X1, ao preço unitário de 60,00 (20 × R$ 60,00).

Surge finalmente a venda de 100 unidades, em 24.03.X1, que teve seus custos computados da seguinte forma: 40 unidades restantes da compra de 03.02.X1 (40 × R$ 60,00 = R$ 2.400,00) e 60 baixadas do estoque inicial: 60 × R$ 50,00 = R$ 3.000,00.

Assim ficou o resultado:

RBV: R$ 9.500,00 + R$ 17.200,00 + R$ 14.900,00 = R$ 41.600,00
CMV= R$ 5.000,00 + R$ 15.100,00 – R$ 2.000,00 = R$ 18.100,00
LOB = R$ 41.600,00 – R$ 18.100,00 = R$ 23.500,00

> **OBSERVAÇÃO:** a exemplo do método Peps, a prova real do CMV pode ser encontrada, no método Ueps, usando-se as mesmas propriedades. Isto é, somam-se todos os valores precedidos de sinal negativo (–), dispostos na última coluna à direita.

A diferença existente entre o método Ueps e o Peps reside no CMV, o que altera o LOB. O método Ueps superavalia o CMV, ou seja, o custo aparece maior e, portanto, o lucro bruto torna-se menor.

11.2.4 MÉTODO DA MÉDIA PONDERADA

Trata-se de um exercício simples de média ponderada. Em outras palavras, calcula-se o preço médio dos produtos adquiridos no período que antecede a venda e multiplica-se esse valor unitário pela quantidade vendida. Dessa forma, tem-se o custo total. A respeito, observe no demonstrativo a seguir como ficaram os mesmos dados constantes das tabelas anteriores.

11.2.4.1 MÉDIA PONDERADA MÓVEL

Data	ENTRADAS			SAÍDA/VENDAS		SALDO		
	Qtde.	Pr. unit.	Total	Qtde.	Total	Qtde.	Pr. unit.	Total
EI	100	R$ 50,00	R$ 5.000,00			100	R$ 50,00	R$ 5.000,00
3/2	120	R$ 60,00	R$ 7.200,00			+ 120	R$ 60,00	+ R$ 7.200,00
						= 220	R$ 55,45	= R$ 12.200,00
8/2				60	R$ 9.500,00	– 60	R$ 55,45	– R$ 3.327,00
						= 160		= R$ 8.873,00
2/3	70	R$ 70,00	R$ 4.900,00			+ 70	R$ 70,00	+ R$ 4.900,00
						= 230		= R$ 13.773,00
15/3	40	R$ 75,00	R$ 3.000,00			+ 40	R$ 75,00	+ R$ 3.000,00
						= 270	R$ 62,12	= R$ 16.773,00
18/3				130	R$ 17.200,00	– 130	R$ 62,12	– R$ 8.075,60
24/3				100	R$ 14.900,00	– 100	R$ 62,12	– R$ 6.212,00
						= 40		= R$ 2.485,40

RBV = R$ 9.500,00 + R$ 17.200,00 + R$ 14.900,00 = R$ 41.600,00
CMV= R$ 5.000,00 + R$ 5.100,00 – R$ 2.485,40 = R$ 17.614,60
LOB = R$ 41.600,00 – R$ 17.614,60 = R$ 23.985,40

Por meio desse método, o custo da mercadoria e o lucro operacional bruto situam-se num nível intermediário entre os resultados dos métodos Ueps e Peps. O método da média ponderada móvel retrata de forma mais lógica a evolução dos preços. É, portanto, bem mais realista para períodos inflacionários.

OBSERVAÇÃO: a média ponderada móvel é legal e correntemente praticada no Brasil.

11.2.4.2 MÉDIA PONDERADA FIXA

O cálculo do preço médio dos produtos adquiridos é realizado de uma única vez, no encerramento do exercício. Somam-se todas as entradas (estoque inicial + compras líquidas), divide-se o valor total pelas quantidades e encontra-se assim o preço unitário médio. O valor do estoque final é obtido multiplicando-se a quantidade remanescente (o que sobrou após as vendas) pelo preço unitário. Quanto ao CMV, ele será calculado pela fórmula aritmética tradicional, ou seja, CMV = EI + CL – EF.

Por esse processo, como ficariam o estoque final, o CMV e lucro operacional bruto da empresa Aparelhada?

Jogando com os dados

Estoque inicial ....R$ 5.000,00
Compras do período ....R$ 15.100,00
Valor total das entradas..R$ 20.100,00
Quantidades 330
Preço médio .... R$ 20.100,00 : 330 = R$ 60,91
Estoque final .... 40 unidades × R$ 60,91 = R$ 2.436,40

CMV = R$ 20.100,00 + R$ 2.436,40 − R$ 17.663,60
Lucro bruto: R$ 41.600,00 − R$ 17.663,60 = R$ 23.936,40

Os valores do estoque final, do CMV e do Lucro bruto são diferentes, mas bem próximos do resultado obtido pela média ponderada móvel. E mantêm-se sempre em níveis intermediários entre o Peps e o Ueps.

11.3 DEVOLUÇÕES E CANCELAMENTOS – O MAIS E O MENOS NA FICHA DE ESTOQUE

Nos quadros precedentes, apresentamos os métodos usuais de apuração de estoques, atendo-nos, contudo, às compras de mercadorias isentas de impostos e sem ocorrências de devolução de compras ou anulação de vendas.

Cumpre enfatizar, todavia, que devoluções e/ou cancelamentos, volta e meia, figuram nas operações comerciais de uma empresa. Tais fenômenos demandam procedimentos específicos da contabilidade, como veremos no quadro seguinte.

Tomemos, aqui, como exemplo, uma sequência de operações com mercadorias em que determinada empresa comercial – cujo estoque em 01.01.X1 era de 5.250 unidades, pelo valor total de R$ 52.500,00 – efetuou, durante o exercício, compras, vendas, devoluções e cancelamentos.

Ocorrências

1. Compra de 5.000 unidades pelo custo final de R$ 57.000,00.
2. Compra de 5.000 novas unidades pelo custo líquido de R$ 71.250,00.
3. Devolução da quinta parte da primeira compra.
4. Venda de 6.000 unidades por R$ 108.000,00.
5. Compra de mais 5.000 unidades pelo valor líquido de R$ 76.250,00.
6. Devolução de 20% da segunda compra.
7. Venda de 4.500 unidades pelo valor de R$ 90.000,00.
8. Venda de 3.000 unidades por R$ 60.000,00.
9. Anulação de 10% da última venda.

11.3.1. Peps

Data	ENTRADAS			SAÍDA/VENDAS		SALDO		
	Qtde.	Pr. unit.	Total	Qtde.	Total	Qtde.	Pr. unit.	Total
Estoque inicial	5.250	R$ 10,00	R$ 52.500,00	–	–	5.250	R$ 10,00	52.500,00
1 compra	5.000	R$ 11,40	R$ 57.000,00			+ 5.000	R$ 11,40	57.000,00
2 compra	5.000	R$ 14,25	R$ 71.250,00			+ 5.000	R$ 14,25	71.250,00
						= 15.250		=180.750,00
3 (devolução)	(1.000)	R$ 11,40	(R$ 11.400,00)	–	–	(1.000)	R$ 11,40	(11.400,00)
						= 14.250		= 169.350,00
4 venda	–			6.000	R$ 108.000,00	(5.250)	R$ 10,00	(52.500,00)
						(750)	R$ 11,40	(8.550,00)
						= 8.250		= 108.300,00
5 compra	5.000	R$ 15,25	R$ 76.250,00	–		+ 5.000	R$ 15,25	76.250,00
						= 13.250		= 184.550,00
6 (devolução)	(1.000)	R$ 14,25	(R$ 14.250,00)			(1.000)	R$ 14,25	(14.250,00)
7 venda				4.500	R$ 90.000,00	(3.250)	R$ 11,40	(37.050,00)
						(1.250)	R$ 14,25	(17.812,50)
8 venda				3.000	R$ 60.000,00	(2.750)	R$ 14,25	(39.187,50)
						(250)	R$ 15,25	(3.812,50)
9 (cancelamento)				(300)	(R$ 6.000,00)	+ 250	R$ 15,25	R$ 3.812,50
						+ 50	R$ 14,25	R$ 712,50
			R$ 173.850,00		R$ 252.000,00	= 5.050		R$ 76.962,50
			Compras do período		Receita bruta de vendas	Estoque final		Valor do estoque final

Capítulo 12
ELEMENTOS DE CUSTOS – TÓPICOS RELEVANTES PARA O EXAME DE SUFICIÊNCIA DO CFC

Neste capítulo, oferecemos aos leitores uma rápida contribuição sobre a contabilidade de custos e alguns de seus componentes de maior presença nas questões contábeis de cada dia. Trata-se, assim, de uma síntese – e não de um estudo aprofundado – destinada, em princípio, àqueles estudantes com demandas conceituais de base na matéria. Incluímos nesse time os atuais e futuros finalistas dos bacharelados em ciências contábeis, com passagem reservada para o exame de suficiência do Conselho Federal de Contabilidade (CFC).

As provas aplicadas pelo CFC, embora habitualmente permeiem todo o ementário do curso de ciências contábeis, apresentam, sempre, certo número de questões das disciplinas de custos, seus conceitos e desdobramentos. Vamos, pois, aos tópicos:

12.1 CUSTOS DIVIDIDOS

12.1.1 APLICABILIDADE

12.1.1.1 DIRETOS OU PRIMÁRIOS

São os elementos diretamente incluídos no cálculo dos produtos. Isto é, os principais materiais usados na fabricação, somados à Mão de Obra Direta (MOD). Todos são mensuráveis e, portanto, de fácil alocação aos produtos. São exemplos o aço para fabricar chapas, madeiras para o fabrico de mesas e outros móveis, tecidos para roupas, o salário dos operários etc.

A fórmula para o cálculo de seu custo é:

$$MD = EI + CP - EF$$

Em que:
MD = materiais direitos;
EI = estoque inicial;

CP = compras líquidas;
EF = estoque final.

A fórmula de materiais diretos, conforme se percebe, é semelhante à fórmula do CMV (Custo da Mercadoria Vendida). Isso acontece porque as matérias-primas, antes um bem integrante do Ativo circulante, ao serem retiradas dos estoques e usadas na produção de novos bens, transformam-se em custos.

12.1.1.2 MATERIAIS SECUNDÁRIOS

Trata-se de componentes menores que entram, complementarmente, na formação do produto, como pregos e parafusos empregados na fabricação de móveis.

12.1.1.3 EMBALAGENS

São materiais usados para embalar o produto ou acondiciona-lo para remessa, como vasilhames na embalagem de líquidos.

12.1.1.4 CUSTOS ADICIONAIS DO MATERIAL DIRETO ADQUIRIDO

Todos os gastos incorridos com os materiais empregados na produção, mesmo os de natureza intangível, integram seus custos, como gastos com fretes e seguros, tributos não recuperáveis etc.

> **IMPORTANTE:** os tributos passíveis de recuperação, como Imposto sobre Circulação de Mercadorias e Serviços (ICMS), Imposto sobre Produtos Industrializados (IPI) etc., não são computados no Custos dos Produtos Vendidos (CPV). Esses tributos são contabilizados em contas próprias para serem compensados em etapa posterior do processo de comercialização.

12.1.1.5 MÃO DE OBRA DIRETA

É o valor gasto com o pessoal envolvido diretamente na fabricação do produto, por exemplo, com salários e encargos sociais dos empregados que trabalham exclusivamente na produção.

12.1.1.6 MÃO DE OBRA INDIRETA

É representada pelo trabalho nos departamentos auxiliares das indústrias ou prestadores de serviços e que não pode ser atribuído de modo preciso a nenhum produto ou serviço executado, como a mão de obra de supervisores, controle de qualidade etc.

12.1.1.7 CUSTOS INDIRETOS

São gastos realizados na produção de vários bens e alocados pelo critério de rateio ou aproximação. Podem ser exemplificados pela mão de obra indireta, cujo custo é rateado na mesma proporção das horas-homem da mão de obra direta, bem como por gastos com energia, com base em horas-máquinas utilizadas, seguros e aluguéis da fábrica, supervisão das linhas de produção etc.

12.1.2 VARIABILIDADE

12.1.2.1 CUSTOS FIXOS

São os custos que, em determinado lapso de tempo e em certa capacidade instalada, não se alteram em função da quantidade produzida. Ou seja, eles existem, independentemente da produção da empresa no período. Por exemplo: gastos com aluguel, depreciação etc.

12.1.2.2 CUSTOS VARIÁVEIS

Referem-se àqueles custos que variam em função da atividade da empresa e das quantidades produzidas, como o uso de matéria-prima e de embalagens.

12.1.2.3 CUSTOS SEMIFIXOS

São custos fixos até determinado volume de atividade, como o consumo mínimo de água.

12.1.2.4 CUSTOS SEMIVARIÁVEIS

Variam em proporção diferente das quantidades produzidas. Por exemplo, a contratação e o pagamento de supervisores; o aluguel de copiadoras. Esses gastos crescem quando aumentam significativamente as atividades organizacionais, mas em percentual diferente das quantidades produzidas.

12.2 OS CUSTOS SOB OUTROS ÂNGULOS

12.2.1 CUSTO-PADRÃO

É um custo estabelecido pela empresa como meta de gastos para os produtos de sua fabricação. Para esse cálculo, a empresa usa certos parâmetros, tais como:
a) Prefixação de seu valor, com base no histórico da empresa ou em metas a serem perseguidas por ela.
b) Esse custo pode ser usado pela contabilidade, desde que suas variações sejam periodicamente ajustadas, para que se possa acompanhar e aferir com realismo seu valor efetivo.

12.2.1.1 TIPOS DE CUSTO-PADRÃO

O custo-padrão pode ser assim classificado:
- ideal;
- estimado (baseado em custos passados);
- corrente;
- real.

12.2.1.2 CUSTO-PADRÃO IDEAL

Esse custo é cientificamente calculado, usando todos os recursos e fatores envolvidos na produção.

É o custo a que cada produto pode e deve chegar, levando em conta uma produção realizada em condições ótimas, com desperdício zero de insumos e tempo. É um valor ideal a ser alcançado, embora com escassas possibilidades de concretização.

12.2.1.3 CUSTO-PADRÃO REAL

É o custo efetivamente incorrido no período. E, pela imprevisibilidade de sua natureza, não pode ser tomado como instrumento de planejamento estratégico.

12.2.1.4 CUSTO-PADRÃO ESTIMADO

É o custo projetado para produções futuras, com base em médias passadas.

12.2.1.5 CUSTO-PADRÃO CORRENTE

É um meio-termo entre o custo-padrão ideal e o estimado. No cálculo do custo corrente, porém, devem ser levadas em conta deficiências que inevitavelmente ocorrem ao longo do processo.

> **IMPORTANTE:** O custo-padrão corrente é uma meta a ser alcançada pela empresa, mas fixada em nível razoável, passível de ser conseguida, a despeito das dificuldades.

12.2.1.6 CONSTRUÇÃO DO CUSTO-PADRÃO

As espécies e quantidades dos materiais necessários para a elaboração de determinado produto encontram-se evidenciadas no custo-padrão. Esses dados são fornecidos pela engenharia de produção, por meio de projeto específico, destinado à criação de um produto.

Cumpre esclarecer que o preço-padrão dos materiais diretos e dos demais insumos que comporão o produto deve basear-se em compras com pagamento à vista. Não são computados eventuais encargos financeiros incorridos na operação.

12.2.1.7 EXEMPLO DE PADRÃO DE QUANTIDADE (DOS MATERIAIS DIRETOS)

Tonelada de material A por unidade de produto .... R$ 10,00
Perda normal no processo estimado .... R$ 0,80
Estimativas de refugos .... R$ 0,10
Quantidade-padrão por unidade de produto .... R$ 10,90

PADRÃO DE PREÇO

Preço de compra sem os impostos recuperáveis .... R$ 30,00
(–) Menos o custo financeiro do pagamento a prazo .... (R$ 4,00)
Preço de compra à vista .... R$ 26,00
Frete e despesas de recebimento .... R$ 3,00
Preço-padrão do material A .... R$ 29,00

12.3 TERMINOLOGIA

Alguns conceitos em custos merecedores de estudo.

Perdas (dinheiro pelo ralo) – As perdas são constituídas pelo conjunto de recursos consumidos e não incorporados ao produto final. Trata-se, pois, dos desperdícios que não foram evitados, nem poderão ser recuperados.

Gastos (retorno futuro) – Desembolsos, a prazo ou à vista, feitos para a obtenção de insumos ou ativos a serem empregados na geração de outros ativos. O gasto é um desembolso em gênero, que tem pelo menos três subdivisões: custos, investimentos e despesas.

- *Custos* – Já definidos em parágrafos anteriores, segundo algumas de suas espécies. São os custos fixos, variáveis etc.
- *Investimentos (preparando-se para a colheita)* – Gastos que a empresa realiza na compra daqueles ativos de longa duração, para especulação ou utilização futura. Exemplos: participações em outras empresas, imóveis de renda, terrenos etc.

Recebem também o conceito genérico de investimentos os gastos efetuados com a compra daqueles bens duráveis, destinados ao uso corrente da empresa em suas atividades, como imóveis de uso, veículos etc.

A contabilidade geral classifica os bens mencionados neste último parágrafo como ativo imobilizado, restringindo o conceito de investimentos para aqueles ativos destinados para revenda, aluguel ou utilização futura.

Por último, incluem-se no conceito de investimentos aqueles gastos para a obtenção de bens destinados à troca (mercadorias) e transformação (matéria-prima, material secundário, material de embalagem, material de consumo). Esses gastos são definidos pela contabilidade como custos ou despesas, conforme a destinação de cada um.

- Despesas – Gastos despendidos na obtenção de bens ou serviços aplicados na área administrativa, com o objetivo de dar condução e sustentação à empresa e suas atividades.

Embora as despesas em uma organização, por sua natureza, configurem gastos sem retorno aparente, elas são indispensáveis à realização do objeto social. Contribuem para a geração das receitas.

São exemplos de despesas:
a) salário e encargos do pessoal de vendas;
b) salário e encargos do pessoal administrativo;
c) água e luz não alocadas à produção;
d) telefone;
e) combustível, aluguéis e seguros.

CLASSIFICAÇÃO DAS DESPESAS

- Fixas – Não variam em função do volume de produção ou de vendas. São exemplos aluguel e seguro da loja, honorários da diretoria etc.
- Variáveis – Variam proporcionalmente ao volume de vendas, como comissão de vendedores, gasto com fretes etc.

Capítulo 13
SISTEMAS DE CUSTEIO E OUTROS TÓPICOS RELEVANTES

Sistemas de custeio são formas ou critérios praticados pela contabilidade na apropriação dos custos à produção da empresa. Conforme o sistema escolhido, certas categorias de custos podem ou não integrar os custos finais de um produto. É indispensável que os usuários das informações fornecidas pela contabilidade de custos saibam distinguir os sistemas de custeio e os efeitos de cada um na composição do produto. Assim conhecerão como o sistema escolhido por sua empresa opera na composição dos custos daquilo que ela fabrica.

Neste capítulo abordaremos apenas alguns sistemas, indispensáveis ao escopo deste trabalho.

13.1 CUSTEIO POR ABSORÇÃO – TUDO INCLUSO

No sistema denominado custeio por absorção, todos os custos são apropriados ao produto, ou seja, fixos e variáveis, diretos e indiretos. Assim, os custos fixos e variáveis são "estocados" e figuram no resultado somente quando se faz a venda da produção que lhes corresponde.

Um aspecto curioso desse sistema de custeio diz respeito aos custos fixos. Estes, como sabemos, são indispensáveis ao funcionamento da empresa. Eles são, pois, incorridos independentemente da quantidade produzida e são alocados de maneira indireta (mediante rateio) ao preço dos produtos. Na alocação, dá-se uma relação inversa: quanto maior a quantidade produzida, menor o custo fixo unitário.

13.2 MARGEM DE CONTRIBUIÇÃO – DE GRÃO EM GRÃO

Nesse sistema de custeio apenas os custos variáveis são alocados ao preço do produto. Dessa forma, os gestores poderão identificar facilmente quantas unidades de determinado produto devem ser vendidas para cobrir os custos fixos da empresa e, assim, alcançar resultado positivo.

13.2.1 MARGEM DE CONTRIBUIÇÃO – DEFINIÇÕES COMPLEMENTARES

A margem de contribuição é o valor com que cada unidade vendida contribui para a cobertura dos custos e despesas fixos do período considerado.
Logo:

quantidade vendida × lucro unitário = contribuição marginal
do produto para o resultado da empresa
(ou margem de contribuição total)

13.2.2 UM EXEMPLO VALE MAIS DO QUE PALAVRAS

A produção e a venda de certo produto apresentam os seguintes elementos:
- a empresa consumiu 10 unidades de matéria-prima ao preço unitário de R$ 500,00;
- gastou 10 unidades de materiais auxiliares ao preço de R$ 100,00 cada;
- empregou 20 horas de mão de obra a R$ 35,00;
- pagou comissão à base de 10% do preço da venda.

Sabendo que o produto foi vendido por R$ 9.000,00, vamos calcular sua margem de contribuição unitária, ou seja, o valor com que cada unidade contribui para cobrir os custos e despesas fixas da organização.

Matéria-prima
10 unidades × R$ 500,00 =..R$ 5.000,00
Materiais auxiliares
10 unidades × R$ 100,00 =..R$ 1.000,00
Mão de obra direta
20 horas × R$ 35,00 = ...R$ 700,00
Comissões
10% de R$ 9.000,00 (preço unitário) ....R$ 900,00
Total do custo variável..R$ 7.600,00
Preço de venda do produto ....R$ 9.000,00
– Custo variável unitário ....(R$ 7.600,00)
Margem de contribuição..R$ 1.400,00

13.2.3 MARGEM DE CONTRIBUIÇÃO UNITÁRIA E TOTAL – VAREJO E ATACADO

Vejamos o quadro a seguir, que demonstra a venda de determinado produto em quatro quantidades diferentes. O preço unitário de venda é de R$ 10,00, o custo variável unitário é de R$ 4,30 e as despesas variáveis unitárias são de R$ 0,90.

13.2.3.1 RELAÇÃO CUSTO-VOLUME-LUCRO

QUADRO 1 – CÁLCULO DE MARGEM DE CONTRIBUIÇÃO TOTAL (MCT) PARA DIFERENTES QUANTIDADES DE VENDAS

Quantidade de vendas	1.000	5.000	7.500	10.000
Vendas líquidas:	R$ 10.000,00	R$ 50.000,00	R$ 75.000,00	R$ 100.000,00
(–) custos variáveis:	R$ 4.300,00	R$ 21.500,00	R$ 32.250,00	R$ 43.000,00
(–) despesas variáveis:	R$ 900,00	R$ 4.500,00	R$ 6.750,00	R$ 9.000,00
(=) MCT	R$ 4.800,00	R$ 24.000,00	R$ 36.000,00	R$ 48.000,00
MCU = MCT : Quantidade	R$ 4.800 : 1.000 = R$ 4,80	R$ 24.000 : 5.000 = R$ 4,80	R$ 36.000 : 7.500 = R$ 4,80	R$ 48.000 : 10.000 = R$ 4,80

Fonte: Hoji, 2014, p. 348.

Na primeira coluna, tomando por base uma quantidade de 1.000 unidades vendidas, a MCT é R$ 4.800,00 e a margem de contribuição unitária (MCU) é resultado da divisão R$ 4.800,00 : 1.000 = R$ 4,80 (retângulo inferior).

Na segunda coluna, com 5.000 unidades vendidas, a MCT é R$ 24.000,00; na terceira coluna, com 7.500 unidades, a MCT é R$ 36.000,00; e, na quarta e última, é R$ 48.000,00. Em todas essas situações, a MCU é R$ 4,80, ou seja, a MCT dividida pela quantidade vendida (QV).

13.2.3.2 APLICAÇÃO DENTRO DA MARGEM

Vamos calcular a MCT e a MCU do produto a, partindo dos seguintes dados:
- Preço unitário de venda (PUV): R$ 6,00
- Vendas líquidas (VL): R$ 72.000,00
- Custos variáveis: R$ 36.000,00
- Despesas variáveis: R$ 3.600,00

Solução

Vendas líquidas..R$ 72.000,00
Custos e despesas variáveis...R$ 39.600,00
MCT ....R$ 32.400,00

A MCU é igual à MCT dividida pela QV.

Se, porém, as unidades totais não estiverem expressas, obtém-se a QV dividindo as VL pelo PUV.

Logo,

QV = R$ 72.000,00 : 6,00 ....= .... R$ 12.000,00
MCU = R$ 32.400,00 : 12.000 ....= .... R$ 2,70

13.2.4 MARGEM DE CONTRIBUIÇÃO – NOVA APLICAÇÃO

Vamos calcular a MCT do produto A, partindo dos seguintes dados:
Preço unitário de venda (PUV):......................R$ 13,00
Receita líquida de vendas: ....R$ 455.000,00
Custos variáveis:..R$ 300.000,00
Despesas variáveis:..R$ 15.000,00

Solução

QV:............R$ 455.000,00 : R$ 13,00 = 35.000
MCT ....R$ 455.000,00 – R$ 315.000,00 = R$ 140.000,00
MCU ....R$ 140.000,00 : 35.000 = R$ 4,00

13.2.4.1 MARGEM DE CONTRIBUIÇÃO – MAIS UM!...

Vamos calcular a MCT e a MCU do produto A, partindo dos seguintes dados:
Preço unitário de venda (PUV)......................R$ 19,00
Quantidade vendida (QV) ....35.000 unidades
Custos variáveis..R$ 300.000,00
Despesas variáveis...R$ 15.000,00

Solução

Receita líquida (RL) ...... 35.000 × R$ 19,00 = R$ 665.000,00
MCT .... R$ 665.000,00 – R$ 315.000,00 = R$ 350.000,00
MCU............................... R$ 350.000,00 : 35.000 = R$ 10,00

13.3 COMO CHEGAR AO PONTO DE EQUILÍBRIO – O IDEAL

A estrutura de custos peculiar a cada organização contempla os custos fixos totais da empresa e os custos variáveis da produção vendida.

O ponto de equilíbrio (PE) pode ser definido como aquela quantidade de produtos que a empresa deve vender para cobrir os Custos e Despesas Variáveis (CDV) e os Custos e Despesas Fixos (CDF) totais.

Em outras palavras: para alcançar o ponto de equilíbrio, é necessário vender uma quantidade de produtos cuja MCT (ou contribuição marginal) seja equivalente aos custos (despesas) fixos totais.

O ponto de equilíbrio é obtido por meio da seguinte fórmula:

PE = CDF : MCU

13.3.1 MAIS FÁCIL DO QUE PARECE

Portanto, para conhecer a quantidade que a empresa necessita vender para alcançar o ponto de equilíbrio, basta dividir o total dos custos (e despesas) fixos pela margem de contribuição unitária do produto.

Exemplo

Sabendo que a MCU é R$ 4,80 e os CDF são R$ 36.000,00, a QV necessária para cobrir todos os custos e despesas (fixos e variáveis) é 7.500. (PE = R$ 36.000,00: R$ 4,80 = 7.500 unidades).

13.3.1.1 DIRETO AO PONTO – PRIMEIRO EXERCÍCIO PROPOSTO

Calcular a quantidade que deve ser vendida para cobrir todos os custos de certo produto, a partir dos seguintes dados:

Custos fixos..R$ 17.000,00
Despesas fixas...R$ 10.000,00
Custos variáveis por unidade ....R$ 9,00
Despesas variáveis por unidade..R$ 3,00
Preço unitário de venda..R$ 15,60

SOLUÇÃO

Preço unitário de venda..R$ 15,60
CDV .... (R$ 12,00)
MCU... R$ 3,60
CDF..R$ 27.000,00
PE:...R$ 27.000,00 : R$ 3,60 = 7.500 un

EXPLICANDO

Conhecida a MCU (R$ 3,60), o cálculo do PE resume-se à simples divisão dos custos e despesas fixos totais (R$ 27.000,00) pela MCU. A QV é igual, portanto, a 7.500 unidades.

13.3.2 PONTO DE EQUILÍBRIO FINANCEIRO COM MARGEM DE CONTRIBUIÇÃO NEGATIVA – AÇÕES PARA FUGIR DO PREJUÍZO

Margem de contribuição negativa

Alguns ramos de negócio podem trabalhar com a margem de contribuição *negativa*. É o caso de jornais e revistas que são distribuídos gratuitamente.

QUADRO 2– SIMULAÇÃO COM AUMENTO DE TIRAGEM

	Situação atual	Situação futura
Quantidade de exemplares	R$ 10.000,00	R$ 12.000,00
(x) MCU	(R$ 0,60)	(R$ 0,60)
(=) MCT	(R$ 6.000,00)	(R$ 7.200,00)
(-) CDF	(R$ 10.000,00)	(R$ 10.000,00)
(=) Prejuízo	(R$ 16.000,00)	(R$ 17.200,00)
(+) Receita de anúncios	R$ 17.000,00	R$ 19.550,00
(=) Lucro	R$ 1.000,00	R$ 2.350,00
Aumento do lucro (em %)		135%

Fonte: Hoji, 2008, p. 356.

APLICAÇÃO PRÁTICA

Primeiro exercício

- O jornal Boa Fonte, cujo preço unitário é R$ 2,00, consome na produção de cada exemplar R$ 1,00 de matéria-prima e materiais auxiliares, além de R$ 1,50 de mão de obra direta. Tem custos fixos mensais de R$ 10.000,00.
- Para lançar no mercado uma tiragem de 20.000 exemplares/dia, qual será a receita publicitária mensal necessária para o jornal atingir seu ponto de equilíbrio financeiro?

Solução

Preço unitário de venda... R$ 2,00
Custos variáveis unitários... (R$ 2,50)
MCU.. (R$ 0,50)
Prejuízo diário: 20.000 × R$ 0,50 = R$ 10.000,00
Prejuízo mensal: 30 × R$ 10.000,00 = R$ 300.000,00
Custos fixos mensais de ....R$ 10.000,00
Prejuízo total mensal ....R$ 310.000,00
Receita publicitária necessária ....R$ 310.000,00

13.4 ALAVANCAGEM OPERACIONAL – UM INDICADOR

O Grau de Alavancagem Operacional (GAO) é uma ferramenta gerencial e financeira que mede a variação no lucro em razão de uma variação no volume de vendas.

O GAO é, em última análise, uma medida que mostra como determinada alteração no percentual de vendas afetará os lucros.

A título de exemplo, pode-se conferir em que proporção um aumento de 20% nas vendas da empresa, em certo período, impactará os resultados no mesmo período. Vê-se, dessa forma, que a alavancagem operacional retrata os efeitos econômicos a partir de determinada causa, como flexibilização da margem de lucro, prazos de recebimento etc.

13.4.1 POR OUTRO ÂNGULO...

O GAO é ainda uma forma técnica de aferição de quanto ou como os custos fixos estão sendo usados dentro da empresa. Quanto maior for o volume de produção e vendas, mantendo-se os mesmos custos e despesas fixos, maior será a alavancagem dos lucros. É fácil, pois, deduzir: quanto menor for o percentual de custos e despesas fixos nos gastos totais, mais positivo será o impacto nos resultados do período.

ALAVANCAGEM OPERACIONAL

O aumento no nível de atividade produz efeito no resultado econômico. A essa relação de causa e efeito dá-se o nome de *alavancagem operacional*.

Mede-se o Grau de Alavancagem Operacional (GAO) mediante a aplicação da seguinte equação:

$$GAO = \frac{D\% \text{ Lucro}}{D\% \text{ Volume}}$$

Fonte: Hoji, 2008, p. 357.

Primeira situação em análise

Tome-se como base a empresa jornalística que, numa venda de 10.000 exemplares, obtém lucro de R$ 1.000,00 e, ao aumentar seu volume de venda para 12.000 unidades, aufere um lucro de R$ 2.350,00. Vamos calcular o GAO ocorrido entre um período e outro:

Situação 1

* Volume de 10.000 unidades gera lucro de R$ 1.000,00

Situação 2

* Volume de 12.000 unidades gera lucro de R$ 2.350,00

- Aumento do volume: 20%
- Aumento do lucro: 135% (cálculo obtido mediante regra de três)
- GAO = 135% : 20% = 6,75

À vista desses cálculos, percebe-se que, para cada 1% de acréscimo no volume de vendas, há um aumento de 6,75% nos lucros.

Segundo exercício

O jornal *O Isento*, cujos exemplares são vendidos a R$ 3,00, consome R$ 1,50 de matéria-prima e materiais auxiliares na produção de cada unidade, além de R$ 2,00 de mão de obra direta. Tem custos fixos mensais de R$ 10.000,00.

Com uma tiragem diária de 20.000 exemplares, sua receita publicitária é de R$ 15.000,00 por dia. Caso dobre a tiragem atual, sua receita publicitária será de R$ 30.000,00 por dia.

Considerando essas duas hipóteses, vamos calcular a alavancagem operacional alcançada no final do segundo mês.

Solução

Primeiro mês

Preço unitário de venda	R$ 3,00
Custos variáveis unitários	(R$ 3,50)
MCU	(R$ 0,50)
Prejuízo diário:	20 × 0,50 = R$ 10.000,00
Prejuízo mensal:	30 × 10.000,00 = R$ 300.000,00
Custos fixos mensais de	R$ 10.000,00
Prejuízo total	(R$ 310.000,00)
Receita publicitária: 30 × R$ 15.000,00	R$ 450.000,00
Lucro no primeiro mês	R$ 140.000,00

Segundo mês

Preço unitário de venda	R$ 3,00
Custos variáveis unitários	(R$ 3,50)
MCU	(R$ 0,50)
Prejuízo diário:	40.000 × (R$ 0,50) = (R$ 20.000,00)
Prejuízo mensal:	30 × (R$ 20.000,00) = (R$ 600.000,00)
Custos fixos mensais	R$ 10.000,00
Prejuízo total	(R$ 610.000,00)
Receita publicitária 30 × R$ 30.000,00	R$ 900.000,00
Lucro no segundo mês	R$ 290.000,00

CONCLUSÃO

Situação 1

- Volume: R$ 20.000,00 – lucro ....R$ 140.000,00

Situação 2

- Volume 40.000 – lucro R$ 290.000,00
- Aumento do volume do primeiro para o segundo mês.......100%
- Aumento do lucro 107,14%
- R$ 140.000,00 – 100%
- R$ 290.000,00 – X
- X = R$ 290.000,00 × 100 : (R$ 140.000,00 = 207,14%). Logo, o aumento foi de 107,14%.
- GAO = 107,14% : 100% = 1,07

Leitura final: para cada 1% de aumento no volume de venda, acrescenta-se 1,07% no lucro.

Capítulo 14
CUSTO INICIAL OU CUSTO DO INVESTIMENTO INICIAL

Um item importante do chamado orçamento de capital é o *custo inicial do investimento*. O investimento a que este tópico se refere está relacionado com a aquisição de um bem de capital, isto é, um bem de longa duração, cuja função seja transformar materiais em produtos diferentes. Esse bem será empregado na elaboração dos produtos com que a empresa atua em seu mercado, os quais vão gerar, no todo ou em parte, suas receitas operacionais nos períodos subsequentes.

Em que consiste ou de que se compõe esse custo inicial?

Custo inicial, ou custo do investimento inicial, é o custo real com que a empresa arcará para iniciar um investimento. Uma vez conhecidos os custos iniciais capazes de ativar um projeto, a empresa terá dados suficientes para comparar o investimento inicial com seus benefícios futuros. Dessa forma, e somente assim, pode-se avaliar se o projeto merece ser implementado.

Para determinar o custo do investimento inicial (Hoji, 2014), é indispensável que algumas questões sejam prontamente respondidas. Vejamos as principais:

1) Qual é o preço de aquisição dos novos itens?
2) Quais são as despesas adicionais?
3) Que receita pode ser alcançada com a maquinaria existente, caso ela necessite ser substituída?
4) Qual é a despesa com impostos sobre a venda da maquinaria existente?

EXEMPLO

Determinando os custos iniciais

DESPESAS INICIAIS	VALOR ($)	RECEITA INICIAL	VALOR (R$)
Preços dos novos itens	xx	Receita da venda da máquina existente	xx
Despesas adicionais			
de empacotamento e entrega	xx	Crédito de imposto sobre a venda com prejuízo da máquina atual	xx
de instalação	xx		
de inspeção	xx		
outros	xx		
Imposto sobre a venda com lucro da máquina atual	xx		
Variação do capital circulante líquido	xx	Total das receitas iniciais	xx
Total das despesas iniciais	xx	Custo inicial do projeto*	xx

Fonte: Hoji, 2008, p. 181-2.

14.1 PENSANDO OS CUSTOS INICIAIS – PROBLEMA

A Cia. Positiva planeja comprar uma nova máquina por R$ 200.000,00. Sabe-se que a máquina será depreciada em cinco anos. A empresa venderá sua máquina atual por R$ 50.000,00, com valor contábil de R$ 29.000,00 (valor contábil é o valor histórico, isto é, o valor de aquisição do bem, menos sua depreciação acumulada por tempo de uso). O valor do frete da entrega da máquina antiga será R$ 4.000,00 e o da instalação da nova, R$ 9.000,00. A alíquota de Imposto de Renda/contribuição social sobre o lucro obtido com a venda da máquina antiga é de 34%.

Solução (de acordo com o modelo do quadro acima)

Gastos iniciais

Preço da nova máquina ....R$ 200.000,00
Despesas de entrega e instalação ....R$ 13.000,00
Imposto de Renda e contribuição social
sobre o lucro da venda ....R$ 7.140,00
Gastos totais ....R$ 220.140,00

Receita inicial
Venda da máquina antiga..R$ 50.000,00
Receita total..R$ 50.000,00

Gastos totais ....R$ 220.140,00
Menos a receita obtida com a venda da máquina antiga..........(R$ 50.000,00)
Custo inicial do investimento..R$ 170.140,00

14.2 FLUXO DE CAIXA INCREMENTAL – COMO O DINHEIRO CRESCE

Aceito o projeto, cabe à equipe gestora calcular o fluxo de caixa incremental, que consistirá em um fluxo de caixa futuro a ser gerado pelo novo investimento. Para tanto, além da necessidade de conhecer o fluxo de caixa produzido pelo investimento antigo (que será substituído), é preciso projetar os lucros anuais que serão agregados pelo investimento novo.

Vejamos com detalhes os passos que deverão ser cumpridos para conhecer o fluxo de caixa final a ser alcançado pela empresa, com sua nova alternativa de investimento:

Passo 1 – Calcular o lucro líquido adicional, ou seja, o lucro líquido que o novo investimento acrescentará ao lucro obtido pelo investimento antigo. Eis os elementos da fórmula. LL adicional = LL estimado para o novo investimento – LL a ser obtido com o investimento antigo.

Lucro líquido adicional = lucro líquido estimado para o novo investimento, menos o lucro líquido anteriormente previsto com o investimento antigo.

Passo 2 – Economia do Imposto de Renda – A despesa com a depreciação dos novos equipamentos será nominalmente maior que aquela em que a empresa vem incorrendo com o uso dos equipamentos antigos. E esse acréscimo de despesa será submetido às mesmas alíquotas do Imposto de Renda e contribuição social vigentes para o exercício. O valor resultante desse cálculo representa uma economia de Imposto de Renda e contribuição social para a empresa.

Explica-se: as despesas dedutíveis (e as depreciações dos bens de uso estão entre elas) reduzem a base de cálculo do Imposto de Renda e contribuição social. E, assim, diminuem o valor a ser pago. Portanto, a diferença (a maior) da depreciação do investimento novo sobre a depreciação do investimento antigo gerará uma economia de Imposto de Renda (IR) e de Contribuição sobre Lucro Líquido (CSLL). Essa economia será, consequentemente, adicionada ao lucro anual, produzido pelo novo investimento. A soma desses dois fatores – lucro líquido adicional + economia de IR e CSLL – formará, enfim, o *fluxo de caixa incremental.*

Quadro-resumo

> *Fluxo de caixa incremental*
>
> O fluxo de caixa incremental é o fluxo de caixa adicional que a empresa irá receber acima do fluxo de caixa atual.
>
> Para determina-lo, é preciso:
>
> 1. *Calcular o lucro líquido adicional*
>
> Lucro líquido adicional = Lucro líquido estimado − Lucro líquido estimado
> (incluindo o novo projeto)   (sem o novo projeto)
>
> 2. *Calcular as economias de Imposto de Renda decorrentes da depreciação*
>
> Economias de imposto = alíquota do imposto × depreciação adicional
>
> 3. *Somar o lucro líquido adicional às economias proporcionadas pela depreciação adicional*
>
> Fluxo de caixa Economias adicionais de Incremental = Lucro líquido + impostos decorrentes da depreciação

Fonte: Hoji, 2008, p. 176.

14.2.1 CALCULANDO O FLUXO

Antes do investimento, os lucros líquidos da Cia. Progresso previstos para os próximos três anos eram:

Ano 1	Ano 2	Ano 3
R$ 100.000,00	R$ 150.000,00	R$ 200.000,00

Os montantes das depreciações estimadas para esses anos são, respectivamente, R$ 30.000,00, R$ 40.000,00 e R$ 45.000,00.

Solução

Com o novo investimento, os lucros líquidos previstos para os próximos três anos são:

Ano 1	Ano 2	Ano 3
R$ 120.000,00	R$ 165.000,00	R$ 230.000,00

As despesas anuais de depreciação serão, respectivamente, R$ 45.000,00, R$ 62.000,00 e R$ 66.000,00.

Considerando uma alíquota de ITR de 40%, vamos calcular o fluxo de caixa incremental do novo projeto.

Para isso, subtraem-se os lucros líquidos anteriormente previstos dos novos lucros líquidos estimados.

Ano 1	Ano 2	Ano 3
R$ 120.000,00	R$ 165.000,00	R$ 230.000,00
R$ 100.000,00	R$ 150.000,00	R$ 200.000,00
R$ 20.000,00	R$ 15.000,00	R$ 30.000,00

Aumento das despesas anuais de depreciação

Ano 1	Ano 2	Ano 3
R$ 45.000,00	R$ 62.000,00	R$ 66.000,00
R$ 30.000,00	R$ 40.000,00	R$ 45.000,00
R$ 15.000,00	R$ 22.000,00	R$ 21.000,00

Economia do IR sobre as despesas de depreciação

Ano 1	Ano 2	Ano 3
R$ 6.000,00	R$ 8.800,00	R$ 8.400,00

Determina-se o fluxo de caixa incremental somando o incremento do lucro líquido anual à economia do IR sobre a respectiva depreciação. Dessa forma, teremos:

Ano 1	Ano 2	Ano 3
R$ 20.000,00	R$ 15.000,00	R$ 30.000,00
R$ 6.000,00	R$ 8.800,00	R$ 8.400,00
R$ 26.000,00	R$ 23.800,00	R$ 38.400,00

14.3 *PAYBACK*: QUANDO O INVESTIMENTO RETORNA – 360 GRAUS

O *payback* é uma ferramenta gerencial destinada a calcular o prazo exato em que determinado investimento se pagará. Consiste no número de anos, meses e dias necessários para a empresa recuperar o investimento inicial. Se o período de *payback* encontrado representar um período de tempo aceitável para a empresa, o projeto será selecionado, isto é, será considerado viável. Quando são comparados dois ou mais projetos, aqueles com os menores períodos de amortização serão os escolhidos.

Método do período de recuperação do investimento – vantagens e desvantagens

O método considera os fluxos de caixa futuros (lucros líquidos + economia de Imposto de Renda com depreciação) e *é de fácil uso*. Não são necessários cálculos complicados para verificar em quantos anos um projeto recupera o investimento inicial.

A principal desvantagem consiste em ignorar completamente o valor do dinheiro no tempo, ou seja, não descontar a inflação provável do período.

Como vantagem menciona-se o fato de não existir diferença entre o valor de uma entrada de caixa de R$ 100,00 no primeiro ano e o mesmo montante de entrada de caixa um ano depois. Porém, este método não leva em consideração as entradas de caixa produzidas após o período em que o investimento inicial foi recuperado.

14.3.1 *PAYBACK* – EXEMPLO

Usando dados do investimento anterior, temos:

Custo inicial do investimento .... R$ 500.000,00
Depreciação pelo método linear e Imposto de Renda: 25%

Lucros líquidos esperados

Ano 1	Ano 2	Ano 3
R$ 120.000,00	R$ 160.000,00	R$ 230.000,00

Considerando que o período de depreciação do equipamento é de cinco anos, teremos, pelo método linear, R$ 500.000,00 : 5 anos = R$ 100.000,00.

Dessa forma, a depreciação será:

Ano 1	Ano 2	Ano 3
R$ 100.000,00	R$ 100.000,00	R$ 100.000,00

Lucros líquidos esperados

Ano 1	Ano 2	Ano 3
R$ 120.000,00	R$ 160.000,00	R$ 230.000,00

Depreciação do período A

Ano 1	Ano 2	Ano 3
R$ 100.000,00	R$ 100.000,00	R$ 100.000,00

Economia do IR com depreciação

Ano 1	Ano 2	Ano 3
R$ 25.000,00	R$ 25.000,00	R$ 25.000,00

Fluxos de caixa

Ano 1	Ano 2	Ano 3
R$ 120.000,00	R$ 160.000,00	R$ 230.000,00
R$ 25.000,00	R$ 25.000,00	R$ 25.000,00
R$ 145.000,00	R$ 185.000,00	R$ 255.000,00

Conclusão do cálculo Uau! O dinheiro voltou

Ano	Fluxos de caixa
1	R$ 145.000,00
2	R$ 185.000,00
3	R$ 255.000,00
Total	R$ 585.000,00

Isso significa que em três anos o investimento renderá R$ 585.000,00, o que ultrapassa o investimento inicial em R$ 85.000,00.

R$ 585.000,00 − R$ 500.000,00 = R$ 85.000,00

Calculemos, então, o tempo exato em que o investimento será capaz de pagar-se. No primeiro ano, ele gera uma receita de R$ 145.000,00 e, no segundo, R$ 185.000,00, conforme se vê abaixo.

Período exato do retorno

Ano	Fluxos de caixa
1	R$ 145.000,00
2	R$ 185.000,00
Total	R$ 330.000,00

R$ 500.000,00 − R$ 330.000,00 = R$ 170.000,00 (investimento inicial − receita prevista para os dois primeiros anos).

Se nos dois primeiros anos ele renderá R$ 330.000,00, restarão R$ 170.000,00 para serem cobertos no terceiro. E se a receita potencial do terceiro ano é de R$ 255.00,00, o valor de R$ 170.000,00 exigirá apenas parte do período para ser compensado. Assim, teremos:

Percentual do ano 3 para complementar o *payback*

R$ 500.000,00 − R$ 330.000,00 = R$ 170.000,00
R$ 500.000,00 − R$ 330.000,00 = R$ 170.000,00
R$ 255.000,00 − 100%
R$ 170.000,00 − X
De onde, X = R$ 170.000,00 × 100 : R$ 255.000,00 = 0,666% ou 2/3 do ano.
- 2/3 de 12 meses = 8 meses
- Logo, o payback é de dois anos e oito meses.

Capítulo 15
ALAVANCAGEM FINANCEIRA: QUANTO VALEM OS JUROS?

Alavancagem financeira pode ser definida como o efeito (positivo ou negativo) que o capital de terceiros (CT) produz sobre o patrimônio líquido (PL) da empresa.

A imagem adequada para ilustrar esse conceito é a de uma alavanca, impulsionando o capital da entidade para cima ou para baixo. Quando o passivo exigível da empresa produz efeito positivo em seu patrimônio líquido, a alavancagem é *favorável*. Se, porém, o efeito for negativo, a alavancagem é *desfavorável*. Há também a hipótese de o capital de terceiros (passivo exigível) não alavancar o patrimônio líquido da empresa nem para cima nem para baixo. Nesse caso, conforme veremos nos exemplos subsequentes, a alavancagem é nula.

Convém esclarecer que os estudiosos das finanças denominam *capital de terceiros* todo o passivo exigível da empresa, a curto ou a longo prazo. No balanço patrimonial, isso está representado pelo passivo circulante e o passivo não circulante, o que abrange tudo o que a empresa deve a seus credores.

Quanto ao patrimônio líquido, trata-se da situação líquida positiva, composta, na ordem, por capital social, reservas de capital, ajustes de avaliação patrimonial e reservas de lucro. Eventualmente, o PL pode conter as contas Prejuízos acumulados e Ações em tesouraria (ações de emissão própria).

Ademais, as riquezas de uma organização são geradas pelos ativos, os quais são financiados pelo capital próprio e o capital de terceiros (Hoji, 2008).

O Retorno sobre o Ativo Total (RAT) deve ser superior ao custo do capital próprio e de terceiros. É obtido pela fórmula Ldiraj : AT, em que a primeira sigla indica o Lucro Depois do Imposto de Renda e Antes dos Juros e a segunda, o Ativo Total.

O Retorno sobre Patrimônio líquido (RPL) é obtido pela fórmula LL : PL, em que as siglas indicam, respectivamente, Lucro Líquido e Patrimônio Líquido.

$$RAT = \frac{Ldiraj}{AT} \qquad RPL = \frac{LL}{AT}$$

O RAT é medido com base no Ldiraj em relação ao AT.
O RPL é medido com base no LL em relação ao PL.

Fonte: Hoji, 2014, p. 196.

O grau de alavancagem financeira (GAF) é calculado por meio da aplicação da fórmula a seguir e reflete a verdade da relação capital de terceiros *versus* capital próprio, desde que fundada em demonstrações financeiras fidedignas.

$$GAF = \frac{RPL}{RAT}$$

15.1 ALAVANCAGEM FINANCEIRA – EXEMPLOS

Nos parágrafos seguintes, proporemos algumas situações referentes à estrutura de capital de uma empresa, partindo de um mesmo Ativo/Passivo e de um mesmo volume de vendas. O que diferencia uma hipótese da outra é a relação entre o capital próprio e o capital de terceiros.

Na primeira hipótese, a empresa, cujo passivo total é R$ 500.000,00, não tem passivo exigível. Isto é, nada deve a terceiros, fazendo, pois, todas as suas operações com capital próprio (PL) no valor de R$ 500.000,00.

A segunda hipótese, embora contenha o mesmo ativo, apresenta R$ 300.000,00 como capital de terceiros (passivo exigível) e R$ 200.000,00 de capital próprio (PL).

Hipótese A

Ativo...................... R$ 500.000,00
PL........................... R$ 500.000,00

Hipótese B

Ativo...................... R$ 500.000,00............Passivo .... R$ 500.000,00
....Passivo exigível..............R$ 300.000,00
....PL ....R$ 200.000,00

Conjunto Receitas/Custos/Despesas válido para as hipóteses A e B

Vendas Líquidas (VL) .... R$ 1.000.000,00
Custo de Mercadoria Vendida (CMV) ....(R$ 300.000,00)
Despesas de vendas e administrativas ....(R$ 500.000,00)
Despesas financeiras?

Como ficarão as Demonstrações do Resultado do Exercício (DRE) nas duas hipóteses?

DRE – hipótese A

Vendas Líquidas (VL) .... R$ 1.000.000,00
Custo de Mercadorias Vendidas (CMV) ....(R$ 300.000,00)
Lucro bruto .... R$ 700.000,00
Despesas de vendas e administrativas ....(R$ 500.000,00)
Despesas Financeiras 0
Lucro Antes do Imposto de Renda (Lair) .... R$ 200.000,00
Imposto de renda 25% .... (R$ 50.000,00)
Lucro líquido .... R$ 150.000,00

Estrutura da alavancagem:

Alavancagem – hipótese A

Vendas Líquidas (VL) .... R$ 1.000.000,00
Custo de Mercadorias Vendidas (CMV) ....(R$ 300.000,00)
Lucro bruto .... R$ 700.000,00
Despesas de vendas e administrativas ....(R$ 500.000,00)
Lucro antes do Imposto de Renda
e antes dos juros (Lairaj). .... R$ 200.000,00
Imposto de renda 25% .... (R$ 50.000,00)
Juros 0
Economia de IR* 0
Lucro líquido .... R$ 150.000,00

Hipótese B – outros quinhentos

Estão sendo considerados os mesmos ativo e volume de vendas da hipótese A.

DRE – hipótese B

Vendas Líquidas (VL)	R$ 1.000.000,00
Custo de Mercadorias Vendidas (CMV)	(R$ 300.000,00)
Lucro bruto	R$ 700.000,00
Despesas de vendas e administrativas	(R$ 500.000,00)
Despesas financeiras	(R$ 105.000,00)
Lucro Antes do Imposto de Renda (LAIR)	R$ 95.000,00
Imposto de renda 25%	(R$ 23.750,00)
Lucro líquido	R$ 71.250,00

Alavancagem – hipótese B

Vendas Líquidas (VL)	R$ 1.000.000,00
Custo de Mercadorias Vendidas (CMV)	(R$ 300.000,00)
Lucro bruto	R$ 700.000,00
Despesas de vendas e administrativas	(R$ 500.000,00)
Lucro Antes do Imposto de Renda e Antes dos Juros (Lairaj)	R$ 200.000,00
IMPOSTO DE RENDA 25%	(R$ 50.000,00)
Lucro Depois do Imposto de Renda e Antes dos Juros (LDIRAJ)	R$ 150.000,00
Juros	(R$ 105.000,00)
Economia de IR 25%	R$ 26.250,00
Lucro líquido	R$ 71.250,00

* É a economia que a entidade terá no exercício, pela incidência de juros sobre o capital de terceiros. Essas despesas financeiras reduzem a base de cálculo do Imposto de Renda e, por conseguinte, os tributos incidentes sobre o lucro, a saber o Imposto de Renda e a Contribuição Social sobre Lucro Líquido (CSLL).

Resultados das hipóteses A e B – dois pesos...

Hipótese A	Hipótese B
PL = R$ 500.000,00	CT = R$ 300.000,00
	PL = R$ 200.000,00

$$\text{RAT} = \frac{\text{R\$ 150.000,00}}{\text{R\$ 500.000,00}} = 30\% \qquad \frac{\text{R\$ 150.000,00}}{\text{R\$ 500.000,00}} = 30\%$$

$$\text{RPL} = \frac{\text{R\$ 150.000,00}}{\text{R\$ 500.000,00}} = 30\% \qquad \frac{\text{R\$ 71.250,00}}{\text{R\$ 200.000,00}} = 35,625\%$$

Na Hipótese A, o RAT é igual ao RPL (30%), pois não existe alavancagem financeira, por não estar sendo utilizado o capital de terceiros para financiar o ativo.

Na Hipótese B, o RAT é de 30% (o mesmo da Hipótese A), mas o RPL é de 35,625%, o que significa que existe alavancagem financeira favorável, pois o RPL é maior do que o RAT.

GRAU DE ALAVANCAGEM FINANCEIRA (GAF)

$$\text{GAF} = \frac{\text{RPL}}{\text{RAT}}$$

GAF = 1: Alavancagem financeira nula.

GAF > 1: Alavancagem financeira favorável.

GAF < 1: Alavancagem financeira desfavorável.

$$\text{GAF} = \frac{30\%}{30\%} = 1 \qquad \frac{35,625}{30\%} = 1,1875$$

(nulo) (favorável)

Fonte: Hoji, 2014, p.196-201.

Capítulo 16
EXERCÍCIOS COM CUSTOS

Retome os capítulos 11 a 14 e responda corretamente às questões propostas:

QUESTÃO 1
MARGEM DE CONTRIBUIÇÃO
Calcule a Margem de Contribuição Total (MCT) do produto A, partindo dos seguintes dados:
Preço unitário de venda..R$ 13,00
Receita líquida de vendas..R$ 455.000,00
Custos variáveis...R$ 300.000,00
Despesas variáveis..R$ 15.000,00

QUESTÃO 2
PONTO DE EQUILÍBRIO (PE)
Calcule a quantidade que deve ser vendida para cobrir todos os custos de certo produto, a partir dos seguintes dados:
Custos fixos..R$ 27.000,00
Despesas fixas...R$ 15.000,00
Custos variáveis por unidade ....R$ 12,00
Despesas variáveis por unidade .... R$ 3,00
Preço unitário de venda..R$ 18,00

QUESTÃO 3
ALAVANCAGEM OPERACIONAL
O jornal *Vox Folha*, cujo preço unitário é R$ 2,50, consome na produção de cada exemplar R$ 1,50 de matéria-prima e materiais auxiliares, além de R$ 1,50 de mão de obra direta. Seus custos fixos mensais são de R$ 60.000,00. Com uma tiragem diária de 10.000 exemplares por dia, tem receita publicitária mensal de R$ 250.000,00. Se, no mês seguinte, a tiragem diária atual

dobrar, a receita publicitária será de R$ 15.000,00 por dia. Confronte as duas hipóteses e calcule a alavancagem operacional alcançada no final do segundo mês.

QUESTÃO 4
MARGEM DE CONTRIBUIÇÃO
Calcule a Margem de Contribuição Total (MCT) e a Margem de Contribuição Unitária (MCU) do produto A, partindo dos seguintes dados:
Preço unitário de venda..R$ 19,00
Quantidade vendida... 35.000 unidades
Custos variáveis..R$ 300.000,00
Despesas variáveis..R$ 15.000,00

QUESTÃO 5
MARGEM DE CONTRIBUIÇÃO
Calcule a Margem de Contribuição Total (MCT) do produto A, partindo dos seguintes dados:
Preço unitário de venda..R$ 23,00
Receita líquida de vendas... R$ 690.000,00
Custos variáveis..R$ 300.000,00
Despesas variáveis..R$ 15.000,00

QUESTÃO 6
PONTO DE EQUILÍBRIO (PE)
Calcule a quantidade que deve ser vendida para cobrir todos os custos de certo produto, a partir dos seguintes dados:
Custos fixos.. R 127.000,00;
Despesas fixas...R$ 16.000,00
Custos variáveis por unidade ....R$ 92,00
Despesas variáveis por unidade .... R$ 3,00
Preço unitário de venda...R$ 106,00

QUESTÃO 7
MARGEM DE CONTRIBUIÇÃO
Calcule a Margem de Contribuição Unitária (MCU) do produto A, partindo dos seguintes dados:
Preço unitário de venda..R$ 23,00
Receita líquida de vendas... R$ 690.000,00
Custos variáveis..R$ 300.000,00
Despesas variáveis..R$ 15.000,00

QUESTÃO 8
ALAVANCAGEM FINANCEIRA

A Cia. Agradável, cujo ativo total é de R$ 1.000.000,00, tem R$ 400.000,00 de passivo exigível e R$ 600.000,00 de patrimônio líquido. A empresa apresentou como resultado do exercício os seguintes dados:

Vendas líquidas (VL) .... R$ 1.500.000,00
Custo de Mercadorias Vendidas (CMV) .... R$ 800.000,00
Despesas de vendas e administrativas .... R$ 300.000,00
Imposto de Renda 25%
Juros .... R$ 100.000,00

Calcule o grau de alavancagem financeira, sabendo que GAF = RPL : RAT; RPL = LL : PL e RAT = Ldiraj : AT.

GABARITO

QUESTÃO 1
Quantidade Vendida .... R$ 455.000,00 : R$ 13,00 = R$ 35.000
MCT .... R$ 455.000,00 – R$ 315.000,00 = R$ 140.000,00
MCU .... R$ 140.000,00 : R$ 35.000 = R$ 4,00

QUESTÃO 2
Ponto de equilíbrio: R$ 18,00 – R$ 15,00 = R$ 3,00
R$ 42.000,00 : R$ 3,00 = R$ 14.000,00.

QUESTÃO 3
Lucro
Situação 1: R$ 40.000,00
Situação 2: R$ 90.000,00
Volume
Situação 1: 10.000 exemplares;
Situação 2: R$ 20.000,00
GAO
Lucro: R$ 90.000 : R$ 40.000 = 125% (aumento)
Volume: 20.000 : 10.000 = 100% (aumento)
GAO: 25% : 100% = 1,25.

QUESTÃO 4
Receita líquida .... 35.000 R$ 19,00 = R$ 665.000,00
MCT .... R$ 665.000,00 – R$ 315.000,00 = R$ 350.000,00
MCU .... R$ 350.000,00 : 35.000 = R$ 10,00

QUESTÃO 5
Quantidade vendida .... R$ 690.000,00 : R$ 23,00 = 30.000
MCT .... R$ 690.000,00 – R$ 315.000,00 = R$ 375.000,00
MCU .... R$ 375.000,00 : 30.000 = R$ 12,50

QUESTÃO 6
13.000

QUESTÃO 7
Quantidade vendida .... R$ 690.000,00 : R$ 23,00 = 30.000
MCT .... R$ 690.000,00 – R$ 315.000,00 = 375.000,00
MCU .... R$ 375.000,00 : 30.000 = R$ 12,50

QUESTÃO 8
Vendas líquidas (VL) .... R$ 1.500.000,00
CMV .... (R$ 800.000,00)
LOB .... R$ 700.000,00
Despesas c/vendas e administrativas .... (R$ 300.000,00)
Lairaj .... R$ 400.000,00
Imposto de Renda 25% .... (R$ 100.000,00)
Ldiraj .... R$ 300.000,00
Juros .... (R$ 100.000,00)
Economia de IR .... R$ 25.000,00
Lucro líquido .... R$ 225.000,00

$$\text{RAT: } \frac{R\$\ 300.000,00}{R\$\ 1.000.000,00} = 0,30$$

$$\text{RPL: } \frac{R\$\ 225.000,00}{R\$\ 600.000,00} = 0,375$$

$$\text{GAF: } \frac{0,375}{0,30} = 1,25$$

PARTE II

QUESTÕES DE CONCURSOS E PROVAS DO EXAME DE SUFICIÊNCIA DO CFC

QUESTÕES RESOLVIDAS E PROVAS COMENTADAS

Capítulo 17
QUESTÕES DE CONCURSOS

1. (CFC/CFC/Contador/2017) Uma Sociedade Empresária adquiriu, à vista, mercadorias para revenda. O valor total da Nota Fiscal, emitida pelo fornecedor, foi de R$ 200.000,00. Neste valor estão incluídos R$ 34.000,00 referentes a ICMS a recuperar. Adicionalmente, pagou R$ 1.500,00, referentes ao transporte das mercadorias até o seu estabelecimento, sem incidência de ICMS na transação de frete. Considerando-se apenas as informações apresentadas e de acordo com a NBC TG 16 (R1) – ESTOQUES, o lançamento contábil que representa adequadamente o reconhecimento da transação é:
   a) DÉBITO Mercadorias para Revenda – Estoque......................R$ 167.500,00
      DÉBITO ICMS a Recuperar ....R$ 34.000,00
      CRÉDITO Caixa ....R$ 201.500,00
   b) DÉBITO Mercadorias para Revenda – Estoque......................R$ 200.000,00
      DÉBITO ICMS a Recuperar ....R$ 34.000,00
      DÉBITO Fretes e Carretos – Despesa Administrativa ....R$ 1.500,00
      CRÉDITO Caixa ....R$ 201.500,00
      CRÉDITO ICMS a Recolher ....R$ 34.000,00
   c) DÉBITO Mercadorias para Revenda – Estoque......................R$ 166.000,00
      DÉBITO ICMS a Recuperar ....R$ 34.000,00
      DÉBITO Fretes e Carretos – Despesa Administrativa ....R$ 1.500,00
      CRÉDITO Caixa ....R$ 201.500,00
   d) DÉBITO Mercadorias para Revenda – Estoque......................R$ 167.500,00
      DÉBITO ICMS – Despesas Tributárias.....................................R$ 34.000,00
      DÉBITO Fretes e Carretos – Despesa Administrativa ....R$ 1.500,00
      CRÉDITO Caixa ....R$ 203.000,00

2. (CFC/CFC/Contador/2017) Uma Sociedade Empresária que possui um único estabelecimento apresentava, em 31.1.2017, após a apuração do Imposto sobre

Circulação de Mercadorias – ICMS, um saldo de ICMS a Recuperar de R$ 2.500,00. Durante o mês de fevereiro, a Sociedade Empresária efetuou registros que totalizaram R$ 27.000,00, a crédito de ICMS a Recolher pelas vendas de mercadorias, e de R$ 21.600,00, a débito de ICMS a Recuperar pela compra de mercadorias. Considerando-se apenas as informações apresentadas, o registro contábil relativo à apuração do ICMS no mês de fevereiro de 2017 será:
   a) R$ 21.600,00, a débito da conta de ICMS a Recuperar e a crédito de ICMS a Recolher.
   b) R$ 24.100,00, a débito da conta de ICMS a Recolher e a crédito de ICMS a Recuperar.
   c) R$ 24.100,00, a débito da conta de ICMS a Recuperar e a crédito de ICMS a Recolher.
   d) R$ 27.000,00, a débito da conta de ICMS a Recolher e a crédito de ICMS a Recuperar.

3. (CFC/CFC/Contador/2017) Em 31.1.2017, uma Sociedade Empresária recebeu de cliente o valor de R$ 10.000,00, a título de adiantamento de serviços a serem prestados durante o mês de fevereiro. No dia 28.2.2017, a Sociedade Empresária concluiu os serviços e emitiu uma Nota Fiscal de Prestação de Serviços no valor de R$ 9.200,00. Na mesma data, devolveu ao cliente, em dinheiro, o valor de R$ 800,00. Considerando-se apenas as informações apresentadas e desconsiderando-se a incidência de tributos, entre as opções apresentadas indique o lançamento contábil realizado pela Sociedade Empresária que reflete o registro da transação ocorrida em 28.2.2017.
   a) Débito: Caixa – Ativo Circulante ....R$ 10.000,00
      Crédito: Adiantamento de Cliente – Passivo Circulante..............R$ 800,00
      Crédito: Receita de Serviços – Resultado....................................R$ 9.200,00
   b) Débito: Adiantamento de Cliente – Passivo Circulante..........R$ 10.000,00
      Crédito: Receita de Serviços – Resultado....................................R$ 9.200,00
      Crédito: Caixa – Ativo Circulante ....R$ 800,00
   c) Débito: Receita de Serviços – Resultado....................................R$ 9.200,00
      Débito: Caixa – Ativo Circulante ....R$ 800,00
      Crédito: Adiantamento de Cliente – Passivo Circulante..........R$ 10.000,00
   d) Débito: Adiantamento de Cliente – Passivo Circulante............R$ 9.200,00
      Débito: Caixa – Ativo Circulante ....R$ 800,00
      Crédito: Receita de Serviços – Resultado....................................R$ 10.000,00

4. (Cespe/TRE-BA/Técnico Judiciário/Contabilidade/2017) No que se refere à contabilização da baixa de bens do ativo não circulante, o lançamento contábil composto por um débito na conta

a) depreciação e por um crédito na conta depreciação acumulada é representativo da apuração do valor contábil por ocasião da venda de bens do ativo não circulante.

b) depreciação acumulada e por um crédito na conta veículos é representativo da efetiva baixa do referido bem, por ocasião de sua venda.

c) caixa/bancos e por um crédito na conta depreciação acumulada é representativo da apuração do ganho ou da perda na venda de bens do ativo não circulante.

d) ganho ou perdas de capital e por um crédito na conta caixa/bancos é representativo da apuração do ganho ou perda na venda de bens do ativo não circulante.

e) depreciação acumulada e por um crédito na conta veículos é representativo da apuração do valor contábil do referido bem, por ocasião de sua venda.

5. (Cespe/TRE-BA/Técnico Judiciário/Contabilidade/2017) Em 2.1.2017, uma Indústria contratou uma construtora para prestar serviços de reforma predial em sua sede. Conforme contrato firmado, durante o mês de janeiro a construtora disponibilizou equipe especializada para executar a reforma e, no dia 31.1.2017, data da conclusão dos serviços, emitiu Nota Fiscal de Prestação de Serviços com os seguintes dados:

* data da emissão da Nota Fiscal: 31.1.2017
* valor dos serviços prestados: R$ 42.000,00
* data prevista para o recebimento do valor referente aos serviços prestados: 28.2.2017
* INSS calculado sobre serviços prestados: 11%

O art. 31 da Lei n. 8.212, de 24 de julho de 1991, que dispõe sobre a organização da Seguridade Social, institui Plano de Custeio e dá outras providências, diz:

A empresa contratante de serviços executados mediante cessão de mão de obra, inclusive em regime de trabalho temporário, deverá reter 11% (onze por cento) do valor bruto da nota fiscal ou fatura de prestação de serviços e recolher, em nome da empresa cedente da mão de obra, a importância retida até o dia 20 (vinte) do mês subsequente ao da emissão da respectiva nota fiscal ou fatura, ou até o dia útil imediatamente anterior se não houver expediente bancário naquele dia, observado o disposto no § 5º do art. 33 desta Lei.

Considerando-se apenas as informações apresentadas, indique, entre as opções a seguir, o lançamento contábil a ser feito pela construtora que representa o registro dos fatos descritos em 31.1.2017.

a) Débito: Duplicatas a Receber – Ativo Circulante .... R$ 42.000,00
   Crédito: INSS a Pagar – Passivo Circulante .... R$ 4.620,00
   Crédito: Receita de Serviços – Resultado .... R$ 37.380,00

b) Débito: Duplicatas a Receber – Ativo Circulante .... R$ 42.000,00
Débito: INSS a Recuperar – Ativo Circulante .... R$ 4.620,00
Crédito: Receita de Serviços – Resultado .... R$ 46.620,00
c) Débito: Duplicatas a Receber – Ativo Circulante .... R$ 46.620,00
Crédito: INSS a Pagar – Passivo Circulante .... R$ 4.620,00
Crédito: Receita de Serviços – Resultado .... R$ 42.000,00
d) Débito: Duplicatas a Receber – Ativo Circulante .... R$ 37.380,00
Débito: INSS a Recuperar – Ativo Circulante .... R$ 4.620,00
Crédito: Receita de Serviços – Resultado .... R$ 42.000,00

6. (Cespe/TRE-BA/Técnico Judiciário/Contabilidade/2017) Julgue os seguintes itens, relativos à contabilização de operações contábeis diversas.
    I – Os descontos incondicionais obtidos nas compras de mercadorias, quando a empresa opta por registrá-los, são contabilizados a débito de uma conta representativa dos referidos descontos e a crédito da conta mercadorias.
    II – O lançamento contábil composto por um débito na conta matérias-primas, outro débito na conta Imposto sobre Produtos Industrializados (IPI) a recuperar e um crédito na conta bancos é representativo do fato contábil compra de matéria-prima, à vista, com incidência do IPI.
    III – O registro contábil de uma compra cujo pagamento seja efetuado em longo prazo, em diversas parcelas, com juros embutidos nas referidas parcelas, implica um crédito em uma conta representativa das despesas financeiras a apropriar.
    IV – O lançamento contábil composto por um débito na conta salários a pagar e um crédito na conta contribuições de previdência a recolher é utilizado para registrar a contribuição previdenciária retida dos empregados.

    Estão certos apenas os itens
    a) I e II.
    b) I e III.
    c) II e IV.
    d) I, III e IV.
    e) II, III e IV.

7. (Cespe/TRE-BA/Técnico Judiciário/Contabilidade/2017) Considerando que uma empresa tenha aplicado determinada quantia por certo período e que essa aplicação tenha rendido juros e correção monetária pré-fixados, assinale a opção correta a respeito da contabilização das operações que envolvem a aplicação.
    a) A conta juros passivos a vencer, de natureza credora, receberá um débito pelo valor dos juros sobre a aplicação, e um crédito por ocasião da apropriação da receita ganha no período.

b) A conta variações monetárias ativas a vencer, de natureza devedora, receberá um débito pelo valor da correção monetária, no momento da aplicação, e um crédito por ocasião da apropriação da receita ganha no período.

c) A conta variações monetárias ativas a vencer, de natureza credora, receberá um crédito pelo valor da correção monetária, no momento da aplicação, e um débito por ocasião da apropriação da receita ganha no período.

d) A conta variações monetárias passivas a vencer, de natureza credora, receberá um débito pelo valor da correção monetária, no momento da aplicação, e um crédito por ocasião da apropriação da receita ganha no período.

e) A conta juros ativos a vencer, de natureza devedora, receberá um débito pelo valor dos juros sobre a aplicação, e um crédito por ocasião da apropriação da receita ganha no período.

8. (Cespe/Abin/Oficial Técnico de Inteligência/2018) De acordo com as normas contidas nas legislações de contabilidade aplicáveis às demonstrações contábeis, julgue o item que se segue.

O resultado da venda de ações em tesouraria deverá ser registrado a crédito (ganho) de conta específica de reservas de lucro ou a débito (prejuízo) da conta que contabiliza a origem dos recursos aplicados em sua aquisição.

9. (CFC/CFC/Contador/2017) Uma Sociedade Empresária que apura seu tributo sobre o lucro com base no resultado contábil reconheceu despesa com depreciação de um veículo por R$ 20.000,00, no período, o que repercutiu em seu Balanço Patrimonial da seguinte forma:

IMOBILIZADO	
Veículo	R$ 200.000,00
(–) Depreciação acumulada	(R$ 20.000,00)
Total	R$ 180.000,00

A autoridade fiscal dessa jurisdição, todavia, somente autoriza a dedução a título de depreciação, para fins de apuração de tributos, de apenas R$ 10.000,00 nesse mesmo período. O valor restante poderá ser deduzido em períodos futuros.

Há segurança de existência de débitos fiscais suficientes que permitirão o aproveitamento futuro desse crédito.

Para esse caso hipotético, deve-se considerar, excepcionalmente, que o Imposto de Renda, à alíquota de 25%, sem adicional, seja o único tributo incidente sobre o lucro.

Considerando-se apenas as informações apresentadas e de acordo com a NBC TG 32 (R3) – TRIBUTOS SOBRE O LUCRO, é correto afirmar que essa diferença irá gerar:
a) um ativo fiscal diferido de R$ 2.500,00.
b) um passivo fiscal diferido de R$ 2.500,00.
c) um ativo fiscal diferido de R$ 45.000,00.
d) um passivo fiscal diferido de R$ 45.000,00.

10. (Cespe/TRE-BA/Técnico Judiciário/Contabilidade/2017) A tabela a seguir mostra os dados extraídos do livro-razão da empresa Beta, ao final do exercício, necessários para a elaboração do balancete de verificação.

CONTAS	SALDOS (R$)
Aluguéis a vencer	5.000
Caixa/Bancos	5.000
Capital a integralizar	10.000
Capital Social	120.000
Custos das mercadorias vendidas	205.000
Depreciação acumulada	5.000
Estoques	50.000
Fornecedores	30.000
Imóveis	70.000
Prejuízos acumulados	10.000
Receitas de vendas	200.000

Nessa situação, o montante dos saldos devedores, em reais, foi
a) inferior a 330.000.
b) superior a 330.000 e inferior a 340.000.
c) superior a 340.000 e inferior a 350.000.
d) superior a 350.000 e inferior a 360.000.
e) superior a 360.000.

11. (Cespe/TRE-BA/Técnico Judiciário/Contabilidade/2017) As contrapartidas de aumentos ou diminuições de valor atribuídos a elementos do ativo e do passivo em decorrência da sua avaliação a valor justo são classificadas como
a) depreciação, exaustão e amortização.
b) valores em uso.
c) provisões para créditos de liquidação duvidosa.

d) reservas para contingências.
e) ajustes de avaliação patrimonial.

12. (CFC/CFC/Contador/2017) Uma Sociedade Empresária comercial apresenta os seguintes dados, referentes ao período de janeiro a dezembro de 2016, extraídos do seu Balancete de Verificação:

✘ Custo das Mercadorias Vendidas	R$ 560.000,00
✘ Faturamento Bruto de Vendas	R$ 800.000,00
✘ ICMS sobre Vendas	R$ 93.000,00
✘ Receita de Dividendos	R$ 70.000,00
✘ Receita Financeira	R$ 30.000,00
✘ Vendas Canceladas	R$ 25.000,00

Considerando-se apenas as informações apresentadas e de acordo com a Lei n. 6.404/1976, o valor do Lucro Bruto a ser evidenciado na Demonstração do Resultado do período é de:

Parte superior do formulário
a) R$ 122.000,00.
b) R$ 152.000,00.
c) R$ 240.000,00.
d) R$ 270.000,00.

13. (Cespe/TRE-TO/Analista Judiciário/Contabilidade/2017) Acerca do imposto sobre serviços de qualquer natureza (ISSQN), assinale a opção correta.
    a) A atribuição da responsabilidade pelo crédito tributário a terceira pessoa mantém inalterada a responsabilidade do contribuinte principal.
    b) Esse imposto é considerado devido no domicílio das administradoras de cartão de crédito e nas operações feitas em terminais eletrônicos.
    c) A modificação de domicílio tributário é vedada ao tomador do serviço no caso de arrendamento mercantil.
    d) A pessoa jurídica imune ou isenta do ISSQN pode ser responsável pelo respectivo crédito tributário.
    e) O responsável estará obrigado ao recolhimento integral das multas e acréscimos legais somente quando faltar ao dever de efetuar a retenção do ISSQN na fonte.

14. (Cespe/TRE-PE/Analista Judiciário/Contabilidade/2017) Com relação à incidência da COFINS sobre operações, realizadas por pessoa jurídica, de aquisição de imóveis para venda, para a promoção de empreendimento de desmembramento e para loteamento de terrenos, assinale a opção correta.
    a) A receita da venda deve ser descontada dos custos vinculados à unidade vendida e incorridos após a venda.

b) Ocorrendo modificação do valor do custo orçado antes do término do melhoramento do imóvel, a compensação incidirá sobre a média aritmética entre o valor orçado original e o valor efetivo final.
c) A pessoa jurídica que utilizar o crédito presumido da COFINS deve determinar a diferença entre o custo orçado e o efetivamente realizado.
d) Na hipótese de venda de unidade imobiliária não concluída, é vedada a utilização de crédito de qualquer espécie relativo à COFINS.
e) O crédito presumido deve ser calculado mediante a aplicação da alíquota sobre o valor do custo do imóvel, permitida tão somente a exclusão de encargos trabalhistas pagos.

15. (Cespe/TRE-BA/Analista Judiciário/Contabilidade/2017) Considere que determinada pessoa jurídica esteja sujeita ao regime de não cumulatividade da COFINS. Nessa situação, a base de cálculo dessa contribuição incluirá receitas
a) de serviços nas operações em conta própria.
b) auferidas na revenda de mercadorias em relação às quais a COFINS seja exigida da empresa vendedora.
c) referentes a vendas canceladas.
d) correspondentes a recuperações de créditos baixados que não representem novas receitas.
e) não operacionais decorrentes da venda de ativos permanentes.

16. (CFC/CFC/Contador/2018) A empresa W foi contratada pelo cliente Z, em 20X0, para prestar serviços de manutenção de ar condicionado durante o ano 20X1. De acordo com o contrato, o cliente Z pagou à empresa W o valor integral contratado no ato da assinatura do contrato. A área operacional da empresa W preparou uma planilha com as datas em que o serviço seria prestado durante o ano de 20X1 e encaminhou ao contador e ao gerente financeiro. O gerente financeiro também enviou ao contador o documento de crédito em conta do valor do contrato pago pelo cliente Z. Ao receber a referida planilha e o documento de crédito, o contador reconheceu a receita, porém o gerente financeiro divergiu do reconhecimento feito pelo contador. Para dirimir divergência levantada pelo gerente financeiro e a preocupação da empresa W com a adequada mensuração do resultado, um perito contábil foi contratado para emitir um parecer técnico contábil orientando como o valor do contrato deveria ser reconhecido. De acordo com o que disciplina o item 16 da NBC TG 47-Receita, analise os itens I a IV e em seguida assinale a opção correta que deve corresponder à orientação do Perito Contábil.
I – O valor contratado deve ser reconhecido na receita no momento da assinatura do contrato.

II – O valor recebido deve ser reconhecido na receita no momento do recebimento do crédito.
III – O valor recebido deve ser reconhecido a crédito do passivo.
IV – O valor recebido deve ser reconhecido na receita quando da prestação do serviço.

Está(ão) correto(s) apenas o(s) item(ns)
a) I.
b) II.
c) III e IV.
d) I e III.

17. (Cespe/TRE-BA/Analista Judiciário/Contabilidade/2017) Considere que determinada pessoa jurídica seja intermediária de serviço proveniente do exterior tributado pelo ISS. Nessa situaçãoParte superior do formulário
    a) o imposto deve ser recolhido apenas em relação aos custos incorridos no país.
    b) o valor dos materiais fornecidos deve ser excluído da base de cálculo do imposto.
    c) ao município cabe definir a responsabilidade pelo crédito tributário.
    d) a referida pessoa jurídica está isenta da responsabilidade pelo crédito tributário, por não ser o fornecedor do serviço.
    e) a atribuição de responsabilidade supletiva é irrelevante para a responsabilidade do contribuinte principal.

18. (Cespe/TRE-TO/Analista Judiciário/Contabilidade/2017) A alíquota correspondente à contribuição para o financiamento da seguridade social pode ser reduzida a zero no caso de
    a) recuperações de créditos baixados como perda, quando essas recuperações não representam ingresso de novas receitas.
    b) ganhos decorrentes de avaliação do ativo e passivo com base no valor justo.
    c) subvenções para investimento feitas por meio de doações do poder público.
    d) venda de produtos farmacêuticos em campanhas de saúde realizadas pelo poder público.
    e) revenda de mercadorias realizada por empresa na condição de substituta tributária.

19. (Cespe/TRE-BA/Técnico Judiciário/Contabilidade/2017) Assinale a opção que apresenta apenas contas patrimoniais de natureza credora.
    a) duplicatas descontadas, adiantamento de sócios, reserva estatutária.
    b) provisão para férias, capital a integralizar, reservas para contingências.
    c) adiantamento a fornecedores, reserva legal, ICMS a recolher.

d) depreciação acumulada, ações em tesouraria, salários a pagar.
e) empréstimos bancários, provisão para créditos de liquidação duvidosa, adiantamento a empregados.

20. (Cespe/TRT 7ª Região (CE)/Analista Judiciário/Contabilidade/2017) Acerca da contribuição para o financiamento da seguridade social (COFINS), julgue os itens a seguir.

    I – Vendas de produtos a empresa comercial exportadora com o fim específico de exportação são excluídas da base de cálculo da COFINS.

    II – Os créditos da COFINS referentes a imóveis em construção adquiridos para revenda podem ser integralmente descontados pela pessoa jurídica adquirente.

    III – Os custos correspondentes à energia térmica consumida no estabelecimento de pessoa jurídica contribuinte podem ser descontados da base de cálculo da COFINS.

    Assinale a opção correta.
    a) Estão certos apenas os itens I e II.
    b) Estão certos apenas os itens I e III.
    c) Estão certos apenas os itens II e III.
    d) Todos os itens estão certos.

(Cespe/Polícia Federal/Agente de Polícia Federal/2018) Texto para as questões 21 e 22

Determinada sociedade comercial realizou, no período corrente, as transações apresentadas a seguir.

- Apropriou a terceira cota anual cheia de depreciação de um veículo, originalmente adquirido por R$ 60.000, com vida útil estimada em 5 anos. A empresa tem como política considerar um valor residual de 10% para todos os seus bens. O método de depreciação empregado é o da soma dos dígitos dos anos.
- Descontou, no banco onde mantém conta, uma duplicata a vencer em 60 dias. O título, com valor nominal de R$ 100.000, gerou um crédito de R$ 97.000 na conta-corrente da empresa.
- Vendeu mercadorias por R$ 10.000, líquido de tributos, realizando a baixa dos estoques correspondentes, no valor de R$ 5.500.

Nessa situação hipotética,

21. A empresa, no momento do desconto do título, contabilizou despesa com encargos financeiros de R$ 3.000.

22. A venda de mercadorias gerou um resultado com mercadorias de R$ 4.500.

23. (CFC/CFC/Contador/2017) De acordo com o que estabelece o Código Tributário Nacional a respeito da interpretação e integração da legislação tributária, é correto afirmar que:
    a) a legislação tributária que disponha sobre suspensão ou exclusão do crédito tributário; a outorga de isenção; e a dispensa do cumprimento de obrigações tributárias acessórias, é interpretada literalmente.
    b) em caso de dúvida quanto à autoria, imputabilidade ou punibilidade, interpreta-se a lei tributária que define infrações, ou lhe comina penalidades, da maneira menos favorável ao acusado.
    c) na ausência de disposição expressa, para aplicar a legislação tributária a autoridade competente utilizará, sucessivamente, na ordem indicada: os princípios gerais de direito privado; a equidade; a ampla defesa.
    d) o emprego da analogia e da equidade na interpretação da legislação tributária deverão resultar, respectivamente, em exigência de tributo não previsto em lei e na dispensa do pagamento de tributo devido.

24. (CFC/CFC/Contador/2017) Uma Empresa Individual de Responsabilidade Limitada possui um único proprietário, que exige do Profissional da Contabilidade responsável que ignore os ajustes relacionados às estimativas de perdas econômicas, para que não afetem o resultado.

    Segundo o proprietário:

    As estimativas de perdas previstas no conjunto normativo, assim como a redução ao Valor Realizável Líquido, Redução ao Valor Recuperável e com Créditos de Liquidação Duvidosa não são dívidas, ou seja, não serão pagas, e refletem apenas reduções nos benefícios dos ativos, o que interessa apenas a mim, especificamente.

    Considero ainda inadequado o seu reconhecimento no resultado, pois será reduzido o lucro ou o prejuízo aumentado, pois o Fisco não admite a sua dedutibilidade.

    Afinal, sou o proprietário e o Gestor, portanto, como usuário principal, minhas necessidades é que devem ser atendidas.

    Considerando-se a NBC TG ESTRUTURA CONCEITUAL – ESTRUTURA CONCEITUAL PARA ELABORAÇÃO E DIVULGAÇÃO DE RELATÓRIO CONTÁBIL-FINANCEIRO, é correto afirmar que o Profissional da Contabilidade:
    a) deve aceitar as exigências do proprietário, afinal não há risco fiscal no atendimento à necessidade manifestada pelo proprietário, que é o usuário principal; dessa forma, estaria agindo de acordo com a Característica Qualitativa da Compreensibilidade.

b) deve acatar as exigências do proprietário, pois os casos mencionados são estimativas, logo, o seu atendimento, não marcado por uma transação efetiva, representa a perda da Característica Qualitativa da Objetividade.
c) não pode atender às exigências do proprietário; se o fizer, a informação contábil perderá a Característica de Representação Fidedigna, marcada pela neutralidade.
d) não pode atender às exigências do proprietário, se o fizer, a informação contábil perderá a Característica Qualitativa da Prudência, inerente à profissão contábil.

25. (CFC/CFC/Contador/2017) Em contrato de fornecimento de bens na modalidade de compra e venda a prazo, a empresa J compôs seu preço da seguinte forma: (a) custo de produção R$ 10.000,00; (b) custo de comercialização e lucro R$ 3.000,00; (c) tributo indireto R$ 1.500,00; e (d) total recebido do cliente R$ 14.500,00. Na demonstração do resultado da empresa J, o valor da receita foi divulgado pelo valor de R$ 14.500,00. Uma agência de crédito informou à empresa J que, de acordo com o item 47 da NBC TG 47 – Receita de Contrato Com Cliente, o valor divulgado da receita não está correto porque não corresponde ao preço da transação. Perplexa, a empresa J contratou de imediato um perito contábil para emitir um parecer técnico contábil, orientando qual o preço da transação que deveria ser divulgado na sua demonstração do resultado. De acordo com o enunciado assinale a opção que apresenta a orientação do perito contábil certificada no parecer técnico contábil.
a) A divulgação correta deve ser a do valor de R$ 14.500,00.
b) A divulgação correta deve ser a do valor de R$ 10.000,00.
c) A divulgação correta deve ser a do valor de R$ 11.500,00.
d) A divulgação correta deve ser a do valor de R$ 13.000,00.

26. (CFC/CFC/Contador/2018) O perito do juízo foi nomeado nos autos de um processo judicial que trata de apuração de haveres de sócio dissidente. Durante os seus exames periciais, constatou que a conta de provisões para garantia de itens vendidos da empresa apresentou créditos de R$ 1,2 milhões no período examinado. Prosseguindo as análises, constatou que a empresa A vende produto com um ano de garantia. No exercício em análise, a receita de vendas revelou 400.000 itens vendidos e que o custo para conserto de cada item é de R$ 15 para pequenos defeitos e R$ 25 para grandes defeitos. Ainda, prosseguindo às análises, constatou que as estatísticas anteriores revelaram que 85% dos produtos não tiveram defeitos; 10% dos produtos tiveram pequenos defeitos e apenas 5% dos produtos tiveram grandes defeitos.

Com base nos dados apresentados, julgue os itens abaixo como Verdadeiros (V) ou Falsos (F) e, em seguida, assinale a opção correta.

I – A análise realizada pelo perito indicou que as provisões estavam dimensionadas adequadamente.
II – O valor do provisionamento indicado pelo perito foi de R$ 1,1 milhão.
III – Considerando que o lucro líquido apurado pela empresa no período examinado foi de R$ 3 milhões, o impacto da alteração efetuada pela perícia nos lucros corrigidos representou um incremento de R$ 100 mil.
IV – Considerando a correção realizada pela perícia na análise da conta de provisionamento e que o PL da empresa no exercício anterior ao do fato gerador da provisão era de R$ 6,5 milhões, o valor do Patrimônio Líquido da empresa no exercício examinado foi de R$ 9,6 milhões.

A sequência correta é
a) F, V, V, V.
b) V, V, V, F.
c) F, V, F, F.
d) F, F, F, V.

27. (CFC/CFC/Contador/2017) A NBC TG 28 (R3) – PROPRIEDADE PARA INVESTIMENTO estabelece que o ganho ou a perda proveniente de alteração no valor justo de propriedade para investimento deve ser reconhecido no resultado do período em que ocorra.

A Lei n. 12.973/2014 estabelece, no art. 14, que:

[...] a perda decorrente de avaliação de ativo ou passivo com base no valor justo somente poderá ser computada na determinação do lucro real à medida que o ativo for realizado, inclusive mediante depreciação, amortização, exaustão, alienação ou baixa, ou quando o passivo for liquidado ou baixado, e desde que a respectiva redução no valor do ativo ou aumento no valor do passivo seja evidenciada contabilmente em subconta vinculada ao ativo ou passivo.

De acordo com as normas citadas, considere as seguintes informações relativas a uma Sociedade Empresária:
* é tributada pelo Lucro Real apurado anualmente
* possui um terreno classificado como propriedade para Investimento, mensurado ao Valor Justo
* em 2016 reconheceu no resultado do período uma redução, no valor de R$ 500.000,00, decorrente da mensuração a valor justo do terreno, com reflexo em subconta vinculada ao ativo

Considerando-se as informações apresentadas e as normas mencionadas, e que a perda é dedutível da base de cálculo do Tributo sobre o Lucro no momento da venda, é correto afirmar que, no ano de 2016, a Sociedade Empresária reconhece:

a) um ganho no resultado, no valor de R$ 500.000,00, e efetua uma exclusão no lucro líquido para efeito de apuração do Lucro Real nesse valor.
b) um ganho no resultado, no valor de R$ 500.000,00, e não ajusta o lucro líquido para efeito de apuração do Lucro Real.
c) uma perda no resultado, no valor de R$ 500.000,00, e não ajusta o lucro líquido para efeito de apuração do Lucro Real.
d) uma perda no resultado, no valor de R$ 500.000,00, e efetua uma adição no lucro líquido para efeito de apuração do Lucro Real nesse valor.

28. (CFC/CFC/Contador/2017) Uma Sociedade Empresária apresentou o seguinte balancete, após a apuração e destinação do resultado, para elaboração do Balanço Patrimonial de 31.12.2016:

CONTAS	SALDO EM 31.12.2016
13º Salário a Pagar	R$ 15.000,00
Adiantaamento de Cliente – Curto Prazo	R$ 4.000,00
Adiantamento de Salários – Curto Prazo	R$ 1.000,00
Bancos conta Movimento	R$ 12.000,00
Capital Subscrito	R$ 100.000,00
Depreciação Acumulada de Máquinas e Equipamentos	R$ 2.000,00
Dividendo Adicional Proposto	R$ 6.400,00
Duplicatas a Receber – Curto Prazo	R$ 60.000,00
Empréstimos a Pagar – Longo Prazo	R$ 40.000,00
Encargos Financeiros a Transcorrer de Empréstimos – Longo Prazo	R$ 1.500,00
Férias a Pagar	R$ 18.000,00
FGTS a Recolher	R$ 2.700,00
Fornecedores – Curto Prazo	R$ 133.000,00
ICMS a Recuperar – Curto Prazo	R$ 2.000,00
INSS a Recolher	R$ 9.000,00
Máquinas e Equipamentos – Bens em Operação	R$ 12.000,00
Mercadorias para Revenda	R$ 170.000,00
Participações em Coligadas	R$ 75.000,00
Perda Estimada com Créditos de Liquidação Duvidosa – Curto Prazo	R$ 8.400,00
Prêmios de Seguro a Apropriar – Curto Prazo	R$ 10.000,00
Reserva Legal	R$ 5.000,00

Considerando-se apenas as informações apresentadas, o total do Ativo é de:
a) R$ 331.100,00.
b) R$ 331.600,00.
c) R$ 340.000,00.
d) R$ 342.000,00.

29. (Cespe/Sefaz-RS/Auditor/2018) Acerca dos registros de operações típicas empresariais, das operações com mercadorias e estoques, da apuração do resultado e de dividendos, julgue os itens a seguir.
    I – No fluxo de caixa, a compra de um terreno à vista é considerada uma atividade de investimento.
    II – Os abatimentos são obtidos ou concedidos em virtude de as empresas realizarem grandes compras de mercadorias.
    III – Os dividendos pagos no exercício são calculados na apuração do resultado, como dedutíveis de IRPJ e CSLL.
    IV – O pagamento de fretes de mercadorias enviadas a clientes não implica ajuste da conta estoques no sistema de inventário permanente.

    Estão certos apenas os itens
    a) I e II.
    b) I e IV.
    c) II e III.
    d) I, III e IV.
    e) II, III e IV.

30. (Cespe/Sefaz-RS/Auditor/2018) A respeito do regime de competência e dos livros contábeis, julgue os itens a seguir.
    I – No regime de competência, as receitas são reconhecidas quando são ganhas, mesmo que não recebidas.
    II – No lançamento em livro diário, devem-se descrever o título e o saldo da conta.
    III – No livro razão, o confronto dos créditos e dos débitos denomina-se saldo.
    IV – De acordo com o regime de competência, as receitas e as despesas são consideradas em função dos recebimentos ou dos pagamentos.

    Estão certos apenas os itens
    a) I e II.
    b) I e III.
    c) III e IV.
    d) I, II e IV.
    e) II, III e IV.

31. (Cespe/TRE-PE/Analista Judiciário/Contabilidade/2017) Considerando que o prejuízo fiscal apurado por determinada entidade optante pelo regime de tributação do imposto de renda sobre o lucro real poderá ser compensado com os lucros líquidos ajustados pelas adições e exclusões previstas na legislação, assinale a opção correta.
    a) O recolhimento do tributo já reconhecido pode ser postergado em determinadas situações até o recebimento da receita correspondente.
    b) É vedada a cobrança de acréscimos de qualquer natureza no caso de imposto apurado após a compensação.
    c) O percentual máximo de compensação para entidades que apuram o lucro real anual é diferente do das entidades que apuram esse lucro trimestralmente.
    d) O livro contábil essencial para a apuração do lucro que será objeto de compensação é o livro razão.
    e) No caso de recolhimento mensal dos tributos, é vedada a dedução do imposto pago na apuração do tributo de cada mês.

32. (Cespe/Sefaz-RS/Auditor/2018) Um registro de débito na contabilidade de uma empresa tem o efeito de
    a) aumentar os ativos e reduzir os passivos.
    b) aumentar tanto os ativos como os passivos.
    c) reduzir tanto os ativos como os passivos.
    d) neutralidade: não altera nem os ativos nem os passivos.
    e) reduzir os ativos e aumentar os passivos.

33. (Cespe/TRE-BA/Analista Judiciário/Contabilidade/2017) Considerando que determinada pessoa jurídica tenha sido tributada no imposto sobre a renda de pessoas jurídicas com base no lucro real, julgue os seguintes itens.
    I – O critério para a determinação da base de cálculo da contribuição social sobre o lucro líquido (CSLL) será o lucro real.
    II – A base de cálculo da CSLL será determinada em períodos de apuração semestrais.
    III – A periodicidade de pagamento adotada pela referida pessoa jurídica para o imposto sobre a renda determina a periodicidade de pagamento da CSLL.
    IV – Nos casos de incorporação, fusão ou cisão, a apuração da base de cálculo da CSLL será efetuada na data do levantamento das demonstrações financeiras.

    Estão certos apenas os itens
    a) I e II.
    b) I e III.

c) I e IV.
d) II e III.
e) III e IV.

34. (Cespe/TRE-BA/Técnico Judiciário/Contabilidade/2017) A técnica da conciliação bancária é um procedimento
    a) opcional, que deve ser efetuado por ocasião da apuração dos resultados do exercício e que consiste em um cotejamento dos valores da conta banco conta movimento com o extrato da conta bancária respectiva, sendo os registros do banco o ponto de partida para a conciliação.
    b) opcional, que, normalmente, deve ser efetuado por ocasião da apuração dos resultados do exercício e que consiste em um cotejamento dos valores da conta banco conta movimento com o extrato da conta bancária respectiva, podendo o ponto de partida para a conciliação ser os registros da empresa ou os do banco.
    c) obrigatório, que pode ser efetuado a qualquer tempo e consiste em um cotejamento dos valores da conta banco conta movimento com o extrato da conta bancária respectiva, podendo o ponto de partida para a conciliação ser os registros da empresa ou os do banco.
    d) obrigatório, que deve ser efetuado por ocasião da apuração dos resultados do exercício e que consiste em um cotejamento dos valores da conta banco conta movimento com o extrato da conta bancária respectiva, sendo os registros do banco o ponto de partida para a conciliação.
    e) opcional, que pode ser efetuado a qualquer tempo e que consiste em um cotejamento dos valores da conta banco conta movimento com o extrato da conta bancária respectiva, sendo os registros da empresa o ponto de partida para a conciliação.

35. (Cespe/TRE-PE/Analista Judiciário/Contabilidade/2017) Se determinada entidade pública empenhar R$ 100 de despesa orçamentária e inscrever 30% desse valor em restos a pagar, então, ao se elaborar o balanço financeiro dessa entidade ao final do exercício, os restos a pagar deverão ser
    a) adicionados ao saldo final do exercício, compondo os valores que serão levados em conta na apuração do resultado financeiro do ano seguinte.
    b) incluídos no rol das receitas orçamentárias, para equilibrar o regime contábil para caixa.
    c) deduzidos no rol das despesas orçamentárias, tendo em vista que não foram pagos no exercício.
    d) computados no rol das receitas extraorçamentárias, para compensar sua inclusão na despesa orçamentária.
    e) considerados no rol das despesas extraorçamentárias, uma vez que a sua execução orçamentária já aconteceu.

36. (CFC/CFC/Contador/2017) Uma Sociedade Empresária adquiriu, em 31.12.2015, um caminhão, por R$ 700.000,00, à vista, e o registrou como um Ativo Imobilizado. A Sociedade Empresária definiu a vida útil do caminhão em 600.000 km e o valor esperado de venda para esse caminhão, ao final de sua vida útil, foi estimado em R$ 100.000,00. Em 30.6.2017, a Sociedade Empresária vendeu o caminhão por R$ 415.000,00, à vista. Sabe-se, ainda, que a Sociedade Empresária calcula a depreciação de acordo com a quilometragem percorrida pelo caminhão e que, até o momento da venda, o caminhão havia percorrido 300.000 km. A estimativa de vida útil e o valor residual não sofreram alterações. Considerando-se apenas as informações apresentadas e o que dispõe a NBC TG 27 (R3) – ATIVO IMOBILIZADO, no que se refere à apuração do Resultado Líquido relativo à baixa do Ativo Imobilizado – Veículo de Uso, a Sociedade Empresária incorreu em:
    a) ganho de R$ 115.000,00.
    b) ganho de R$ 15.000,00.
    c) perda de R$ 115.000.00.
    d) perda de R$ 15.000,00.

37. (Cespe/TRE-PE/Analista Judiciário/Contabilidade/2017) Assinale a opção correta a respeito do IRPJ.
    a) O período de incidência do IRPJ é sempre anual, ainda que a apuração obedeça a outro período.
    b) O lucro presumido é o método de lançamento realizado pela autoridade fiscal.
    c) O lucro arbitrado consiste na aplicação de coeficientes definidos pelo legislador sobre a receita bruta anual.
    d) O imposto em questão pode incidir sobre pessoas físicas.
    e) A cobrança do IRPJ deve ser feita no local onde a renda foi auferida.

38. (Cespe/TRT 7ª Região (CE)/Analista Judiciário/Contabilidade/2017) O lucro de exploração inclui
    a) o resultado auferido nas operações de conta alheia.
    b) a parte das receitas financeiras que exceder as despesas financeiras.
    c) os rendimentos e prejuízos das participações societárias.
    d) as subvenções para investimento.

39. (CFC/CFC/Contador/2017) De acordo com a NBC TG 26 (R4) – APRESENTAÇÃO DAS DEMONSTRAÇÕES CONTÁBEIS, a apresentação das despesas na Demonstração do Resultado do período poderá utilizar uma classificação com base na sua natureza, se permitida legalmente, ou na sua função dentro da entidade. Assinale a opção que contém apenas exemplos de despesas classifi-

cadas por Natureza:
a) Despesas Administrativas, Despesas com Depreciação e Despesas com Vendas.
b) Despesas com Benefícios a Empregados, Despesas com Publicidade e Despesas com Depreciação.
c) Despesas com Benefícios a Empregados, Custo dos Produtos Vendidos e Despesas Administrativas.
d) Despesas com Vendas, Despesas com Depreciação e Custo dos Produtos Vendidos.

40. (Cespe/TRE-PE/Analista Judiciário/Contabilidade/2017) Na contabilidade pública, de acordo com o MCASP, os passivos contingentes são registrados em contas
a) financeiras.
b) patrimoniais.
c) de resultado.
d) orçamentárias.
e) de controle.

41. (Cespe/TRT 7ª Região (CE)/Analista Judiciário/Contabilidade/2017) Uma empresa, sujeita ao regime não cumulativo de PIS e COFINS, em determinado período apresentou os seguintes resultados:
* faturamento bruto: R$ 300 mil;
* IPI destacado no valor do faturamento bruto: R$ 30 mil;
* descontos incondicionais: R$ 20 mil;
* descontos condicionais: R$ 40 mil;
* devolução de vendas: R$ 10 mil;
* despesas com fornecimento de água: R$ 20 mil;
* valor de aquisição de bens para revenda: R$ 100 mil.

Nessa situação, a base de cálculo do PIS e da COFINS é igual a
a) R$ 120.000.
b) R$ 100.000.
c) R$ 80.000.
d) R$ 140.000.

42. (CFC/CFC/Contador/2018) A empresa P tinha a prática de divulgar como receita na demonstração do resultado o valor total da venda recebido do cliente. Em um seminário sobre a NBC TG 47 – Receita de Contrato com Cliente, o facilitador, que era perito contábil, orientou que, no reconhecimento do valor da venda recebido pela empresa P, deveria segregar o valor de terceiros que não compõe o valor da transação, de acordo com o item 47 da referida NBC TG 47 – Receita de Contrato com Cliente. Depois do seminário, a empresa P contratou

o perito contábil para elaborar um parecer contábil com o modelo para determinar o valor total de venda do produto, partindo do seu preço da transação, considerando que a alíquota média do tributo indireto que incide sobre seus produtos é 15%. De acordo com o enunciado, assinale a opção que apresenta o modelo que partindo do preço de transação resulta no valor da venda.
a) Preço da transação dividido por 0,85.
b) Preço da transação dividido por 1,15.
c) Preço da transação multiplicado por 15%.
d) Preço da transação multiplicado por 1,15.

Em 1º/7/2017, uma Academia de Ginástica inaugurou suas instalações com o lançamento de uma campanha que consiste em que seus alunos paguem o pacote trimestral promocional no valor de R$ 375,00, à vista, no ato da matrícula.

Aderindo a esse pacote, o contrato firmado entre as partes garante ao aluno o direito de frequentar a Academia em qualquer horário, durante três meses, sete dias da semana.

O contrato prevê que, independentemente da frequência do contratante, ao fim de cada mês o valor proporcional é considerado devido e não mais passível de devolução.

No mesmo dia da inauguração, a Academia de Ginástica efetuou a matrícula de 20 alunos e registrou o recebimento, em dinheiro, em seu Caixa no valor de R$ 7.500,00.

Durante todo o mês de julho, a Academia de Ginástica não efetuou mais nenhuma matrícula e funcionou regularmente. Ao final do mês, apurou que, em média, o comparecimento dos alunos foi de 50%.

A Academia de Ginástica apura mensalmente suas receitas e despesas, em atendimento ao Regime de Competência.

43. (CFC/CFC/Contador/2017) Considerando-se apenas as informações apresentadas e o que dispõe a NBC TG 30 – RECEITAS; e desconsiderando-se os aspectos tributários, o valor da receita que deve ser reconhecida no mês de julho de 2017 é de:
    a) R$ 1.250,00.
    b) R$ 2.500,00.
    c) R$ 3.750,00.
    d) R$ 7.500,00.

44. (CFC/CFC/Contador/2017) Em 10.1.2017, uma Sociedade Empresária celebrou um contrato para venda de 100 unidades de uma determinada mercadoria pelo valor total de R$ 50.000,00.

Conforme demonstrado a seguir, o contrato estabeleceu o cronograma para entrega das mercadorias e recebimento das vendas, o que foi integralmente cumprido.

DATA	EVENTO
10.1.2017	Entrega de 20 unidades
30.1.2017	Recebimento de R$ 25.000,00
2.2.2017	Entrega de 20 unidades
27.2.2017	Recebimento de R$ 25.000,00
10.3.2017	Entrega de 60 unidades

Não existe efeito relevante na operação que justifique a consideração do ajuste a valor presente.

Por ocasião das entregas, todas as condições estabelecidas na NBC TG 30 – RECEITA, necessárias para o reconhecimento da Receita, são satisfeitas.

Os registros contábeis são realizados diariamente e os ajustes, ao final de cada mês.

Desconsiderando-se os efeitos tributários e com base na NBC TG 30 – RECEITA, o valor da Receita dessa operação, a ser reconhecido em janeiro de 2017, é de:
a) R$ 5.000,00.
b) R$ 10.000,00.
c) R$ 25.000,00.
d) R$ 50.000,00.

Em 2017, a empresa Z vendeu mercadorias a prazo no valor de R$ 100.000, com abatimento de R$ 1.000 – o custo era de R$ 30.000 e o frete da venda, R$ 200. Houve, ainda, a devolução de mercadorias vendidas, no valor de R$ 14.000, com custo de R$ 4.200.

(Cespe/EMAP/Analista/Finanças/2018) Considerando essas informações, julgue o item seguinte a respeito de receitas de vendas de produtos e serviços.

45. Em 2017, o lucro bruto da empresa Z foi de R$ 59.000.

46. (CFC/CFC/Contador/2018) A empresa K foi contratada pela empresa X para fornecer bens duráveis em uma transação de compra e venda por preço fixo e irreajustável. A formação do preço de venda inclui o custo de produção do bem mais tributo indireto. A empresa K, com ações negociadas na bolsa de valores, contratou um expert para elaborar um parecer contábil, identificando o preço da transação nessa operação. O expert, que tem formação e expe-

riência em Contabilidade, sustentou seu parecer no item 47 da NBC TG 47 – Receita de Contrato com Cliente. Com base no enunciado, assinale a opção que apresenta o que deve estar certificado no parecer do expert.

a) O preço da transação é o valor total do contrato.
b) O preço da transação é o valor total que a empresa K recebeu da empresa X.
c) O preço da transação não inclui o valor do tributo indireto.
d) As opções "a" e "c" estão corretas.

47. (Cespe/TRE-BA/Analista Judiciário/Contabilidade/2017) Em maio de 2017, determinada companhia aberta recebeu, sem ônus, R$ 7.500.000 relativos à subvenção para investimentos no âmbito da Superintendência de Desenvolvimento do Nordeste (SUDENE) e da Superintendência de Desenvolvimento da Amazônia (SUDAM). Nessa situação hipotética, a companhia deve registrar a referida subvenção, na data da transação, em conta de

a) passivo.
b) receita.
c) reservas de incentivos fiscais.
d) reservas de capital.
e) outros resultados abrangentes.

(Cespe/Polícia Federal/Perito Criminal Federal/2018) Julgue o item que se segue, relativo ao registro de fatos contábeis típicos.

48. A avaliação do estoque de mercadorias de uma empresa pelo método do preço específico é feita por meio do cálculo do custo das mercadorias vendidas ao final do período de apuração, levando-se em conta a média ponderada dos valores de aquisição e do estoque inicial.

Texto 2A3AAA
As informações seguintes, em que os valores são expressos em reais, refere-se à determinado ente público

Saldo do balanço patrimonial (em 31/12/2016)

CONTAS DO ATIVO	VALORES (R$)
Caixa e equivalentes de caixa	5.400
Depósitos restituíveis e valores vinculados	3.700
Veículos	1.500
Imóveis	3.200
Equipamentos	400
Softwares	200
Depreciação acumulada	–200

CONTAS DO ATIVO	VALORES (R$)
Amortização acumulada	−100
Prêmios de seguros a apropriar	1.200
Tributos a receber (curto prazo)	2.100
Dívida ativa tributária (curto prazo)	1.500
Ajustes perdas créditos (curto prazo)	−300
CONTAS DO PASSIVO E PATRIMÔNIO LÍQUIDO	**VALORES (R$)**
Obrigações fiscais (curto prazo)	2.800
Financiamentos (longo prazo)	8.700
Provisões (longo prazo)	3.200
Fornecedores e contas a pagar (curto prazo)	2.100
Resultado acumulado	1.800

INGRESSOS OCORRIDOS DURANTE O EXERCÍCIO DE 2017	
1. Receitas orçamentárias	20.500
2. Transferências financeiras recebidas	650
Transferências recebidas independentes de execução orçamentária	650
3. Recebimentos extraorçamentários	3.100
Inscrição em restos a pagar processados	1.800
Depósitos restituíveis e valores vinculados	1.300

DISPÊNDIOS OCORRIDOS DURANTE O EXERCÍCIO DE 2017	
1. Despesas orçamentárias	15.500
2. Transferências financeiras concedidas	1.800
Transferências concedidas independentes de execução orçamentária	1.800
3. Pagamentos extraorçamentários	3.400
Pagamentos de restos a pagar processados	1.650
Pagamentos de restos a pagar não processados	450
Depósitos restituíveis e valores vinculados	1.300

Saldo em 31/12/2017 para o exercício seguinte (extraído do balanço financeiro)	12.650
Caixa e equivalentes de caixa	8.950
Depósitos restituíveis e valores vinculados	3.700

49. (Cespe/Sefaz-RS/Auditor/2018) Eventos ocorridos em 2017
    I – recebimento de dívida ativa tributária no valor de R$ 500;
    II – recebimento de tributos lançados no exercício anterior, no valor de R$ 300;
    III – venda de equipamentos usados por R$ 300, cujo valor de aquisição foi R$ 400 e cuja depreciação acumulada foi de R$ 50;
    IV – apropriação de seguros contratados no valor de R$ 500;
    V – aquisição de terreno para a construção de nova sede no valor de R$ 2.800;
    VI – construção de ponte no valor de R$ 600, com conclusão da obra no exercício;
    VII – amortização da dívida de longo prazo, no valor de R$ 600;
    VIII – depreciação e amortização do exercício, no valor de R$ 800 e R$ 100, respectivamente.

O valor do resultado financeiro do exercício de 2017, do ente mencionado no texto 2A3AAA foi de
a) R$ 8.950.
b) R$ 12.650.
c) R$ 3.550.
d) R$ 5.000.
e) R$ 8.050.

Texto 2A3AAA
No final do exercício de 2016, a prefeitura de determinado município apresentou as seguintes informações, extraídas dos seus balanços contábeis (valores em R$ mil):

Alienação de bens arrecadada	45
Alienação de bens prevista	40
Amortização da dívida empenhada	260
Amortização da dívida fixa	240
Amortização de empréstimos arrecadada	230
Amortização de empréstimos prevista	220
Aquisição de imóvel usado empenhado	200
Aquisição de imóvel usado fixado	200
Baixa de materiais de consumo	70
Cancelamento de dívida ativa	30
Cancelamento de restos a pagar	90

Contribuições arrecadadas	300
Contribuições previstas	310
Doações de bens	55
Investimentos empenhados	210
Investimentos fixados	260
Juros e encargos da dívida empenhados	115
Juros e encargos da dívida fixados	115
Multas arrecadados	25
Multas previstas	20
Operações de crédito arrecadada	340
Operações de crédito previstas	390
Outras despesas correntes empenhadas	120
Outras despesas correntes fixadas	200
Pessoal e encargos sociais empenhados	770
Pessoal e encargos sociais fixados	770
Receitas de aluguéis arrecadadas	170
Receitas de aluguéis previstas	170
Receitas de serviços arrecadadas	30
Receitas de serviços previstas	30
Receitas industriais arrecadadas	25
Receitas industriais previstas	25
Receitas tributárias arrecadadas	600
Receitas tributárias previstas	580

50. (Cespe/TRT 7ª Região (CE)/Analista Judiciário/Contabilidade/2017) Ao final do exercício de 2016, não houve inscrição de restos a pagar em relação às despesas empenhadas. No exercício de 2016, o resultado patrimonial da prefeitura citada no texto 2A3AAA foi
   a) superavitário em R$ 80.000.
   b) superavitário em R$ 145.000.
   c) deficitário em R$ 65.000.
   d) superavitário em R$ 25.000.

51. (FGV/AL-RO/Técnico de Contabilidade/2018) Em 02/07/2018, uma empresa de turismo vendeu um pacote para uma família passar as férias de janeiro de 2019, em Orlando. O valor foi pago integralmente em julho. Assinale a opção que indica o lançamento correto da transação, na data da venda.
    a) D – Caixa
       C – Receita
    b) D – Custos dos serviços prestados
       C – Receita
    c) D – Caixa
       C – Receita antecipada
    d) D – Custos dos serviços prestados
       C – Receita antecipada
    e) D – Caixa
       C – Resultado de Exercícios Futuros

RESPOSTAS

QUESTÃO	RESPOSTA	QUESTÃO	ARESPOSTA
1	A	27	D
2	B	28	B
3	B	29	B
4	E	30	B
5	D	31	A
6	C	32	A
7	C	33	B
8	E	34	C
9	A	35	D
10	D	36	B
11	E	37	D
12	A	38	A
13	D	39	B
14	C	40	E
15	A	41	D
16	C	42	A
17	B	43	B
18	D	44	B
19	A	45	E
20	B	46	C
21	E	47	B
22	C	48	E
23	A	49	C
24	C	50	A
25	D	51	C
26	A		

Capítulo 18
EXAME DE SUFICIÊNCIA 2016.1 – PROVA COMENTADA

1. Assinale a opção que representa a CORRETA associação entre o fato contábil e o seu registro no Balanço Patrimonial.
   a) A compra, a prazo, de mercadoria para revenda provoca um aumento no Ativo e uma redução no Passivo.
   b) A contratação de uma apólice de seguros, com pagamento a prazo, para cobertura de doze meses a transcorrer provoca um aumento no Ativo e um aumento no Passivo.
   c) A integralização de capital com bens para uso provoca um aumento no Ativo e uma redução no Patrimônio Líquido.
   d) O pagamento em dinheiro a fornecedores, decorrente de aquisição de mercadorias a prazo, provoca uma diminuição no Ativo e um aumento no Passivo.

   COMENTANDO A RESPOSTA:

   Alternativa A – INCORRETA, pois a compra de mercadorias aumenta o Ativo, com o ingresso do produto no estoque, e, se for a prazo, aumenta simultaneamente o passivo, com a entrada da obrigação correspondente. Caso seja feita à vista, ela reduz as disponibilidades (Ativo) e não o passivo, como está no enunciado.

   A letra "C" também está INCORRETA, porque a integralização de capital, por meio de qualquer bem, aumenta, ao mesmo tempo, o Ativo (pela entrada do bem) e o Patrimônio Líquido (pelo acréscimo do valor integralizado no capital social).

   A alternativa "D" está INCORRETA, pois o pagamento em dinheiro a fornecedores, decorrente de compra a prazo, reduz de fato o Ativo, com a retirada do valor disponível, mas diminui também o passivo, pelo zeramento ou decréscimo da obrigação.

A alternativa CERTA é a letra "B", pois o seguro, ao ser contratado, é contabilizado como direito e, como tal, aumentará o Ativo da entidade. Por outro lado, a obrigação gerada por sua aquisição a prazo aumentará sempre o passivo.

RESPOSTA B

2. O Departamento de Recursos Humanos de uma Sociedade Empresária apresentou os seguintes dados, extraídos da folha de pagamento de fevereiro de 2016 a ser paga no quinto dia útil do mês seguinte:

DESCRIÇÕES	VALORES
Salário-base do mês	R$ 1.500,00
INSS – parte do empregado	R$ 135,00
FGTS	R$ 120,00
Vale-transporte – parte do empregado	R$ 90,00

Considerando-se que não havia saldo remanescente dos períodos anteriores e com base nos dados apresentados, após os lançamentos contábeis pertinentes, o saldo líquido da conta Salários a Pagar, em 29 de fevereiro de 2016, é de:
a) R$ 1.365,00.
b) R$ 1.335,00.
c) R$ 1.275,00.
d) R$ 1.155,00.

COMENTÁRIO DA RESPOSTA: dos três encargos relacionados nesta questão, apenas o FGTS é recolhido pelo empregador. O INSS, no valor de R$ 135,00, e o vale-transporte, de R$ 90,00, são de responsabilidade do empregado e, portanto, descontados de seu salário bruto.

Dessa forma, o salário a pagar é R$ 1.500,00 – R$ 225,00 = R$ 1.275,00.

RESPOSTA C

3. Uma Sociedade Empresária apresentou, em 31.12.2015, antes da apuração do resultado do exercício, o seguinte Patrimônio Líquido:

CONTAS	SALDOS
Capital Subscrito	R$ 30.000,00
Reserva de Capital – Ágio na Emissão de Ações	R$ 3.000,00
Reserva Legal	R$ 5.838,00
Reserva Estatutária	R$ 930,00

O Lucro Líquido apurado em 31.12.2015 foi de R$ 8.300,00.

Nesse caso, de acordo com a Lei n. 6.404/76 e alterações posteriores, o valor a ser destinado no período, obrigatoriamente, para Reserva Legal é de:

a) R$ 162,00.
b) R$ 415,00.
c) R$ 2.300,00.
d) R$ 2.462,00.

COMENTANDO A RESPOSTA: o art. 193 da Lei n. 6.404/76 fixa os critérios técnicos para a constituição da reserva legal e os limites a que seu saldo pode chegar. Está definido no dispositivo supramencionado que essa espécie de reserva de lucro, embora seja *a priori* 5% (cinco por cento) do lucro líquido do exercício, estará sempre subordinada às seguintes condições:

1. Seu saldo não poderá ultrapassar 20% (vinte por cento) do capital social, que, no caso em apreço, é de R$ 30.000,00;

2. A reserva legal e reserva de capital, juntas, não podem ultrapassar 30% do capital social;

3. O art. 199 da mesma lei estabelece que as reservas legal, estatutária e orçamentária não poderão ultrapassar o valor total do capital social.

Analisemos, pois, a questão proposta, observando seus limites:

* 20% do capital da sociedade empresária constante do enunciado são R$ 6.000,00 (R$ 30.000,00 × 20%); e o saldo da reserva legal é R$ 5.838,00. Assim, R$ 6.000,00 – R$ 5.838,00 = R$ 162,00. Logo, este é o valor a ser constituído, considerando o primeiro limite.

* Sabemos, porém, que o saldo da reserva legal, acrescido da reserva de capital não pode ultrapassar 30% do capital social – o que, no caso em apreço, é R$ 9.000,00.

* R$ 5.838,00 (reserva legal) + R$ 3.000,00 (reserva de capital) = R$ 8.838,00. Assim, R$ 9.000,00 (30% do capital) – R$ 8.838,00 = R$ 162,00. As duas hipóteses, portanto, confirmam o valor de R$ 162,00 como margem para constituição de reserva legal no período (uma vez que o montante a que se refere o art. 199 está muito aquém do capital social).

RESPOSTA A

4. Uma Sociedade Empresária efetuou aplicação financeira em 1º.11.2015, para resgate em 31.1.2016, no valor de R$ 2.000.000,00, com taxa de 2% ao mês com capitalização composta.

Por ocasião do resgate, será retido Imposto de Renda na fonte à alíquota de 15% sobre o valor do rendimento da aplicação financeira, compensável como Imposto de Renda incidente sobre o lucro.

O banco forneceu a seguinte informação sobre o movimento da aplicação financeira:

MÊS	DESCRIÇÃO	MOVIMENTAÇÃO	SALDOS
1º.11.2015	Aplicação	R$ 2.000.000,00	R$ 2.000.000,00
30.11.2015	Rendimento da aplicação	R$ 40.000,00	R$ 2.040.000,00
31.12.2015	Rendimento da aplicação	R$ 40.800.00	R$ 2.080.800,00
31.1.2016	Rendimento da aplicação	R$ 41.616,00	R$ 2.122.416,00
31.1.2016	Imposto de Renda Retido Na Fonte – IRRF	(R$ 18.362,40)	R$ 2.104.053,60
31.1.2016	Resgate	(R$ 2.104.053,60)	R$ 0,00

Nessa Sociedade Empresária, o valor da receita financeira a ser reconhecida em janeiro de 2016, de acordo com as Normas Brasileiras de Contabilidade emanadas pelo Conselho Federal de Contabilidade, é de:
a) R$ 23.253,60.
b) R$ 41.616,00.
c) R$ 104.053,60.
d) R$ 122.416,00.

COMENTANDO A RESPOSTA: os rendimentos da aplicação descrita nesta questão estão demonstrados mês a mês no próprio enunciado. Estão expressos também o capital e o Imposto de Renda retido na fonte.

A receita financeira total bruta é R$ 122.416,00, o que pode induzir o candidato a escolher apressadamente a alternativa C. Entretanto, pelo princípio da competência, as receitas e despesas são reconhecidas nos períodos a que se referem. E a pergunta limita-se ao valor da receita financeira relativa a janeiro de 2016, que se restringe a R$ 41.616,00, como está discriminado na tabela que integra a questão.

RESPOSTA B

5. Uma Sociedade Empresária realizou as seguintes transações em janeiro de 2016: Aquisição de mercadorias para revenda, para pagamento em 20.2.2016, por R$ 180.000,00. Nesse valor estão incluídos: ICMS recuperável no valor de R$ 21.600,00; PIS recuperável no valor de R$ 2.970,00; e Cofins recuperável no valor de R$ 13.680,00.
Venda, à vista, de 50% das mercadorias adquiridas por R$ 160.000,00, com entrega imediata. Tributos sobre a venda: ICMS de R$ 19.200,00; PIS de R$ 2.640,00; e Cofins de R$ 12.160,00.
O Estoque de Mercadorias para Revenda no início do mês era igual a zero.
O resultado das transações dessa Sociedade Empresária, em janeiro de 2016, gerou um Lucro Bruto de:

a) R$ 89.125,00.
b) R$ 70.000,00.
c) R$ 55.125,00.
d) R$ 36.000,00.

COMENTANDO A RESPOSTA: cumpre esclarecer, inicialmente, que as compras de mercadorias são diminuídas dos tributos recuperáveis. Nesta questão, eles são: ICMS, PIS e Cofins.

As compras líquidas do período foram, portanto: R$ 180.000,00 – R$ 21.600,00 (ICMS) – R$ 2.970,00 (PIS) – R$ 13.680,00 = R$ 141.750,00.

Sabendo que a empresa vendeu a metade dessas compras, o custo da mercadoria vendida foi então de R$ 70.875,00 (50%); já que não existia estoque inicial.

Nas vendas, os mesmos tributos, com seus novos valores, são deduzidos da receita (deduções das vendas).

Dessa forma, o valor da venda efetuada foi: R$ 160.000,00 – R$ 19.200,00 (ICMS) – R$ 2.640,00 (PIS) – R$ 12.160,00 (Cofins) = R$ 126.000,00.

Logo:

Receita líquida de vendas .... R$ 126.000,00

– Custo da mercadoria vendida .... (R$ 70.875,00)

Lucro bruto .... R$ 55.125,00

RESPOSTA C

6. Uma Sociedade Empresária apresentou os seguintes dados extraídos da contabilidade referente ao ano de 2015:

Receita de Vendas	R$ 90.000,00
Variação positiva de Contas a Receber	R$ 60.000,00
Pagamento a fornecedores	R$ 20.000,00
Compra à vista de Ativo Imobilizado	R$ 15.000,00

A variação de Contas a Receber deveu-se única e exclusivamente a recebimentos de vendas de mercadorias efetuadas no período.

Com base nos dados apresentados, o caixa gerado nas atividades operacionais foi de:
a) R$ 10.000,00.
b) R$ 25.000,00.
c) R$ 40.000,00.
d) R$ 115.000,00.

COMENTANDO A RESPOSTA: as atividades operacionais questionadas são:

Receita de Vendas: R$ 90.000,00

Variação positiva (aumento) das contas a receber: R$ 60.000,00

Pagamento a fornecedores: R$ 20.000,00

A compra de Ativo Imobilizado configura investimento e, portanto, não integra o fluxo das operações.

Dessa forma, o caixa gerado nas atividades operacionais, conforme indagado na questão, é:

Receita de Vendas .... R$ 90.000,00

– Menos aumento das contas a receber (vendas a prazo) .... (R$ 60.000,00)

– Menos pagamento de fornecedores .... (R$ 20.000,00)

Caixa gerado .... R$ 10.000,00

RESPOSTA A

7. Uma Sociedade Empresária possui um único estabelecimento comercial. Em 31.1.2016, apresentou os seguintes saldos no seu balancete mensal referentes a registros de ICMS incidentes sobre compras e sobre vendas:

CONTA	SALDO	NATUREZA DO SALDO
ICMS a Recuperar	R$ 15.000,00	Devedor
ICMS a Recolher	R$ 10.000,00	Credor

De acordo com as informações apresentadas, é CORRETO afirmar que o registro contábil a ser efetuado para apuração do ICMS é:

a)	Débito:	ICMS a Recolher	R$ 15.000,00
	Crédito:	ICMS a Recuperar	R$ 15.000,00
b)	Débito:	ICMS a Recolher	R$ 10.000,00
	Crédito:	Caixa	R$ 10.000,00
c)	Débito:	ICMS a Recolher	R$ 5.000,00
	Crédito:	Caixa	R$ 5.000,00
d)	Débito:	ICMS a Recolher	R$ 10.000,00
	Crédito:	ICMS a Recuperar	R$ 10.000,00

COMENTANDO A RESPOSTA: tratando-se de imposto não cumulativo, o ICMS que a empresa comercial paga em cada compra, contabilizado a débito, será recuperado após a venda. Mensalmente, o profissional contábil faz a apuração desse imposto, confrontando o valor a recuperar (devedor) com o total a recolher (credor). A contabilização é feita debitando-se o ICMS a recolher, a crédito do ICMS a recuperar, pelo menor saldo existente nessas duas contas. Essa operação contábil objetiva zerar o menor dos dois para deixar no patrimônio apenas a diferença (devedora ou credora). No caso em questão, faz-se o lançamento da seguinte forma:

D – ICMS A RECOLHER .... R$ 10.000,00

C – ICMS A RECUPERAR .... R$ 10.000,00

(menor saldo entre os dois)

Com esse lançamento, o saldo do ICMS a recolher é zerado, restando R$ 5.000,00 na conta ICMS a recuperar, para ser compensado na etapa seguinte.

RESPOSTA D

8. Uma empresa rural adquiriu um trator por meio de arrendamento mercantil financeiro. No contrato de compra constam as seguintes condições:
   – Quantidade de prestações = 60
   – Valor mensal da prestação = R$ 5.000,00
   – Taxa de juros implícita no arrendamento mercantil = 1,5% ao mês
   A Contabilidade da empresa forneceu as seguintes informações:
   – Valor justo da máquina arrendada = R$ 195.000,00
   – Valor presente das prestações = R$ 196.901,35
   De acordo com a NBC TG 06 (R2) – Operações de Arrendamento Mercantil, no momento da aquisição do trator, o efeito líquido em um dos elementos do Balanço Patrimonial dessa empresa é de:
   a) R$ 300.000,00 no Passivo.
   b) R$ 105.000,00 no Passivo.
   c) R$ 196.901,35 no Ativo.
   d) R$ 195.000,00 no Ativo.

COMENTANDO A RESPOSTA: o reconhecimento inicial da operação de arrendamento mercantil, segundo o CPC 06, deve ser feito no balanço patrimonial como Ativo, com a correspondente obrigação no Passivo. Deve ser registrado pelo valor justo da propriedade arrendada ou pelo valor presente dos pagamentos do arrendamento mercantil, quando este for inferior ao valor justo. No caso em apreço, o valor justo do trator adquirido é R$ 195.000,00 e o valor presente, R$ 196.901,35. Assim, o valor justo (R$ 195.000,00) é o que deve ir a registro.

RESPOSTA D

9. Uma transportadora fez contrato de seguro para um de seus caminhões, cuja vigência é de 12 meses, com início em 1.12.2015. O caminhão está avaliado em R$ 360.000,00. O prêmio total, pago à vista e em parcela única, foi de R$ 18.000,00. O valor da franquia será de R$ 15.000,00.

Considerando-se o Regime de Competência e com base nos dados informados, o montante a ser apropriado como Despesa de Seguros, em dezembro de 2015, é de:

a) R$ 1.250,00.
b) R$ 1.500,00.
c) R$ 15.000,00.
d) R$ 18.000,00.

COMENTANDO A RESPOSTA: o enunciado desta questão indica o valor do caminhão segurado, bem como o valor, a vigência e a franquia do seguro. Ora, de todos esses elementos, apenas o valor e o prazo do seguro são considerados no cálculo. O princípio da competência determina que as despesas, como as receitas, devem ser apropriadas nos períodos aos quais se referem. Em questão temos, em última análise, um valor de R$ 18.000,00 (prêmio de seguro), vigente para 12 meses, dos quais apenas um mês pertence a 2015. Assim, o valor apropriado ao exercício de 2015 é:

R$ 18.000,00 : 12 meses = R$ 1.500,00.

RESPOSTA B

10. Um hotel adquiriu uma caldeira para o aquecimento da água a ser consumida pelos hóspedes e pagou por isso R$ 10.800,00 à vista. O fornecedor ficou responsável pela entrega do produto. Para a instalação da referida caldeira, o hotel pagou mais R$ 3.600,00. A caldeira tem vida útil estimada em 10 anos. O valor residual é estimado em R$ 2.400,00. A caldeira ficou pronta para uso em 1.8.2015. O hotel calcula a depreciação usando o Método Linear.

Com base nos dados informados, a despesa de depreciação da caldeira, no mês de agosto de 2015, é de:

a) R$ 70,00.
b) R$ 100,00.
c) R$ 120,00.
d) R$ 140,00.

COMENTANDO A RESPOSTA: o Valor depreciável de um bem, segundo as normas brasileiras de contabilidade (NBC TG 27), é igual a seu custo de aquisição mais impostos não recuperáveis e os custos inevitáveis para que ele seja posto em funcionamento (frete e instalação, por exemplo). Isso tudo menos seu valor residual (o quanto ele valerá depois de cumprido de seu tempo de vida útil).

No caso em apreço, o valor depreciável é:

R$ 10.800,00 (custo de aquisição) + R$ 3.600,00 (instalação) – R$ 2.400,00 (valor residual) = R$ 12.000,00.

Considerando que seu tempo de vida útil é 10 anos, assim será, pelo método linear, o cálculo de sua depreciação:

R$ 12.000,00 : 10 = R$ 1.200,00 (depreciação anual)

Depreciação do mês de agosto, conforme pedido na questão:

R$ 1.200,00 : 12 meses = R$ 100,00.

RESPOSTA B

11. Uma Sociedade Empresária iniciou suas atividades em janeiro de 2015. Ao final do ano, apresentou os saldos abaixo, após a destinação do resultado.

CONTAS	SALDOS
Ações de Emissão Própria em Tesouraria	R$ 2.197,00
Adiantamento Recebido de Clientes	R$ 4.827,00
Bancos conta Movimento	R$ 8.575,00
Capital a Integralizar	R$ 2.856,00
Capital Subscrito	R$ 34.330,00
Contas a Pagar	R$ 1.680,00
Depreciação Acumulada de Imóveis de Uso	R$ 6.020,00
Dividendos a Pagar	R$ 3.484,00
Duplicatas a Pagar	R$ 12.484,00
Duplicatas a Receber	R$ 10.605,00
Empréstimos a Pagar	R$ 17.867,00
Estoque de Mercadorias para Revenda	R$ 8.158,00
Imóveis de Uso	R$ 23.300,00
Impostos a Recolher	R$ 2.419,00
Investimentos em Coligadas	R$ 5.145,00
Marcas e Patentes	R$ 13.787,00
Propriedades para Investimento	R$ 7.923,00
Reserva Estatutária	R$ 3.243,00
Reserva Legal	R$ 1.400,00
Salários a Pagar	R$ 2.016,00
Títulos a Receber	R$ 7.224,00

Com base nos dados apresentados, ao final do ano o montante do Imobilizado é de:
a) R$ 17.280,00.
b) R$ 25.203,00.
c) R$ 29.320,00.
d) R$ 31.067,00.

COMENTANDO A RESPOSTA: o Ativo não circulante imobilizado é composto pelos bens corpóreos de propriedade e uso da empresa. No caso em apreço, apenas a conta Imóveis de uso, no valor de R$ 23.300,00, preenche esse requisito. Desse valor, porém, deve ser subtraída a depreciação acumulada no período – R$ 6.020,00 – conforme está expresso no enunciado. Assim, R$ 23.300,00 – R$ 6.020,00 = R$ 17.280,00.

RESPOSTA A

12. Uma Sociedade Empresária apresentou, em 31.12.2015, os seguintes saldos em suas contas de resultado, antes da apuração do resultado do período.

CONTAS	SALDOS EM 31.12.2015
Custo das Mercadorias Vendidas	R$ 154.575,00
Despesas Administrativas	R$ 86.121,00
Despesas com Vendas	R$ 77.288,00
Despesas Financeiras	R$ 15.458,00
Perdas com Operações Descontinuadas	R$ 48.581,00
Receita Bruta de Vendas	R$ 662.466,00
Receitas Financeiras	R$ 13.249,00
Tributos sobre Vendas	R$ 39.749,00
Vendas Canceladas	R$ 17.666,00

De acordo com NBC TG 26 (R3) – Apresentação das Demonstrações Contábeis, com base nos saldos apresentados e desconsiderando-se os aspectos tributários, é CORRETO afirmar que:
O Resultado Antes dos Tributos sobre o Lucro é de R$ 287.067,00.
O Resultado Antes das Receitas e Despesas Financeiras é de R$ 605.051,00.
O Lucro das Operações Continuadas é de R$ 236.277,00.
O Lucro Bruto é de R$ 450.476,00.

COMENTANDO A RESPOSTA: elaborando-se a Demonstração do Resultado do Exercício, conforme o art. 187 da Lei n. 6.404/76, ou Demonstração do Resultado do Período, segundo as Normas Brasileiras de Contabilidade, assim será:

CONTAS	SALDOS EM 31.12.2015
Receita Bruta de Vendas	R$ 662.466,00
Tributos sobre Vendas	R$ 39.749,00
Vendas Canceladas	R$ 17.666,00
RECEITA LÍQUIDA DAS VENDAS	R$ 605.051,00
Custo das Mercadorias Vendidas	R$ 154.575,00
LUCRO BRUTO	R$ 450.476,00
Despesas com Vendas	R$ 77.288,00
Despesas Administrativas	R$ 86.121,00
Despesas com Vendas	R$ 77.288,00
Despesas Financeiras	R$ 15.458,00
Receitas Financeiras	R$ 13.249,00
Lucro Operacional Líquido	
Perdas com Operações Descontinuadas	R$ 48.581,00
Tributos sobre Vendas	R$ 39.749,00
Vendas Canceladas	R$ 17.666,00

Logo na sexta linha, chegamos ao Lucro Bruto do período, o qual se obtém subtraindo-se o Custo da Mercadoria Vendida da Receita Líquida das Vendas. E o valor alcançado pela sociedade empresária, nesse item (lucro bruto), conforme se pode observar no demonstrativo acima, foi R$ 450.476,00.

RESPOSTA D

13. Com relação à Demonstração dos Lucros ou Prejuízos Acumulados – DLPA, julgue os itens abaixo como Verdadeiros (V) ou Falsos (F) e, em seguida, assinale a opção CORRETA.
    I. A Demonstração das Mutações do Patrimônio Líquido – DMPL poderá ser incluída na Demonstração dos Lucros ou Prejuízos Acumulados – DLPA, a qual é mais abrangente que a anterior.
    II. Quando a Entidade evidenciar o resultado e sua destinação nas Notas Explicativas, está desobrigada de publicar a Demonstração dos Lucros ou Prejuízos Acumulados – DLPA.
    III. A Demonstração dos Lucros ou Prejuízos Acumulados – DLPA discriminará, entre outros, o saldo do início do período, as reversões de reservas de lucro e o lucro líquido do exercício.
    A sequência CORRETA é:
    a) F, F, V.
    b) F, V, F.
    c) V, F, V.
    d) V, V, F.

COMENTANDO A RESPOSTA: o item I é falso, pois a Demonstração das Mutações do Patrimônio Líquido não pode ser incluída na Demonstração dos Lucros ou Prejuízos Acumulados, uma vez que esta se refere a apenas uma das contas da primeira. Ou seja, a DLPA é que está contida na DMPL, e não a situação oposta.

O item II é igualmente falso porque, conforme registramos no capítulo 9, o CPC PME prevê a dispensa dessa demonstração contábil na seguinte hipótese: "Se a DLPA, ao ser elaborada, não contiver alterações além do resultado, de pagamento de dividendos ou de outra forma de distribuição de lucro, correção de erros de períodos anteriores, e de mudanças de políticas contábeis". Não tem, pois, relação com a evidenciação de resultado em notas explicativas.

O item III está correto. Segundo a Lei n. 6.404/76 e as Normas Brasileiras de Contabilidade, "a Demonstração dos Lucros ou Prejuízos Acumulados – DLPA discriminará, entre outros, o saldo do início do período, as reversões de reservas de lucro e o lucro líquido do exercício".

RESPOSTA A

14. A Companhia A controla a Companhia B e detém 80% do capital desta. Com base nos dados abaixo, faça a consolidação do Balanço Patrimonial das duas companhias e, em seguida, assinale a opção CORRETA.
Informações adicionais:
Não existem lucros não realizados decorrentes e transações entre as duas companhias.
A Companhia A não possui investimento em outras companhias além da Companhia B.
As companhias A e B estabeleceram em seus respectivos estatutos um percentual maior que o mínimo estabelecido em lei para a destinação dos dividendos.

	CIA. A (R$)	CIA. B (R$)	AJUSTES	CONSOLIDADO
ATIVO	770.700,00	214.980,00		
Ativo Circulante	416.410,00	123.110,00		
Disponibilidades	41.240,00	13.310,00		
Duplicatas a Receber	139.280,00	44.720,00		
Impostos a Recuperar	1.170,00	0,00		
Dividendos a Receber de Investimentos Avaliados pelo Método de Equivalência Patrimonial	32.000,00	0,00		
Estoque de Mercadorias	202.720,00	65.080,00		

	CIA. A (R$)	CIA. B (R$)	AJUSTES	CONSOLIDADO
Ativo Não Circulante	354.290,00	91.870,00		
Realizável a Longo Prazo	40.800,00	13.100,00		
Duplicatas a Receber – Longo Prazo	40.800,00	13.100,00		
Investimentos	68.160,00	0,00		
Participação em Controlada	68.160,00	0,00		
Ativo Imobilizado	245.330,00	78.770,00		
Imóveis	290.380,00	93.220,00		
(–) Depreciação Acumulada	(45.050,00)	(14.450,00)		
PASSIVO	770.700,00	214.980,00		
Passivo Circulante	322.910,00	103.580,00		
Fornecedores	145.180,00	46.610,00		
Salários a Pagar	47.100,00	15.120,00		
Contas a Pagar	5.780,00	1.850,00		
Dividendos a Pagar	124.850,00	40.000,00		
Passivo Não Circulante	81.600,00	26.200,00		
Financiamentos – Longo Prazo	81.600,00	26.200,00		
Patrimônio Líquido	366.190,00	85.200,00		
Capital Social	250.000,00	76.350,00		
Reserva Legal	9.450,00	3.000,00		
Dividendos Adicionais Propostos	106.740,00	5.850,00		

Com base nos dados apresentados, é CORRETO afirmar que:
a) o Ativo Circulante Consolidado é de R$ 539.520,00.
b) o Ativo Não Circulante Consolidado é de R$ 446.160,00.
c) o Passivo Circulante Consolidado é de R$ 426.490,00.
d) o Patrimônio Líquido Consolidado é de R$ 383.230,00.

COMENTANDO A RESPOSTA: é importante ressaltar que eliminações dos saldos da Companhia B para fins de consolidação devem ser apenas de 80% do saldo total de cada conta, visto que essa é a participação da Companhia na Companhia B.

	Cia. A (R$)	Cia. B (R$)	Ajustes (R$)	Consolidado (R$)
ATIVO	770.700,00	214.980,00	(100.160,00)	885.520,00
Ativo Circulante	416.410,00	123.110,00	(32.000,00)	507.520,00
Disponibilidades	41.240,00	13.310,00		54.550,00
Duplicatas a Receber	139.280,00	44.720,00		184.000,00
Impostos a Recuperar	1.170,00	0,00		1.170,00
Dividendos a Receber de Investimentos Avaliados pelo Método de Equivalência Patrimonial	32.000,00		(32.000,00)	0,00
Estoque de Mercadorias	202.720,00	65.080,00		267.800,00
Ativo Não Circulante	354.290,00	91.870,00	(68.160,00)	378.000,00
Realizável a Longo Prazo	40.800,00	13.100,00	0,00	53.900,00
Duplicatas a Receber – Longo Prazo	40.800,00	13.100,00		53.900,00
Investimentos	68.160,00		(68.160,00)	0,00
Participação em Controlada	68.160,00		(68.160,00)	0,00
Ativo Imobilizado	245.330,00	78.770,00		324.100,00
Imóveis	290.380,00	93.220,00		383.600,00
(–) Depreciação Acumulada	(45.050,00)	(14.450,00)	(59.500,00)	
PASSIVO	770.700,00	214.980,00	(100.160,00)	885.520,00
Passivo Circulante	322.910,00	103.580,00	(32.000,00)	394.490,00
Fornecedores	145.180,00	46.610,00		191.790,00
Salários a Pagar	47.100,00	15.120,00		62.220,00
Contas a Pagar	5.780,00	1.850,00		7.630,00
Dividendos a Pagar	124.850,00	40.000,00	(32.000,00)	132.850,00
Passivo Não Circulante	81.600,00	26.200,00	0,00	107.800,00
Financiamentos – Longo Prazo	81.600,00	26.200,00		107.800,00
Patrimônio Líquido	366.190,00	85.200,00	(68.160,00)	383.230,00
Capital Social	250.000,00	76.350,00	(61.080,00)	265.270,00
Reserva Legal	9.450,00	3.000,00	(2.400,00)	10.050,00
Dividendos Adicionais Propostos	106.740,00	5.850,00	(4.680,00)	107.910,00

Fonte: <www.passeidireto.com>, acesso em: 6 julho 2016.

RESPOSTA D

15. Uma Sociedade Empresária apresentava para a Mercadoria A a seguinte Ficha de Controle de Estoques, referente ao período de 1º a 28 de janeiro de 2016:

FICHA DE CONTROLE DE ESTOQUE DA MERCADORIA A

Data	Histórico	Entradas			Saídas			Saldo		
		Qtd. (unid.)	Custo Unitário (R$)	Total (R$)	Qtd. (unid.)	Custo Unitário (R$)	Total (R$)	Qtd. (unid.)	Custo Unitário (R$)	Total (R$)
1.1	Saldo inicial							20	150,00	3.000,00
7.1	Aquisição	200	161,00	32.200,00				220	160,00	35.200,00
14.1	Venda				120	160,00	19.200,00	100	160,00	16.000,00
20.1	Aquisição	500	166,00	83.000,00				600	165,00	99.000,00
26.1	Venda				100	165,00	16.500,00	500	165,00	82.500,00
28.1	Aquisição	200	168,50	33.700,00				700	166,00	116.200,00

A Sociedade Empresária utiliza a Média Ponderada Móvel como critério de mensuração de estoques.

No dia 30 de janeiro, um cliente devolveu 10 unidades da Mercadoria A que haviam sido vendidas no dia 26 de janeiro de 2016.

Com base nos dados informados e desconsiderando-se a incidência de impostos, as unidades devolvidas serão acrescidas ao Estoque de Mercadorias ao custo unitário de:
a) R$ 150,00.
b) R$ 165,00.
c) R$ 166,00.
d) R$ 168,50.

COMENTANDO A RESPSOTA: trata-se de uma questão simples de apuração de estoque e mais simples ainda porque a forma pela qual a demanda foi formulada dispensa a própria elaboração da ficha de estoques. Independentemente do método de apuração, as unidades devolvidas pelos clientes voltarão para o estoque pelo preço unitário da sua venda. No caso em apreço, o enunciado destaca claramente que as unidades devolvidas em 30 de janeiro foram vendidas no dia 26 do mesmo mês. Ora, se o preço unitário registrado na referida venda foi R$ 165,00, obviamente por esse mesmo valor cada uma delas será reintegrada ao estoque da empresa.

RESPOSTA B

16. Assinale a opção que indica o evento cujo registro contábil aumenta simultaneamente o Ativo Circulante e o Passivo Circulante.
   a) Pagamento, em 20.11.2015, de prêmio de seguro com vigência de 1.1.2016 a 31.12.2016.

b) Aquisição, em 16.12.2015, de veículo para uso do setor de vendas, com pagamento para 2.2.2016.
c) Recebimento, em 30.12.2015, de adiantamento de cliente, por conta de serviço a ser prestado em 15.1.2016.
d) Apuração, em 31.1.2016, do ICMS devido no período, mediante compensação dos saldos a recolher e a recuperar.

COMENTANDO A RESPOSTA COM A ANÁLISE INDIVIDUAL DAS ALTERNATIVAS:

a) O pagamento antecipado de prêmio de seguro mantém inalterado o valor do Ativo circulante: com débito de Seguros a Vencer e crédito do mesmo valor nas disponibilidades – Caixa ou Bancos conta movimento.

b) Aquisição, a curto prazo, de veículo de uso aumenta o Ativo não circulante (imobilizado) e, simultaneamente, o Passivo circulante.

c) Recebimento de adiantamento de clientes, para contraprestação a curto prazo, aumenta simultaneamente o Ativo Circulante (entrada de dinheiro nas disponibilidades) e o Passivo Circulante (obrigação de prestar o serviço). Esta é, pois, a opção correta.

d) A apuração de ICMS confronta os valores do ICMS a recolher e ICMS a recuperar: o que tiver menor saldo será excluído de seu grupo; e o maior será mantido pela diferença. Dessa forma, os dois grupos (Ativo Circulante e Passivo Circulante) serão diminuídos – e não aumentados.

RESPOSTA C

17. De acordo com o que estabelece a NBC TG 26 (R3) – Apresentação das Demonstrações Contábeis, julgue as afirmações abaixo sobre Notas Explicativas como Verdadeiras (V) ou Falsas (F) e, em seguida, assinale a opção CORRETA.

I. Notas Explicativas contêm informação adicional em relação à apresentada nas demonstrações contábeis. As Notas Explicativas oferecem descrições narrativas ou segregações e aberturas de itens divulgados nessas demonstrações e informação acerca de itens que não se enquadram nos critérios de reconhecimento nas demonstrações contábeis.

II. A entidade não pode retificar políticas contábeis inadequadas por meio da divulgação das políticas contábeis utilizadas ou por meio de Notas Explicativas ou qualquer outra divulgação explicativa.

III. A entidade cujas Demonstrações Contábeis estão, na maior parte dos requisitos, em conformidade com as normas, interpretações e comunicados técnicos do Conselho Federal de Contabilidade deve declarar de forma explícita e sem reservas essa conformidade nas Notas Explicativas. Entende-se como atendida a maior parte dos requisitos quando setenta e cinco por cento das rubricas do Balanço Patrimonial e Demonstração do Resultado do Exercício estão de acordo com as normas, interpretações e comunicados técnicos do Conselho Federal de Contabilidade.

A sequência CORRETA é:
a) F, F, V.
b) F, V, F.
c) V, F, V.
d) V, V, F.

COMENTANDO A RESPOSTA

O item I do enunciado é verdadeiro, pois, segundo o item 7 do CPC 26, as "Notas explicativas contêm informação adicional em relação à apresentada nas demonstrações contábeis. As notas explicativas oferecem descrições narrativas ou segregações e aberturas de itens divulgados nessas demonstrações e informação acerca de itens que não se enquadram nos critérios de reconhecimento nas demonstrações contábeis".

O item II também é verdadeiro, com base no item 18 do CPC 26, que assim preceitua: "a entidade não pode retificar políticas contábeis inadequadas por meio da divulgação das políticas contábeis utilizadas ou por meio de notas explicativas ou qualquer outra divulgação explicativa".

O item III é falso, porque, segundo o item 16 do CPC 26, "a entidade não deve afirmar que suas demonstrações contábeis estão de acordo com esses pronunciamentos técnicos, Interpretações e Orientações a menos que cumpra todos os seus requisitos".

RESPOSTA D

18. Assinale a opção que apresenta apenas contas classificadas no Ativo Não Circulante.
    a) Ações de Emissão Própria em Tesouraria, Marcas e Patentes, Duplicatas a Receber a Longo Prazo.
    b) Duplicatas a Receber a Longo Prazo, Propriedades para Investimento e Imóveis de Uso.
    c) Imóveis de Uso, Ações de Emissão Própria em Tesouraria, Aplicações Financeiras de Liquidez Imediata.
    d) Marcas e Patentes, Aplicações Financeiras de Liquidez Imediata e Propriedades para Investimento.

COMENTANDO A RESPOSTA: analisemos, uma a uma, as alternativas.

a) A conta Ações de Emissão Própria em Tesouraria constitui conta redutora do patrimônio líquido – dado que torna inválida esta primeira opção.

b) As 3 contas apresentadas na alternativa B são classificadas no Ativo não circulante, nos subgrupos Realizável a longo prazo, Investimentos e Imobilizado, respectivamente.

c) A exemplo da alternativa A, a conta Ações de emissão própria em tesouraria constitui conta redutora do patrimônio líquido, o que invalida também a opção C.

d) A conta Aplicações financeiras de liquidez imediata, constante deste item, integra o Ativo circulante (disponibilidades), tornando, pois, inválida esta alternativa.

RESPOSTA B

19. Em fevereiro de 2016, uma Sociedade Empresária apresentava os seguintes dados a respeito de suas operações com mercadorias.

DATA	OPERAÇÕES
2.2.16	Estoque inicial de mercadorias: 80 unidades ao custo unitário de R$ 20,00.
10.2.16	Compra de mercadorias: 170 unidades ao preço total de R$ 6.000,00, nesse valor incluído o ICMS recuperável de 15%.
20.2.16	Venda de mercadorias: 200 unidades pelo preço total de R$ 8.000,00, com incidência de ICMS de 15%.
28.2.16	Compra de mercadorias: 50 unidades ao preço total de R$ 3.000,00, nesse valor incluído o ICMS recuperável de 15%.

A empresa utiliza Registro de Inventário Permanente. O estoque de mercadorias é avaliado pela Média Ponderada Móvel.

Com base nos dados informados, o valor do Custo das Mercadorias Vendidas no período é de:
a) R$ 1.340,00.
b) R$ 2.290,00.
c) R$ 3.890,00.
d) R$ 5.360,00

COMENTANDO A RESPOSTA: trata-se de uma questão prática de apuração de estoques, pelo método da média ponderada móvel, somente com uma operação de venda. Pode, pois, ser resolvida com uma única operação de multiplicação. Vejamos:

Estoque Inicial 80 unidades × R$ 20,00 = R$ 1.600,00.

1ª compra: 170 unidades pelo valor líquido de R$ 5.100,00

(R$ 6.000,00 – R$ 900,00 de ICMS, é recuperável)

Unidades totais: 250, pelo custo total de R$ 6.700,00

Preço unitário: R$ 6.700,00 : 250 unidades = R$ 26,80

CMV: 200 unidades vendidas × R$ 26.80 = R$ 5.360,00

Veja a apuração de estoques por este e outros métodos no capítulo 10 deste livro.

RESPOSTA D

20. Uma Sociedade Empresária comercial realizou aquisição de mercadorias para revenda.

    Em seus registros constam os seguintes dados relacionados aos itens adquiridos:

DESCRIÇÃO	VALOR
Fretes sobre a compra das mercadorias	R$ 400,00
Gastos com divulgação	R$ 100,00
Gastos estimados necessários para se concretizar a venda	R$ 300,00
Preço de venda	R$ 1.600,00
Tributos adicionais decorrentes da aquisição das mercadorias, não recuperáveis e não incluídos no valor de aquisição	R$ 200,00
Tributos recuperáveis incluídos no valor de aquisição das mercadorias	R$ 170,00
Valor de aquisição das mercadorias	R$ 1.000,00

De acordo com a NBC TG 16 (R1) – Estoques, o custo de aquisição dessas mercadorias é de:
a) R$ 1.300,00.
b) R$ 1.430,00.
c) R$ 1.530,00.
d) R$ 1.600,00.

COMENTANDO A RESPOSTA: o custo dos estoques inclui o valor de aquisição, subtraído dos tributos recuperáveis e acrescido dos fretes e dos tributos não recuperáveis. No caso em apreço, temos o Valor de aquisição de R$ 1.000,00

– Tributos recuperáveis: (R$ 170,00)

+ Frete: R$ 400,00

+ Tributos adicionais não recuperáveis: R$ 200,00

O custo de aquisição dessa mercadoria é, pois:

R$ 1.000,00 – R$ 170,00 + R$ 400,00 + R$ 200,00.

TOTAL: R$ 1.430,00

RESPOSTA B

21. Uma Sociedade Empresária apresentou as seguintes informações a respeito de suas operações com mercadorias:

DISCRIMINAÇÃO	VALOR
Abatimentos sobre compras	R$ 7.000,00
Abatimentos sobre vendas	R$ 10.000,00
Valor total de aquisição das mercadorias	R$ 90.000,00
Desconto financeiro concedido	R$ 3.000,00
Desconto financeiro obtido	R$ 4.000,00
Fretes sobre compras	R$ 5.000,00
Fretes sobre vendas	R$ 8.000,00
Receita bruta de vendas	R$ 180.000,00
Tributos sobre compras – recuperáveis e incluídos no valor de aquisição	R$ 6.000,00
Tributos sobre vendas	R$ 30.000,00

Considere que todos os itens adquiridos foram vendidos no mesmo período e que não havia estoques de mercadorias no início do período.

Diante apenas das informações apresentadas, e de acordo com o disposto na Lei n. 6.404/76, o Lucro Bruto é de:

a) R$ 50.000,00.
b) R$ 51.000,00.
c) R$ 58.000,00.
d) R$ 59.000,00.

COMENTANDO A RESPOSTA: trata-se aqui de uma prática simples de apuração de resultado que requer somente a classificação correta dos elementos em devedores e credores.

Temos incialmente uma receita de vendas no valor de R$ 180.000,00, que deve ser subtraída de suas deduções (abatimentos sobre vendas: R$ 10.000,00 e tributos sobre vendas: R$ 30.000,00). Receita líquida: R$ 140.000,00.

Desse item, diminui-se o Custo da Mercadoria Vendida, que, no caso, compõe-se de: Compras (R$ 90.000,00) – tributos recuperáveis (R$ 6.000,00) – menos abatimentos sobre compras (R$ 7.000,00) + fretes sobre compras (R$ 5.000,00).

O CMV é, portanto, R$ 82.000,00.

Para se chegar ao lucro bruto, basta subtrair o CMV da Receita Líquida. Os demais itens propostos na questão compõem as Despesas de Vendas e Despesas Financeiras, deduzidas da receita financeira. Na estrutura da DRE, esses grupos ocupam espaço abaixo do lucro bruto e dele devem ser subtraídos para chegar ao lucro operacional líquido.

Apuremos, pois, o resultado do período, estruturando a DRE nos termos do art. 187 da Lei n. 6.404/76:

DISCRIMINAÇÃO	VALOR
Receita bruta de vendas	R$ 180.000,00
Abatimentos sobre vendas	(R$ 10.000,00)
Tributos sobre vendas	(R$ 30.000,00)
Receita líquida das vendas	R$ 140.000,00
CMV (compras .... R$ 90.000,00 – tributos recuperáveis .... R$ 6.000,00 – abatimentos sobre compras ..... R$ 7.000,00 + fretes sobre compras .... R$ 5.000,00	(R$ 82.000,00)
LUCRO BRUTO	R$ 58.000,00

Veja o conceito, a composição e a estrutura da DRE no capítulo 6 deste livro.

RESPOSTA C

22. Uma indústria que fabrica três modelos de mesas apresentou, em um determinado período, os saldos de gastos abaixo:

ITENS	SALDOS
Aluguel do escritório comercial	R$ 38.400,00
Comissões sobre vendas	R$ 192.000,00
Depreciação de máquina utilizada na fabricação dos três modelos de mesa	R$ 89.600,00
ICMS sobre vendas	R$ 384.000,00
Mão de obra direta	R$ 140.800,00
Mão de obra indireta	R$ 102.400,00
Material direto de embalagem utilizado na produção	R$ 25.600,00
Matéria-prima consumida	R$ 345.000,00
Aluguel da fábrica – Setor de produção	R$ 76.800,00
Salário dos vendedores	R$ 12.800,00

Com base nos saldos apresentados e considerando-se como objeto de custeio os produtos, o valor total dos Custos Indiretos é:

a) R$ 243.200,00.
b) R$ 268.800,00.
c) R$ 332.800,00.
d) R$ 345.600,00.

COMENTÁRIO DA RESPOSTA: dos itens arrolados nesta questão, apenas três classificam-se como custos indiretos. São eles:

Depreciação de máquina utilizada na fabricação dos três modelos de mesa	R$ 89.600,00
Mão de obra indireta	R$ 102.400,00
Aluguel da fábrica – Setor de produção	R$ 76.800,00

Esses três itens totalizam R$ 268.800,00.

Veja, a propósito, os conceitos de custos diretos e indiretos a partir do capítulo 11 deste livro.

RESPOSTA B

23. Uma Sociedade Industrial produz e comercializa dois produtos: Produto A e Produto B.
Durante o mês de fevereiro, apresentou os seguintes saldos dos Custos Diretos:

	PRODUTO A	PRODUTO B	TOTAL
Matéria-prima	R$ 25.000,00	R$ 5.000,00	R$ 30.000,00
Material Consumido	R$ 7.000,00	R$ 11.000,00	R$ 18.000,00
Custos Diretos	R$ 32.000,00	R$ 16.000,00	R$ 48.000,00

Durante o mesmo mês, foram produzidas e acabadas 800 unidades do Produto A e 200 unidades do Produto B. No mês houve os seguintes Custos Indiretos adicionais:

Depreciação do Período	R$ 4.800,00
Energia Elétrica	R$ 19.200,00
Total	R$ 24.000,00

A empresa adota método de Custeio por Absorção e faz o rateio dos Custos Indiretos aos produtos com base na quantidade produzida e acabada de cada produto no mês.
Com base nos dados apresentados, o Custo Unitário do Produto A no mês de fevereiro é de:
a) R$ 40,00.
b) R$ 60,00.

c) R$ 64,00.
d) R$ 65,00.

COMENTANDO A RESPOSTA: conforme pode ser estudado no capítulo 12 deste livro, no sistema denominado custeio por absorção – escolhido pela banca –, todos os custos são apropriados ao produto, ou seja, fixos e variáveis, diretos e indiretos.

A par desse conhecimento, calcula-se assim o preço unitário do produto A, objeto da pergunta:

Total dos custos diretos empregados na fabricação do produto: R$ 32.000,00

Custos indiretos proporcionais às 800 unidades produzidas: R$ 19.200,00

(R$ 24.000,00 : 1.000 unidades totais × 800 unidades produto A)

Total dos custos relativos ao produto A: R$ 51.200,00

Preço unitário: R$ 51.200,00 : 800 unidades: R$ 64,00.

RESPOSTA C

24. Em relação à apuração dos custos por produto, considerando-se uma determinada capacidade instalada, classifique os custos a seguir como fixos ou variáveis e, em seguida, assinale a opção CORRETA.
   I. Custo com material de embalagem componente do produto.
   II. Custo com depreciação das máquinas, apurada pelo Método Linear.
   III. Custo com salário e encargos do supervisor da produção, a quem estão subordinadas as equipes responsáveis pela fabricação de três tipos de produto, todos produzidos no período.

A sequência CORRETA é:
a) Fixo, Fixo, Variável.
b) Fixo, Variável, Variável.
c) Variável, Fixo, Fixo.
d) Variável, Variável, Fixo.

COMENTANDO A RESPOSTA: analisemos a classificação técnica de cada um dos itens.

I. Material de embalagem é usado em proporção direta à produção, tendo, portanto, consumo variável.

II. A depreciação das máquinas é calculada e contabilizada em cada período, independentemente das quantidades produzidas. É, portanto, custo fixo.

III. O salário e encargos do supervisor da produção são pagos continuamente, sem nenhuma relação com o volume produzido. Também é um custo fixo.

RESPOSTA C

25. As receitas do setor público são classificadas em duas categorias econômicas: as Receitas Correntes e as Receitas de Capital. As Receitas Correntes correspondem a:
   a) receitas de contribuições, patrimonial, agropecuária, industrial, de serviços, tributária e outras e, ainda, as provenientes de recursos financeiros recebidos de outras pessoas de direito público ou privado, quando destinadas a atender despesas classificáveis em Despesas Correntes.
   b) receitas provenientes da realização de recursos financeiros oriundos de constituição de dívidas; da conversão, em espécie, de bens e direitos.
   c) recursos recebidos de outras pessoas de direito público ou privado, destinados a atender despesas classificáveis em Despesas de Capital.
   d) recursos recebidos de outras pessoas de direito público ou privado, destinados a atender receitas classificáveis em Receitas de Capital, e ainda o superávit do Orçamento Corrente.

   COMENTANDO A RESPOSTA: a alternativa A é uma citação direta (literal) do art. 11, § 1º, da Lei n. 4.320/1964. Portanto, é ela a opção correta.

   Vejamos como está redigido o dispositivo legal supramencionado e o comparemos com os termos propostos no enunciado.

   O art. 11, § 1º, da Lei n. 4.320/1964 define receita corrente como as receitas tributária, de contribuições, patrimonial, agropecuária, industrial, de serviços e outras, bem como as provenientes de recursos financeiros recebidos de outras pessoas de direito público ou privado, quando destinadas a atender despesas classificáveis em Despesas Correntes.

   RESPOSTA A

26. ANULADA.

27. Considerando-se a Lei n. 4.320/64, a Lei Complementar n. 101/2000 e as Normas Brasileiras de Contabilidade Aplicadas ao Setor Público, em relação às Demonstrações Contábeis Aplicadas ao Setor Público, assinale a opção INCORRETA.
   a) A Demonstração das Variações Patrimoniais evidencia as alterações verificadas no patrimônio, resultantes ou independentes da execução orçamentária, e indica o resultado patrimonial do exercício.
   b) A redução por dividendos, o acréscimo por doações e subvenções para investimentos recebidos e o acréscimo por subscrição e integralização de capital são exemplos de itens que afetam o Patrimônio Líquido e o Ativo e Passivo conjuntamente, apresentados na Demonstração das Mutações do Patrimônio Líquido.

c) O Balanço Financeiro demonstra receitas e despesas previstas em confronto com as realizadas em sua estrutura; evidencia as receitas e as despesas orçamentárias por categoria econômica; confronta o orçamento inicial e as suas alterações com a execução; demonstra o resultado orçamentário; e discrimina as receitas por fonte e as despesas por grupo de natureza.

d) O Balanço Patrimonial demonstra o Ativo Financeiro, o Ativo Permanente, o Passivo Financeiro, o Passivo Permanente, o Saldo Patrimonial e as Contas de Compensação.

COMENTANDO A RESPOSTA: vejamos o que estabelece a Lei n. 4.320/64 sobre as "Demonstrações Contábeis Aplicadas ao Setor Público". Segue a análise das alternativas, pela ordem:

a) Alternativa correta. Corresponde ao texto do art. 104: "A Demonstração das Variações Patrimoniais evidenciará as alterações verificadas no patrimônio, resultantes ou independentes da execução orçamentária, e indicará o resultado patrimonial do exercício".

b) Alternativa correta. Todos os itens relacionados afetam o patrimônio líquido e, uma vez existentes na entidade, "podem ser apresentados na Demonstração das Mutações do Patrimônio Líquido".

c) Alternativa incorreta. Segundo o art. 103 da Lei n. 4.320/64, "o Balanço Financeiro demonstrará a receita e a despesa orçamentárias", e não "receitas e despesas previstas em confronto com as realizadas", como está no enunciado. Esses termos referem-se ao balanço orçamentário. Veja, a propósito, este dispositivo:

Art. 102. O Balanço Orçamentário demonstrará as receitas e despesas previstas em confronto com as realizadas.

d) Alternativa correta. Está no art. 105: "O Balanço Patrimonial demonstrará: I – o Ativo Financeiro; II – o Ativo Permanente; III – o Passivo Financeiro; IV – o Passivo Permanente; V – o Saldo Patrimonial; VI – as Contas de Compensação".

RESPOSTA C

28. A quantidade de produto, no Ponto de Equilíbrio Contábil, é aumentada quando:
a) a empresa aumenta o custo fixo e o restante permanece constante.
b) a empresa aumenta o preço de venda unitário do produto e o restante permanece constante.
c) a empresa diminui o custo fixo e o restante permanece constante.
d) a empresa diminui o custo variável unitário do produto e o restante permanece constante.

COMENTANDO A RESPOSTA: ponto de equilíbrio pode ser definido como a quantidade de produtos que a empresa necessita vender para cobrir todos os custos e despesas fixos incorridos no período. Logo, "se a empresa aumenta os custos fixos e o restante permanece constante", como propõe a alternativa A, a quantidade do produto precisa ser aumentada.

RESPOSTA A

29. Uma Sociedade Empresária apresentou os seguintes índices, calculados a partir dos dados de suas demonstrações contábeis, para os anos de 2014 e 2015:

ÍNDICE	FÓRMULA DE CÁLCULO	2014	2015
Rentabilidade do Ativo	Lucro Líquido/Ativo Total	18,75%	18,76%
Rentabilidade do Patrimônio Líquido	Lucro Líquido/Patrimônio Líquido	26,79%	28,13%
Endividamento	Capital de Terceiros /Patrimônio Líquido	42,90%	50,00%
Giro do Ativo	Vendas Líquidas/Ativo Total	1,25	1,55
Margem Líquida	Lucro Líquido/Vendas Líquidas	15,00%	12,10%
Liquidez Corrente	Ativo Circulante/Passivo Circulante	1,43	1,22

Considerando-se os índices apresentados, conforme fórmula de cálculo expressa no quadro anterior, é CORRETO afirmar que:

a) a redução na Liquidez Corrente em conjunto com o aumento na Rentabilidade do Patrimônio Líquido explicam a redução na Margem Líquida.
b) a redução na Margem Líquida de 2015, em relação ao ano anterior, foi compensada pelo aumento no Giro do Ativo, o que manteve a Rentabilidade do Ativo aproximadamente a mesma.
c) o aumento no Endividamento de 2015, em relação ao ano anterior, foi compensado pela redução na Liquidez Corrente, o que manteve a Rentabilidade do Ativo aproximadamente a mesma.
d) o aumento no Giro do Ativo em conjunto com o aumento na Rentabilidade do Patrimônio Líquido explicam a redução na Margem Líquida.

COMENTANDO A RESPOSTA: questão de análise das demonstrações contábeis, com interpretação dos indicadores econômico-financeiros. Vamos, pois, ao exame particularizado das alternativas.

a) A redução na liquidez corrente em conjunto com o aumento na rentabilidade do patrimônio líquido não explicam a redução na margem líquida. Não há relação direta entre esses índices. Pelo contrário, a redução da margem líquida pode, em certas circunstâncias, ocasionar diminuição na rentabilidade de grupos como o patrimônio líquido.

b) A redução na margem líquida de 2015 em relação ao ano anterior foi compensada – sim – pelo aumento no giro do ativo, o que manteve a rentabilidade do ativo aproximadamente a mesma. Ou seja, 18,75% em 2014 e 18,76% em 2015.

c) O aumento no endividamento de 2015, em relação ao ano anterior, não foi compensado pela redução na liquidez corrente. Aumento de endividamento pode, sim, diminuir a liquidez corrente e não compensá-la.

d) O aumento no giro do ativo em conjunto com o aumento na rentabilidade do patrimônio líquido não explicam a redução na margem líquida. A recíproca, porém, em alguns casos, é verdadeira.

RESPOSTA B

30. Uma Sociedade Empresária apresentou, em 31.12.2015, os seguintes dados do Balanço Patrimonial:

BALANÇO PATRIMONIAL EM 31.12.2015

ATIVO		PASSIVO	
Ativo Circulante	R$ 65.000,00	Passivo Circulante	R$ 33.000,00
Caixa	R$ 9.000,00	Duplicatas a Pagar	R$ 8.000,00
Bancos Conta Movimento	R$ 15.000,00	Títulos a Pagar	R$ 7.000,00
Duplicatas a Receber	R$ 18.000,00	Financiamentos Bancários	R$ 18.000,00
Mercadorias para Revenda	R$ 23.000,00	Passivo Não Circulante	R$ 12.000,00
Ativo Não Circulante	R$ 30.000,00	Financiamentos Bancários	R$ 12.000,00
Ativo Realizável a Longo Prazo	R$ 10.000,00	Patrimônio Líquido	R$ 50.000,00
Imobilizado	R$ 20.000,00	Capital Subscrito	R$ 40.000,00
		Reserva Legal	R$ 1.000,00
		Reserva para Contingências	R$ 9.000,00
TOTAL DO ATIVO	R$ 95.000,00	TOTAL DO PASSIVO	R$ 95.000,00

A partir desse Balanço Patrimonial, é CORRETO afirmar que:
a) a Liquidez Corrente é, aproximadamente, de 1,67.
b) a Liquidez Geral é, aproximadamente, de 0,73.
c) a Liquidez Imediata é, aproximadamente, de 1,97.
d) a Liquidez Seca é, aproximadamente, de 1,27.

COMENTANDO A RESPOSTA: outra questão de análise das demonstrações contábeis, restrita ao balanço patrimonial. Estudemos, pois, as alternativas.

a) A liquidez corrente (AC : PC) é de, aproximadamente, 1,97, e não de 1,67.

b) A Liquidez Geral (AC + ARLP : PC + PNC) é de, aproximadamente, 1,67, e não de 0,73.

c) A Liquidez Imediata (DISPONÍVEL : PC) é de, aproximadamente, 0,73, e não de 1,97.

d) A Liquidez Seca (AC – ESTOQUES : PC) é de, aproximadamente, 1,27.

RESPOSTA D

31. Uma Sociedade Empresária que realiza seus registros de acordo com as Normas Brasileiras de Contabilidade aplicou, em 1º.12.2015, a importância de R$ 144.580,00 em um banco, a uma taxa de juros compostos de 2% ao mês, cujo resgate ocorreu em 28.2.2016, no valor de R$ 153.429,45.

Com base nessas informações, considerando-se o mês comercial de 30 dias e desconsiderando-se os efeitos tributários, o valor que a sociedade apropriou como receita financeira, em 31.12.2015, é de:

a) R$ 2.891,60.
b) R$ 2.949,81.
c) R$ 5.899,63.
d) R$ 8.849,45.

COMENTANDO A RESPOSTA: não obstante o enunciado preconize juros compostos para um período de três meses (de 10.12.2015 a 28.02.2016), a receita financeira (a ser apropriada) refere-se apenas ao mês 12 de 2015. Assim, a operação matemática restringe-se ao cálculo de juros simples, com a taxa de 2% sobre o capital aplicado no início do mês (R$ 144.580,00).

Este é o cálculo a ser feito: R$ 144.580,00 × 2% = R$ 2.891,60.

RESPOSTA A

32. Uma Sociedade Empresária optou por liquidar, antecipadamente, o valor da indenização de vida ao sócio excluído do quadro societário, prevista originalmente para ser paga ao final de 12 meses, a contar da data da exclusão do sócio, cujo montante seria de R$ 96.882,69.

Considerando-se os dados acima, com base na taxa de juros compostos de 0,85% ao mês, o valor presente a ser pago é de, aproximadamente:

a) R$ 87.000,66.
b) R$ 87.449,80.
c) R$ 87.525,65.
d) R$ 97.706,19.

COMENTANDO A RESPOSTA: a questão envolve, ao mesmo tempo, juros compostos e valor presente. Valor presente é o valor atual de certo valor futuro descontado a uma taxa determinada.

A questão em exame diz respeito à liquidação antecipada de uma indenização "prevista originalmente para ser paga ao final de 12 meses (...) cujo montante seria de R$ 96.882,69".

O cálculo parece difícil, a princípio, mas pode ser facilmente solucionado mediante a aplicação de uma fórmula e o manuseio de uma calculadora científica comum. Eis, inicialmente, a fórmula e, em seguida, a resolução:

Fórmula
VP = VF : (1+i)n
VP – valor presente
VF – valor futuro
I – taxa
N – expoente

Cálculo:
VP = R$ 96.882,69 / (1 + 0,085/100)12
VP = R$ 87.525,65

RESPOSTA C

33. De acordo com o Código Tributário Nacional, quanto a Obrigações, Fato Gerador, Sujeito Ativo e Passivo, julgue as afirmações abaixo como Verdadeiras (V) ou Falsas (F) e, em seguida, assinale a opção CORRETA.
    I. Fato gerador da obrigação principal é a situação definida em lei como necessária e suficiente para a sua ocorrência.
    II. Sujeito ativo é a pessoa a quem cabe realizar o pagamento do montante do débito, mesmo se a obrigação for principal ou acessória.
    III. A obrigação tributária principal corresponde a sujeitar-se à atividade de fiscalização exercida pelo ente tributante.
    IV. O sujeito passivo da obrigação principal diz-se contribuinte quando tem relação pessoal e direta com a situação que constitua o respectivo fato gerador.
    A sequência CORRETA é:
    a) F, F, V, V.
    b) F, V, F, V.
    c) V, F, F, V.
    d) V, F, V, F.

COMENTANDO A RESPOSTA:

I. O Item I é verdadeiro, pois expressa a real definição do elemento essencial do tributo chamado fato gerador.

II. Esse item é falso, visto que sujeito ativo é o ente jurídico com poderes para instituir e cobrar tributos, e não a pessoa com o dever de pagá-los.

III. Falso. Segundo o art. 113, § 1º, do Código Tributário Nacional, "a obrigação principal surge com a ocorrência do fato gerador, tem por objeto o pagamento de tributo ou penalidade pecuniária e extingue-se juntamente com o crédito dela decorrente".

IV. Item verdadeiro, porque o sujeito passivo da obrigação principal diz-se contribuinte quando tem relação pessoal e direta com a situação que constitua o respectivo fato gerador.

RESPOSTA C

34. De acordo com a Consolidação das Leis do Trabalho – CLT, no que se refere à remuneração de férias, julgue os itens abaixo como Verdadeiros (V) ou Falsos (F) e, em seguida, assinale a opção CORRETA.
    I. Quando o salário for pago por hora com jornadas variáveis, a remuneração de férias será apurada pela média do período aquisitivo, e será aplicado o valor do salário na data da concessão das férias.
    II. Quando o salário for pago por tarefa, a remuneração de férias será apurada com base na média da produção no período aquisitivo do direito a férias, e será aplicado o valor da remuneração da tarefa na data da concessão das férias.
    III. Quando o salário for pago por percentagem, comissão ou viagem, a remuneração de férias será apurada pela média percebida pelo empregado nos dezoito meses que precederem a concessão das férias.

A sequência CORRETA é:
a) F, F, V.
b) F, V, F.
c) V, F, V.
d) V, V, F.

COMENTANDO A RESPOSTA: vejamos o que a CLT estabelece sobre o tema.

Art. 142, § 1º – Quando o salário for pago por hora com jornadas variáveis, apurar-se-á a média do período aquisitivo, aplicando-se o valor do salário na data da concessão das férias. (Incluído pelo Decreto-lei n. 1.535, de 13.4.1977)

O item I é, portanto, verdadeiro.

O item II também é verdadeiro. Conforme o § 2º do art. 142, "quando o salário for pago por tarefa tomar-se-á por base a média da produção no período aquisitivo do direito a férias, aplicando-se o valor da remuneração da tarefa na data da concessão das férias" (Incluído pelo Decreto-lei n. 1.535, de 13.4.1977).

O item III é falso, pois o § 3º do mesmo artigo diz: "quando o salário for pago por percentagem, comissão ou viagem, apurar-se-á a média percebida pelo empregado nos 12 (doze) meses que precederem à concessão das férias" (incluído pelo Decreto-lei n. 1.535, de 13.4.1977), e não 18 meses, como está no enunciado.

RESPOSTA D

35. ANULADA.

36. De acordo com a NBC TG Estrutura Conceitual – Estrutura Conceitual para Elaboração e Divulgação de Relatório Contábil-Financeiro, no que se refere à posição patrimonial e financeira, assinale a opção INCORRETA.
   a) Ativo é um recurso controlado pela entidade como resultado de eventos passados e do qual se espera que fluam futuros benefícios econômicos para a entidade.
   b) Passivo é uma obrigação presente da entidade, derivada de eventos passados, cuja liquidação se espera que resulte na saída de recursos da própria entidade capazes de gerar benefícios econômicos.
   c) Patrimônio Líquido é o interesse residual nos ativos da entidade depois de deduzidos todos os seus passivos.
   d) Receitas são aumentos nos benefícios econômicos durante o período contábil que resultam em diminuições do Patrimônio Líquido e que estão relacionados com a contribuição dos detentores dos instrumentos patrimoniais.

   COMENTANDO A RESPOSTA: conforme o CPC 00 (R1) – Estrutura Conceitual para Elaboração e Divulgação de Relatório Contábil-Financeiro, as "receitas são aumentos nos benefícios econômicos durante o período contábil sob a forma da entrada de recursos ou do aumento de ativos ou diminuição de passivos, que resultam em aumentos do patrimônio líquido, e que não estejam relacionados com a contribuição dos detentores dos instrumentos patrimoniais".

   A alternativa D atribui às receitas o papel de *diminuir* o patrimônio líquido, o que seria verdadeiro para *despesas*, e não para *receitas*.

   RESPOSTA D

37. De acordo com a NBC TG Estrutura Conceitual – Estrutura Conceitual para Elaboração e Divulgação de Relatório Contábil-Financeiro, é INCORRETO afirmar que:
   a) as características qualitativas fundamentais são comparabilidade, verificabilidade, tempestividade e compreensibilidade, pois tornam a informação útil. A utilidade da informação contábil-financeira é melhorada se ela for relevante e representar com fidedignidade o que se propõe a representar. Portanto, relevância e representação fidedigna são características qualitativas de melhoria.
   b) a informação contábil-financeira relevante é aquela capaz de fazer diferença nas decisões que possam ser tomadas pelos usuários. A informação pode ser capaz de fazer diferença em uma decisão mesmo no caso de alguns usuários decidirem não a levar em consideração, ou já tiverem tomado ciência de sua existência por outras fontes.

c) as características qualitativas de melhoria podem também auxiliar a determinar qual de duas alternativas, que sejam consideradas equivalentes em termos de relevância e fidedignidade de representação, deve ser usada para retratar um fenômeno.
d) a informação contábil-financeira é capaz de fazer diferença nas decisões se tiver valor preditivo, valor confirmatório ou ambos. A informação contábil- financeira tem valor preditivo se puder ser utilizada como dado de entrada em processos empregados pelos usuários para predizer futuros resultados.

COMENTANDO A RESPOSTA: a única alternativa com texto incompatível com a NBC TG Estrutura Conceitual – Estrutura Conceitual para Elaboração e Divulgação de Relatório Contábil-Financeiro é a A. Segundo a norma, "as características qualitativas fundamentais" são relevância, materialidade e representação fidedigna. Por outro lado, comparabilidade, verificabilidade, tempestividade e compreensibilidade são características qualitativas de melhoria.

RESPOSTA A

38. De acordo com a NBC TG 04 (R3) – Ativo Intangível, em relação à amortização de ativos intangíveis com vida útil definida, assinale a opção INCORRETA.
    a) A amortização inicia-se no momento da aquisição, independentemente de o ativo estar ou não disponível para uso na maneira pretendida pela administração.
    b) O valor amortizável de Ativo Intangível com vida útil definida deve ser apropriado de forma sistemática ao longo da sua vida útil estimada.
    c) A amortização deve cessar na data em que o ativo é classificado como mantido para venda ou incluído em um grupo de ativos classificados como mantido para venda ou, ainda, na data em que ele é baixado, o que ocorrer primeiro.
    d) O método de amortização utilizado reflete o padrão de consumo, pela entidade, dos benefícios econômicos futuros. Se não for possível determinar esse padrão com confiabilidade, deve ser utilizado o Método Linear.

COMENTANDO A RESPOSTA: de acordo com a NBC TG 04 (R3), "a amortização dos Ativos Intangíveis deve ser iniciada a partir do momento em que o bem (ou direito) estiver disponível para uso, ou seja, quando se encontrar no local e nas condições necessários para que possa funcionar da maneira pretendida pela administração". Essa, aliás, é uma regra válida também para a depreciação dos ativos que integram o imobilizado.

RESPOSTA A

39. De acordo com a NBC TG 16 (R1) – Estoques, julgue os itens quanto à inclusão no custo dos estoques e, em seguida, assinale a alternativa CORRETA.
    I. Despesas administrativas que não contribuem para trazer o estoque ao seu local e condição atuais.
    II. Despesas de comercialização, incluindo a venda e a entrega dos bens e serviços aos clientes.
    III. O preço de compra, os impostos de importação e outros tributos não recuperáveis.
    IV. Os custos de transporte, seguro, manuseio e outros diretamente atribuíveis à aquisição de produtos acabados, materiais e serviços.
    V. Valor anormal de desperdício de materiais, mão de obra ou outros insumos de produção.

    NÃO estão incluídos no custo dos estoques, porém são reconhecidos no resultado do período os itens:
    a) II, IV e V, apenas.
    b) II, III e IV, apenas.
    c) I, III e IV, apenas.
    d) I, II e V, apenas.

    COMENTANDO A RESPOSTA: de acordo com as Normas Brasileiras de Contabilidade, particularmente a NBC TG 16 (R1), são incluídos no custo dos estoques apenas "preço de compra, os impostos de importação e outros tributos não recuperáveis", mais "os custos de transporte, seguro, manuseio e outros diretamente atribuíveis à aquisição de produtos acabados, materiais e serviços. Os demais itens "são reconhecidos no resultado do período".

    RESPOSTA D

40. Uma Sociedade Industrial fabrica e vende um determinado produto com garantia convencional de um ano.
    Na venda do produto é oferecida uma garantia estendida, coberta por ela própria, que começa a vigorar após a garantia convencional, a um preço acessível de tal forma que a maioria dos compradores a adquirem.
    A Sociedade Industrial registra a garantia estendida como receita de serviços no momento da venda.
    De acordo com essa situação, a Sociedade Industrial NÃO está obedecendo ao Princípio:
    a) da Competência.
    b) da Continuidade.
    c) da Entidade.
    d) do Registro pelo Valor Original.

COMENTANDO A RESPOSTA: há nesse ato uma infringência flagrante ao Princípio da Competência, segundo o qual as receitas, como também as despesas, devem ser consideradas, para fins de resultados, nos períodos a que se referem, independentemente de recebimento ou pagamento. No caso em apreço, a receita auferida pela empresa para assegurar garantia estendida sobre o bem vendido deve ser atribuída ao período subsequente à extinção da garantia convencional, e não ao dia da contratação.

RESPOSTA A

41. Um profissional de contabilidade A foi contratado por uma empresa para a execução de um trabalho contábil especializado. Por tratar-se de um trabalho extenso, repassou, com a anuência por escrito do cliente, a maior parte dos serviços a um colega de profissão B, de reconhecida competência naquela especialidade.

No ano seguinte, em virtude de um problema relevante ocorrido no trabalho realizado, o cliente cobrou a responsabilidade técnica do profissional A por ele contratado, o qual negou sua responsabilidade, alegando que os trabalhos foram realizados pelo seu colega B, conforme documentos elaborados e assinados pelo profissional terceirizado.

De acordo como Código de Ética Profissional do Contador, a atitude do contador contatado pela empresa foi:

a) correta, pois a maior parte do trabalho foi realizada por outro profissional.
b) correta, pois há documentos que comprovam que o trabalho foi realizado por outro profissional.
c) incorreta, pois ele não poderia repassar os serviços para outro profissional.
d) incorreta, pois, mesmo repassando o trabalho, a responsabilidade técnica continua sendo sua.

COMENTANDO A RESPOSTA: vejamos o que estabelece a respeito o Código de Ética Profissional do Contador, no seu art 7º, parágrafo único: "O Profissional da Contabilidade *poderá transferir parcialmente* a execução dos serviços a seu cargo a outro profissional, *mantendo sempre como sua a responsabilidade técnica". (Redação alterada pela Resolução CFC n. 1.307/10, de 09/12/2010)*

Percebe-se, à vista desse dispositivo, que o profissional contábil, ao transferir parcialmente uma tarefa contratada para um colega de profissão, não poderá eximir-se da responsabilidade técnica pela realização da tarefa e responderá perante o contratante, caso o serviço não se realize conforme o contrato.

RESPOSTA D

42. De acordo com o Código de Ética Profissional do Contador – CEPC e as Normas Brasileiras de Contabilidade, julgue os procedimentos hipotéticos a seguir e, em seguida, assinale a opção CORRETA.

I. As demonstrações contábeis da Sociedade Empresária foram elaboradas de acordo com o que foi definido entre o profissional de contabilidade e os gestores da sociedade. Assim, em decorrência dessas definições, as receitas foram reconhecidas quando recebidas e as despesas, quando pagas. Para efeito da elaboração do Balanço Patrimonial de 31.12.2014, o custo das mercadorias vendidas e entregues, provenientes das receitas não recebidas, foi transferido da conta de estoque para contas a receber.

II. Um Contador identificou e apresentou em seu relatório de auditoria, dirigido aos gestores de uma Sociedade Empresária objeto desta auditoria, diversos equívocos cometidos por um colega Contador na aplicação das Normas Brasileiras de Contabilidade editadas pelo Conselho Federal de Contabilidade, na elaboração das demonstrações contábeis.

III. Um profissional de contabilidade foi contratado para dar parecer sobre o procedimento contábil a ser adotado no reconhecimento de um determinado ativo. Reconhecendo que o parecer poderia ser útil para outros profissionais, o Contador resolveu publicá-lo em revista técnica, em seu nome, omitindo no relatório qualquer dado que remetesse à consulente.

Está(ão) CORRETO(S) o(s) procedimento(s):

a) I e II, apenas.
b) I, II e III.
c) II e III, apenas.
d) II, apenas.

COMENTANDO A RESPOSTA: apenas os itens II e III estão corretos, tendo em vista as seguintes razões:

I. a) As demonstrações contábeis da Sociedade Empresária não podem ser elaboradas de acordo com o que foi definido entre o profissional de contabilidade e os gestores da sociedade, mas sempre em consonância com a Lei n. 6.404/76 e as Normas Brasileiras de Contabilidade.

b) Reconhecer as receitas quando recebidas e as despesas quando pagas constitui infringência ao Princípio Contábil da Competência.

c) Em hipótese alguma o custo das mercadorias vendidas pode ser transferido da conta de estoque para contas a receber.

II. Conforme o CEPC, art. 9º, parágrafo único, o espírito de solidariedade, mesmo na condição de empregado, não induz nem justifica a participação ou conivência com o erro ou com os atos infringentes de normas éticas ou legais que regem o exercício da profissão".

III – CEPC, art. 4º O Profissional da Contabilidade poderá publicar relatório, parecer ou trabalho técnico-profissional, assinado e sob sua responsabilidade. (Redação alterada pela Resolução CFC n. 1.307/10, de 09/12/2010)

RESPOSTA C

43. Com base nas Normas Brasileiras de Auditoria, em relação à concordância com os termos de trabalho de Auditoria e as condições prévias para uma auditoria, julgue os itens abaixo e, em seguida, assinale a opção CORRETA.
    I. O auditor independente deve determinar se a estrutura de relatório financeiro a ser aplicada na elaboração das demonstrações contábeis é aceitável.
    II. O auditor independente deve obter a concordância da administração de que ela reconhece e entende sua responsabilidade pela elaboração das demonstrações contábeis de acordo com a estrutura de relatório financeiro aplicável, incluindo, quando relevante, sua adequada apresentação.
    III. O auditor independente deve obter a concordância da administração de que ela reconhece e entende sua responsabilidade pelo controle interno que a administração determinou como necessário para permitir a elaboração de demonstrações contábeis livres de distorções relevantes, independentemente se causadas por fraude ou erro.

    Está(ão) CORRETO(S) o(s) item(ns):
    a) II e III, apenas.
    b) I, apenas.
    c) I e II, apenas.
    d) I, II e III.

COMENTANDO A RESPOSTA: os três itens que compõem o enunciado desta questão retratam com fidelidade requisitos da auditoria independente e estão, pois, em consonância com as Normas Brasileiras de Auditoria.

RESPOSTA D

44. De acordo com a NBC TA 530 – Amostragem em Auditoria, quanto à definição da amostra, tamanho e seleção dos itens para teste, julgue os itens abaixo como Verdadeiros (V) ou Falsos (F) e, em seguida, assinale a opção CORRETA.
    I. Em auditoria, é permitida somente a amostragem de proporção estatística ou censo.
    II. A consideração da natureza da evidência de auditoria desejada e as eventuais condições de desvio ou distorção ou outras características relacionadas a essa evidência de auditoria ajudam o auditora definir o que constitui desvio ou distorção e qual população usar para a amostragem.

III. O nível de risco de amostragem que o auditor está disposto a aceitar afeta o tamanho da amostra exigido.

A sequência CORRETA é:
a) F, V, F.
b) F, V, V.
c) V, F, V.
d) V, V, V.

COMENTANDO A RESPOSTA: o item I é falso porque a NBC TA 530, a que alude o enunciado, não limita a amostragem a "proporção estatística ou censo".

Essa norma, em seus itens 5, 6, 7 e 8, define a amostragem em auditoria, admitindo a aplicação desse procedimento com abordagem estatística e não estatística. Os demais tópicos da questão são verdadeiros.

RESPOSTA B

45. De acordo com a NBC TA 500 – Evidência de Auditoria, assinale a afirmação INCORRETA:
   a) A suficiência e a adequação da evidência de auditoria não estão interrelacionadas. No entanto, a obtenção de mais evidência de auditoria compensa a sua má qualidade.
   b) Adequação é a medida da qualidade da evidência de auditoria, isto é, sua relevância e sua confiabilidade para fornecer suporte às conclusões em que se fundamenta a opinião do auditor. A confiabilidade da evidência é influenciada pela sua fonte e pela sua natureza e depende das circunstâncias individuais em que é obtida.
   c) Evidência de auditoria compreende as informações utilizadas pelo auditor para chegar às conclusões em que se fundamentam a sua opinião. A evidência de auditoria inclui as informações contidas nos registros contábeis que suportam as demonstrações contábeis e outras informações.
   d) Uma confirmação externa representa evidência de auditoria obtida pelo auditor como resposta escrita de terceiro ao auditor, em forma escrita, eletrônica ou em outra mídia.

COMENTANDO A RESPOSTA: a alternativa A está em flagrante desacordo com a NBC TA 500 porque essa norma registra que "a suficiência e adequação da evidência de auditoria estão inter-relacionadas (...) A obtenção de mais evidência de auditoria, porém, não compensa a sua má qualidade".

RESPOSTA A

46. De acordo com a Resolução CFC n. 803/96 – Código de Ética do Profissional do Contador, é dever do profissional quando atuar como perito, assistente técnico, auditor ou árbitro:
   a) assinar documentos ou peças contábeis elaborados por outrem, alheios à sua orientação, supervisão e fiscalização.
   b) considerar com imparcialidade o pensamento exposto em laudo submetido à sua apreciação.
   c) reter abusivamente livros, papéis ou documentos, comprovadamente confiados à sua guarda.
   d) solicitar ou receber do cliente ou empregador qualquer vantagem que saiba para aplicação ilícita.

   COMENTANDO A RESPOSTA: relativamente às condutas formuladas nas alternativas acima, a Resolução CFC n. 803/96 – Código de Ética Profissional do Contador estabelece:

   Art. 5º O Contador, quando perito, assistente técnico, auditor ou árbitro, deverá:

   IV – considerar com imparcialidade o pensamento exposto em laudo submetido à sua apreciação;

   A alternativa B é válida, pois reproduz textualmente o parágrafo IV do art. 5º do CEPC.
   RESPOSTA B

47. Com base na NBC TP 01 – Perícia Contábil, julgue as afirmativas abaixo como Verdadeiras (V) ou Falsas (F) e, em seguida, assinale a opção CORRETA.
   I. O perito, enquanto estiver de posse do processo ou de documentos, deve zelar por sua guarda e segurança e ser diligente.
   II. Para a execução da perícia contábil, o perito deve ater-se ao objeto e ao lapso temporal da perícia a ser realizada.
   III. Mediante termo de diligência, o perito deve solicitar por escrito todos os documentos e informações relacionados ao objeto da perícia, fixando o prazo para entrega.
   IV. A eventual recusa no atendimento a diligências solicitadas ou qualquer dificuldade na execução do trabalho pericial deve ser comunicada, com a devida comprovação ou justificativa, ao juízo, quando se tratar de perícia judicial; ou à parte contratante, no caso de perícia extrajudicial.
   Estão CORRETOS os itens:
   a) III e IV, apenas.
   b) II e III, apenas.
   c) I, II, III e IV.
   d) I, II e IV, apenas.

COMENTANDO A RESPOSTA: todos os itens propostos nesta questão retratam efetivamente garantias normativas para o exercício adequado da perícia, asseguradas pela NBC TP 01, que estabelece em seus itens 8, 9, 10 e 11:

"8. O perito, enquanto estiver de posse do processo ou de documentos, deve zelar por sua guarda e segurança e ser diligente.

9. Para a execução da perícia contábil, o perito deve ater-se ao objeto e ao lapso temporal da perícia a ser realizada.

10. Mediante termo de diligência, o perito deve solicitar por escrito todos os documentos e informações relacionadas ao objeto da perícia, fixando o prazo para entrega.

11. A eventual recusa no atendimento a diligências solicitadas ou qualquer dificuldade na execução do trabalho pericial deve ser comunicada, com a devida comprovação ou justificativa, ao juízo, em se tratando de perícia judicial; ou à parte contratante, no caso de perícia extrajudicial."

RESPOSTA C

48. Com base na NBC TP 01 – Perícia Contábil, especificamente em relação aos procedimentos técnico-científicos aplicados na atividade de Perícia Contábil, julgue os itens abaixo como Verdadeiros (V) ou Falsos (F) e, em seguida, assinale a opção CORRETA.
    I. O exame é a análise de livros, registros das transações e documentos.
    II. A vistoria é a diligência que objetiva a verificação e a constatação de situação, coisa ou fato, de forma circunstancial.
    III. O arbitramento é a determinação de valores ou a solução de controvérsia por critério técnico-científico.
    IV. A avaliação é o ato de estabelecer o valor de coisas, bens, direitos, obrigações, despesas e receitas.
    Estão CORRETOS os itens:
    a) III e IV, apenas.
    b) II e III, apenas.
    c) I, II e IV, apenas.
    d) I, II, III e IV.

COMENTANDO A RESPOSTA: todos os itens da questão contêm definições apropriadas para certos procedimentos periciais. Em suma, eles são a transcrição literal do que a NBC TP 01 – Perícia Contábil – estabelece sobre o tema.

RESPOSTA D

Leia atentamente o texto a seguir. As questões de número 49 e 50 referem-se a ele.

GERDAU TEM PREJUÍZO LÍQUIDO DE R$ 1,9 BILHÃO NO 3º TRIMESTRE
1   O grupo siderúrgico Gerdau teve prejuízo líquido de R$ 1,958 bilhão no
2   terceiro trimestre, revertendo resultado positivo de R$ 262 milhões obtido
3   um ano antes, pressionado por ajustes contábeis de quase R$ 2 bilhões.
4   Em termos ajustados, porém, a companhia teve lucro líquido de R$ 193
5   milhões nos três meses encerrados em setembro, uma queda de 26%
6   sobre o mesmo período do ano passado.
7   A Gerdau apurou geração de caixa medida pelo Ebitda ajustado de
8   R$ 1,291 bilhão no período, aumento de 4% sobre um ano antes.
9   Analistas, em média, esperavam Ebitda ajustado de R$ 1,172 bilhão para
10 a Gerdau no terceiro trimestre. Não houve consenso sobre o resultado
11 final da empresa.
12 As ações da companhia subiam 4,7%, enquanto o Ibovespa tinha queda
13 de 0,82%.
14 A Gerdau afirmou que as perdas contábeis se referem a ajustes de
15 R$ 1,867 bilhão relacionadas à expectativa de valor de seus ativos.
16 "As projeções são atualizadas levando em consideração as mudanças
17 observadas no panorama econômico dos mercados de atuação da
18 companhia, bem como premissas de expectativa de resultado de cada
19 segmento", afirmou a Gerdau no balanço.
20 O resultado da companhia saiu no mesmo dia em que a rival Usiminas
21 divulgou seu quinto prejuízo trimestral consecutivo e lucro antes de juros,
22 impostos, depreciação e amortização (Ebitda) em meio à crise do mercado
23 siderúrgico nacional e internacional agravada pela retração da economia
24 brasileira.
25 A Gerdau encerrou setembro com uma relação dívida líquida sobre Ebitda
26 de 3,8 vezes, acima das 3,1 vezes verificadas no segundo trimestre e das
27 2,7 vezes do final de setembro do ano passado.
28 Em comunicado separado, a Gerdau informou que a holding Metalúrgica
29 Gerdau vai fazer uma oferta restrita de ações ordinárias e preferenciais.
30 A transação envolverá a emissão de 500 milhões de ações para amortizar o
31 endividamento da companhia e melhorar a sua posição de liquidez. A
32 conclusão da operação está prevista para 24 de novembro de 2015.
(<www.valor.com.br/.../gerdau-ve-prejuizo-de-quase-r-2-bilhoes-no-3-tri...>
20 jan. 2016, 4h22)

49. Assinale a alternativa em que o trecho destacado NÃO se relaciona com a estratégia discursiva apresentada entre parênteses:

a) "O grupo siderúrgico Gerdau teve prejuízo líquido de R$ 1,958 bilhão no terceiro trimestre, revertendo resultado positivo de R$ 262 milhões obtido um ano antes, pressionado por ajustes contábeis de quase R$ 2bilhões."
   * (Apresentação de dados para informatividade) (Linhas 01 a 03).
b) "A Gerdau apurou geração de caixa medida pelo Ebitda ajustado de R$ 1,291 bilhão no período, aumento de 4% sobre um ano antes. Analistas, em média, esperavam Ebitda ajustado de R$ 1,172 bilhão para a Gerdau no terceiro trimestre."
   * (Comparação entre empresas do mesmo setor econômico) (Linhas 07 a 0).
c) "As projeções são atualizadas levando em consideração as mudanças observadas no panorama econômico dos mercados de atuação da companhia, bem como premissas de expectativa de resultado de cada segmento."
   * (Transcrição de passagem documental) (Linhas 16 a 19).
d) "Em comunicado separado, a Gerdau informou que a holding Metalúrgica Gerdau vai fazer uma oferta restrita de ações ordinárias e preferenciais."
   * (Exposição de ação interventiva) (Linhas 28 a 29).

COMENTANDO A RESPOSTA: o texto que compõe a alternativa B não é uma comparação entre empresas do mesmo setor; trata-se de uma comparação de resultados da mesma empresa em diferentes períodos.

RESPOSTA B

50. Assinale a alternativa em que a alteração feita promove efeito de sentido diferente do original.
    a) "Em termos ajustados, porém, a companhia teve lucro líquido de R$ 193 milhões nos três meses encerrados em setembro, uma queda de 26% sobre o mesmo período do ano passado." (Linhas 04 a 06).
       * Em termos ajustados, porém, a companhia teve lucro líquido de R$ 193 milhões nos três meses encerrados em setembro. Esse dado revela uma queda de 26% sobre o mesmo período do ano passado.
    b) "'As projeções são atualizadas levando em consideração as mudanças observadas no panorama econômico dos mercados de atuação da companhia, bem como premissas de expectativa de resultado de cada segmento', afirmou a Gerdau no balanço." (Linhas 16 a 19).
       * Segundo balanço da Gerdau, "as projeções são atualizadas levando em consideração as mudanças observadas no panorama econômico dos mercados de atuação da companhia, bem como premissas de expectativa de resultado de cada segmento".
    c) "Em comunicado separado, a Gerdau informou que a holding Metalúrgica Gerdau vai fazer uma oferta restrita de ações ordinárias e preferenciais". (Linhas 28 a 29).

- A Gerdau informou que a holding Metalúrgica Gerdau vai fazer, em comunicado separado, uma oferta restrita de ações ordinárias e preferenciais.

d) "A transação envolverá a emissão de 500 milhões de ações para amortizar o endividamento da companhia e melhorar a sua posição de liquidez. A conclusão da operação está prevista para 24 de novembro de 2015." (Linhas 30 a 32).

- A transação, cuja conclusão está prevista para 24 de novembro de 2015, envolverá a emissão de 500 milhões de ações para amortizar o endividamento da companhia e melhorar a sua posição de liquidez.

COMENTANDO A RESPOSTA: trata-se de interpretação textual de natureza sutil, quiçá maliciosa. Mas é na alternativa C que o texto interrompe bruscamente a sequência em que o tema vem se desenvolvendo e "promove efeito de sentido diferente do original".

RESPOSTA C

GABARITO PRELIMINAR

CATEGORIA: BACHAREL EM CIÊNCIAS CONTÁBEIS

QUESTÃO	RESPOSTA	QUESTÃO	RESPOSTA
1	B	26	ANULADA
2	C	27	C
3	A	28	A
4	B	29	B
5	C	30	D
6	A	31	A
7	D	32	C
8	D	33	C
9	B	34	D
10	B	35	ANULADA
11	A	36	D
12	D	37	A
13	A	38	A
14	D	39	D
15	B	40	A
16	C	41	D
17	D	42	C
18	B	43	D
19	D	44	B
20	B	45	A
21	C	46	B
22	B	47	C
23	C	48	D
24	C	49	B
25	A	50	C

Capítulo 19
PROVA 2022.2 – COMENTADA

1. Uma sociedade empresária apresentou em 31/12/2020 os seguintes saldos nas contas do Patrimônio Líquido:

Patrimônio Líquido	
Capital Social	R$ 60.000,00
Reservas de Capital	R$ 15.000,00
Reservas de Lucros	R$ 5.000,00
Lucros/Prejuízos Acumulados	R$ 10.000,00
Total do PL	R$ 90.000,00

Durante o exercício social de 2021, ocorreram os seguintes eventos:
- Aumento de Capital por incorporação de Reservas de Capital no valor de R$ 15.000,00;
- Lucro Líquido do período no valor de R$ 40.000,00; e
- Proposta de destinação do lucro para constituição das Reservas de Lucros no valor de R$ 6.000,00 e para Dividendos Obrigatórios no valor de R$ 20.000,00.

Considerando exclusivamente as informações apresentadas e o disposto na NBC TG 26 (R5) – Apresentação das Demonstrações Contábeis, é correto afirmar, em relação à Demonstração das Mutações do Patrimônio Líquido apresentada em 31/12/2021, que:
(Utilizar o quadro disponibilizado, se necessário.)

Demonstração das Mutações do Patrimônio Líquido em 31/12/2021					
Contas	Capital Social	Reservas de Capital	Reservas de Lucros	Lucros/ Prejuízos Acumulados	Patrimônio Líquido
Saldo inicial					
Aumento de Capital					
Lucro Líquido					
Reservas de Lucros					
Dividendos					
Saldo final					

a) Os saldos finais das Reservas de Lucros e das Reservas de Capital foram, respectivamente, de R$ 6.000,00 e R$ 15.000,00.
b) As variações do Patrimônio Líquido e de Lucros/Prejuízos Acumulados correspondem, respectivamente, a R$ 40.000,00 e R$ 34.000,00.
c) Os saldos finais do Patrimônio Líquido e de Lucros/Prejuízos Acumulados foram, respectivamente, de R$ 110.000,00 e R$ 24.000,00.
d) O saldo final de Capital Social de R$ 45.000,00 e a movimentação da Distribuição de Dividendos aumentaram o saldo de Lucros/Prejuízos Acumulados em R$ 20.000,00.

RESOLUÇÃO

Esta questão refere-se à movimentação do Patrimônio Líquido de certa sociedade empresária durante o exercício de 2021. Ocorreram algumas movimentações nas contas internas do PL (capital social, reservas de capital e reservas de lucro e lucros acumulados), cujo registro adequado nos levará aos saldos finais e à identificação da alternativa correta.

Resolvemos a questão elaborando a DMPL – Demonstração das Mutações do Patrimônio Líquido – em sua forma simplificada, conforme tabela abaixo. Isto é, o capital social recebeu um acréscimo de R$ 15.000,00, proveniente das Reservas de Capital, que apresentava justamente esse valor no início do exercício e, por força dessa transferêcia chegou ao encerramento do período com seu saldo zerado. A cota Lucros/Prejuízos Acumulados, cujo saldo inicial é R$ 10.000,00, recebeu um acréscimo de R$ 40,000,00 relativamente ao lucro líuqido do preíodo. Desse montante, porém, R$ 6.000,00 foram transferidos para reserva de lucros e R$ 20.000,00, para pagamento de dividendos aos acionistas. Após essas movimentações, assim ficou a DMPL da empresa em seus saldos finais:

Demonstração das Mutações do Patrimônio Líquido em 31/12/2021					
Contas	Capital Social	Reservas de Capital	Reservas de Lucros	Lucros/ Prejuízos Acumulados	Patrimônio Líquido
Saldo inicial	R$ 60.000,00	R$ 15.000,00	R$ 5.000,00	R$ 10.000,00	R$ 90.000,00
Aumento de Capital	R$ 15.000,00	(R$ 15.000,00)			
Lucro Líquido				R$ 40.000,00	R$ 40.000,00
Reservas de Lucros			R$ 6.000,00	(R$ 6.000,00)	
Dividendos				(R$ 20.000,00)	(R$ 20.000,00)
Saldo final	R$ 75.000,00	00,00	R$ 11.000,00	R$ 24.000,00	R$ 110.000,00

Com base nesses dados, pode-se assegurar que a alternativa correta é a LETRA C.

2. Uma sociedade empresária apresentou os seguintes dados extraídos da contabilidade em 31/12/2021:

Saldos em 31/12/2020	R$	Saldos em 31/12/2021	R$	Movimentação em 2021	R$
Duplicatas a Receber	48.000,00	Duplicatas a Receber	26.000,00	Vendas de Mercadorias	180.000,00
Fornecedores	22.000,00	Fornecedores	31.000,00	Compras de Mercadorias	132.000,00

* Todas as Compras de Mercadorias para Revenda e as Vendas de Mercadorias foram efetuadas a prazo;
* Não houveram outros eventos classificados em atividades operacionais; e
* A Demonstração dos Fluxos de Caixa é elaborada pelo Método Direto.

Considerando somente as informações disponibilizadas e de acordo com a NBC TG 03 (R3) – Demonstração dos Fluxos de Caixa, é correto afirmar que o caixa gerado pelo recebimento de Duplicatas a Receber (Vendas de Mercadorias) e o caixa consumido para pagamento de Fornecedores (Compras de Mercadorias) foram, respectivamente, de:
a) R$ 79.000,00 e R$ 48.000,00.
b) R$ 158.000,00 e R$ 141.000,00.
c) R$ 180.000,00 e R$ 132.000,00.
d) R$ 202.000,00 e R$ 123.000,00.

RESOLUÇÃO

Note-se que a DFC, por tratar-se de um demonstração de natureza financeira – sobretudo pelo método direto –, registra apenas as entradas e saídas de dinheiro, durante o exercício, nas contas que compõem o chamado CAIXA E EQUIVALENTES DE CAIXA. No caso proposto nesta questão, a conta DUPLICATAS A RECEBER apresentadava, em 31.12.2020, saldo de R$ 48.000,00 e apenas R$ 26.000,00 em 31.12.2021. Ou seja, registrou-se aí uma redução de R$ 22.000,00 e ela é tecnicamente computada como aumento de CAIXA no período – naturalmente, pelo pressuposto de que esse dinheiro foi efetivamente recebido. Esses R$ 22.000,00 somados aos R$ 180.000,00 relativos às VENDAS DE MERCADORIAS perfazem um montante de R$ 202.000,00 de ingresso nas disponibilidades da empresa – considerando-se, é claro, que as vendas foram integralmente recebidas no período. Pois, embora o enunciado indique que as tais vendas foram efetuadas a prazo, todos esses prazos foram cumpridos durante o exercício, já que em 31.12.201 apenas R$ 26.000,00 ainda figuravam como DUPLICATAS A RECEBER. Em suma: R$ 48.000,00 (DPs em fins de 2020) + R$ 180.000,00 (fendas de 2021) – R$ 26.000,00 (DPs. em 31.12.2021) = R$ 202.000,00.

Quanto aos pagamentos – caixa consumido – tem-se, em 31.12.2020, um débito junto aos FORNECEDORES no valor de R$ 22.000,00 que, somado às compras do ano (R$ 132.000,00), totaliza R$ 154.000,00. No entanto, a conta fornecedores, em 31.12. 2021, tem saldo apenas de R$ 31.000,00, o que nos perite concluir que os pagamentos totais nesse item foram de R$ 123.000,00. Isto é: R$ 22.000,00 (saldo inicial de fornecedores) + R$ 132.000,00 de compras – R$ 31.000,00 (saldo final de fornecedores) = R$ 123.000,00.

Tendo em vista essa movimentação financeira, com valores iniciais e finais, é óbvio que a alternativa a ser marcada é a LEDRA D.

Trata-se aqui de uma questão simples de estrutura e composição do Balanço Patrimonial nos termos da Lei n. 6.404/76. Isto é, ATIVO – PASSIVO EXIGÍVEL = SITUAÇÃO LÍQUIDA (patrimônio líquido, no caso em apreço, **já que a situação líquida é positiva.**)
Vamos, pois, aos dados:

3. Uma sociedade empresária apresentou, após a apuração do resultado do exercício, os saldos das seguintes contas patrimoniais em 31/12/2021:

	Valores em R$
Bancos conta Movimento	22.000,00
Caixa	35.000,00
Depreciação Acumulada de Edificações	5.000,00
Depreciação Acumulada de Máquinas e Equipamentos	1.850,00
Depreciação Acumulada de Móveis e Utensílios	4.500,00
Depreciação Acumulada de Veículos	3.000,00

	Valores em R$
Despesas Antecipadas	950,00
Duplicatas a Receber	8.000,00
Edificações	30.000,00
Financiamentos – Longo Prazo	40.000,00
Fornecedores	7.500,00
ICMS a Recolher	2.400,00
ICMS a Recuperar	1.100,00
Máquinas e Equipamentos	15.000,00
Mercadorias para Revenda	11.000,00
Móveis e Utensílios	12.000,00
Salários a Pagar	6.000,00
Veículos	10.000,00

Sabe-se que o resultado do exercício já foi apurado. Considerando somente as informações apresentadas e de acordo com a NBC TG 26 (R5) – Apresentação das Demonstrações Contábeis e a Lei n. 6.404/1976 – Lei das Sociedades por Ações, assinale os respectivos saldos do Ativo não Circulante – Imobilizado e do Patrimônio Líquido a serem evidenciados no Balanço Patrimonial em 31/12/2021.

a) R$ 52.650,00; R$ 74.800,00.
b) R$ 53.600,00; R$ 73.850,00.
c) R$ 67.000,00; R$ 60.450,00.
d) R$ 130.700,00; R$ 55.900,00.

RESOLUÇÃO

Trata-se aqui de uma questão simples de estrutura e composição do Balanço Patrimonial nos termos da Lei n. 6.404/76. Isto é, ATIVO – PASSIVO EXIGÍVEL = SITUAÇÃO LÍQUIDA (patrimônio líquido, no caso em apreço, já que a situação líquida é positiva.) Vamos, pois, aos dados:

ATIVO
CIRCULANTE:..R$ 78.050,00
   CAIXA ....R$ 35.000,00
   BANCOS CONTA MOVIMENTO..R$ 22.000,00
   ICMS A RECUPERAR ....R$ 1.100,00
   DUPLICATAS A RECEBER..R$ 8.000,00
   MERCADORIAS P/ REVENDA ....R$ 11.000,00
   DESPESAS ANTECIPADAS ....R$ 950,00

NÃO CIRCULANTE ....R$ 52.650,00
   Edificações ....R$ 30.000,00
   Máquinas e equipamentos..R$ 15.000,00
   Móveis e utensílios...R$ 12.000,00
   Veículos ....R$ 10.000,00
   Depreciação Acumulada de Edificações..(R$ 5.000,00)
   Depreciação Acumulada de Máquinas e Equipamentos.....................................(R$ 1.850,00)
   Depreciação Acumulada de Móveis e Utensílios...(R$ 4.500,00)
   Depreciação Acumulada de Veículos...(R$ 3.000,00)
TOTAL DO ATIVO.. R$ 130.700,00
PASSIVO CIRCULANTE .... R$ 15.900,00
   Fornecedores ....R$ 7.500,00
   ICMS a recolher ....R$ 2.400,00
   Salários a pagar ....R$ 6.000,00
PASSIVO não CIRCULANTE .... R$ 40.000,00
   Financiamento longo prazo ....R$ 40.000,00

Para identificarmos o Patrimônio Líquido – não demonstrado no enunciado desta questão – é bastante aplicarmos a Equação Patrimonial:

ATIVO. .... R$ 130.700,00
PASSIVO EXIGÍVEL (circulante + não circulante).. (R$ 55.900,00)
PATRIMÔNIO LÍQUIDO... R$ 74.800,00

Dessa forma, os dados pedidos na questão:
IMOBILIZADO........... R$ 52.650,00 e PL........... R$ 74.800,00 estão na LETRA A.

4. Uma empresa comercial apresentou os seguintes saldos em suas contas de resultado em 31/12/2021:

Contas	Valores em R$
Abatimentos sobre vendas	12.000,00
COFINS sobre faturamento	9.600,00
Comissões sobre vendas	16.000,00
Custo da Mercadoria Vendida	145.000,00
Descontos condicionais concedidos	3.000,00
ICMS sobre vendas	57.600,00
PIS sobre faturamento	2.080,00
Receita de Vendas	320.000,00
Vendas Canceladas	6.400,00

Considerando exclusivamente as informações apresentadas e de acordo com a Lei n. 6.404/1976 – Lei das Sociedades por Ações, os valores da Receita Líquida de Vendas e do Lucro Bruto evidenciados na Demonstração do Resultado em 31/12/2021 correspondem, respectivamente, a:
a) R$ 232.320,00; R$ 87.320,00.
b) R$ 213.320,00; R$ 68.320,00.
c) R$ 301.600,00; R$ 87.860,00.
d) R$ 250.720,00; R$ 105.720,00.

RESOLUÇÃO

Esta questão também trata de uma demonstração contábil prevista na Lei n. 6.404/76, mais precisamente a Demonstração do Resultado do Exercício – DRE.

Aos dados:

RECEITA BRUTA DAS VENDAS. .... R$ 320.000,00
DEDUÇÕES DAS VENDAS: ....(R$ 87.680,00)

Vendas Canceladas	R$ 6.400,00
Abatimentos sobre vendas	R$ 12.000,00
COFINS sobre faturamento	R$ 9.600,00
ICMS sobre vendas	R$ 57.600,00
PIS sobre faturamento	R$ 2.080,00

RECEITA LÍQUIDA DAS VENDAS...R$ 232.320,00
CUSTO DA MERCADORIA VENDIDA..(R$ 145.000,00)
LUCRO BRUTO ....R$ 87.320,00

IMPORTANTE: as contas COMISSÕES SOBRE VENDAS e DESCONTOS CONDICIONAIS CONCEDIDOS, relacionadas no elenco proposto no encunciado, são "despesas de vendas" e, portanto, não integram as Deduções da Receita.

A alternativa correta está, portanto, na LETRA A.

5. Uma sociedade empresária apresentou a seguinte Demonstração de Mutações do Patrimônio Líquido com os saldos de 31/12/2020:

DEMONSTRAÇÃO DAS MUTAÇÕES DO PATRIMÔNIO LÍQUIDO – VALORES EM R$						
Contas	Capital Social	Reservas de Lucros			Lucros/ Prejuízos Acumulados	Patrimônio Líquido
		Reserva Legal	Reserva Estatutária	Reserva para Contingências		
Saldo inicial (31/12/2020)	150.000,00	4.000,00	0,00	20.000,00	(55.000,00)	119.000,00
Aumento de Capital em dinheiro						
Reversão Reserva para Contingência						
Lucro Líquido do Período						
Constituição de Reserva Legal						
Constituição de Reserva Estatutária						
Distribuição de Dividendos						
Saldo final (31/12/2021)						

Durante o exercício social de 2021 ocorreram os seguintes eventos que impactaram nas contas do Patrimônio Líquido:

Aumento do Capital Social em dinheiro	R$ 30.000,00
Reversão da Reserva para Contingências	R$ 20.000,00
Lucro Líquido do exercício	R$ 280.000,00
Constituição de Reserva Legal	R$ 14.000,00
Constituição de Reserva Estatutária	R$ 28.000,00
Dividendos Obrigatórios a Distribuir	R$ 140.000,00

Considerando exclusivamente os dados fornecidos e de acordo com a NBC TG 26 (R5) – Apresentação das Demonstrações Contábeis, a Demonstração das Mutações do Patrimônio Líquido em 31/12/2021 deverá evidenciar:
a) Saldo final de Capital Social de R$ 180.000,00 e da Reserva para Contingências de R$ 20.000,00.
b) Saldo final de Capital Social que corresponderá a R$ 172.000,00 e variação das Reservas de Lucros de R$ 42.000,00.

c) Saldo final de Lucros e Prejuízos Acumulados de R$ 63.000,00 e variação do Patrimônio Líquido de R$ 170.000,00.

d) Saldo final de Lucro e Prejuízos Acumulados corresponderá a R$ 203.000,00 e do Patrimônio Líquido a R$ 429.000,00.

RESOLUÇÃO

Mais uma questão inserida no âmbito das demonstrações contábeis – conhecimento deveras essencial para o exercício profissional do contador. Trata-se novamente da resolução simples de uma DMPL – Demonstração das Mutações do Patrimônio Líquido.

À vista dos dados fornecidos, segue a tabela com a DMPL relativa ao exercício social de 2021, conforme valores e movimentações propostos no enunciado:

DEMONSTRAÇÃO DAS MUTAÇÕES DO PATRIMÔNIO LÍQUIDO – VALORES EM R$						
Contas	Capital Social	Reservas de Lucros			Lucros/ Prejuízos Acumulados	Patrimônio Líquido
		Reserva Legal	Reserva Estatutária	Reserva para Contingências		
Saldo inicial (31/12/2020)	150.000,00	4.000,00	0,00	20.000,00	(55.000,00)	119.000,00
Aumento de Capital em dinheiro	30.000,00					30.000,00
Reversão Reserva para Contingência				(20.000,00)	20.000,00	
Lucro Líquido do Período					280.000,00	280.000,00
Constituição de Reserva Legal		14.000,00			(14.000,00)	
Constituição de Reserva Estatutária			28.000,00		(28.000,00)	
Distribuição de Dividendos					(140.000,00)	(140.000,00)
Saldo final (31/12/2021)	180.000,00	18.000,00	28.000,00	00,00	63.000,00	289.000,00

RELATANDO, PELA ORDEM DA TABELA, AS MOVIMENTAÇÕES REGISTRADAS NAS LINHAS E COLUNAS:

LINHA 1 – saldos iniciais do exercício de 2021, com R$ 150.000,00 no capital social; R$ 4.000,00 em reserva legal; R$ 20.000,00 em reserva para contingências; R$ 55.000,00 (negativos) em Lucros/prejuízos acumulados e R$ 119.000,00 no total do Patrimônio Líquido (resultado das contas que o compõem).

LINHA 2 – o capital social, que inicia o exercício com saldo de R$ 150.000,00, recebeu no período um aumento de R$ 30.000,00. Como tal acréscimo foi efetuado em dinheiro – valor transferido pelos sócios – o capital (coluna 1) e o PL (última coluna à direita) foram aumentados em R$ 30.000,00 com essa operação.

LINHA 3 – reversão de R$ 20.000,00 das "reserva para contingências." Ora, reserva para contingências integra o grupo das reservas de lucros (Lei n. 6.404/76, art. 182) e pode ser revertidas – retornar para sua fonte – nas seguintes condições: **"A reserva será revertida no exercício em que deixarem de existir as razões que justificaram a sua constituição ou em que ocorrer a perda"** (Lei n. 6.404/76, art. 195, § 2º). No caso em apreço, ela foi subtraída na coluna própria e agregada à conta Lucros/Prejuízos Acumulados, seu lugar de origem. Nesse caso, o patrimônio líquido não se altera, houve apenas uma migração interna.

LINHA 4 – houve ingresso do Lucro Líquido do Exercício, de R$ 280.000,00. Esse valor aumenta, por via de consequência, a conta Lucros/Prejuízos Acumulados e o Patrimônio Líquido da entidade, com registros nas colunas próprias dessas contas.

LINHAS 5 e 6 – constituição das Reserva Legal e Estatutária, nos valores de R$ 14.000,00 e R$ 28.000,00, respectivamente. Ora, ambas as reservas integram as reservas de lucro e sua constituição – ao contrário das reversões – o que significa retirá-las do Lucro e adicioná-las a crédito nas colunas a elas destinadas.

LINHA 7 – foram subtraídos dos Lucros R$ 140.000,00, para distribuição de dividendos. Esse valor é também excluído do Patriimônio Líquido.

Obs.: os dividendos são excluídos dos Lucros/prejuízos acumulados para formarem a conta dividendos propostos a pagar e integrará o Passivo – em geral, Circulante –, outro grupo do Balanço Patrimonial.

À vista da DMPL, com seus saldos iniciais, movimentações no período e seus saldos finais, a alternativa correta é a LETRA C. Ou seja, "Saldo final de Lucros e Prejuízos Acumulados de R$ 63.000,00 e variação do Patrimônio Líquido de R$ 170.000,00".

IMPORTANTE: a variação do Patrimôniuo líquido é a diferença entre seu saldo final e incial – R$ 289.000,00 – R$ 119.000,00 = R$ 170.000,00.

6. Uma sociedade empresária apresentou as seguintes informações relativas ao exercício social de 2021:
    - O Lucro Líquido do exercício foi de R$ 18.500,00;
    - A Despesa com Depreciação, no exercício, foi de R$ 1.300,00;
    - Os valores totais das variações ocorridas nas contas do Ativo Circulante e Passivo Circulante foram:
        - Duplicatas a Receber: aumento de R$ 7.000,00;

- Estoques de Mercadoria para Revenda: diminuição de R$ 9.000,00;
- Fornecedores: aumento de R$ 5.000,00; e
- Outras Obrigações a Pagar: diminuição de R$ 1.500,00;
✖ Recebimento do valor de R$ 2.000,00 referente à venda de item do Imobilizado, sem ganho ou perda de capital na operação; e
✖ Pagamento do valor de R$ 20.000,00 relativo à parcela de Financiamento realizado em 2019.

Considerando as informações apresentadas e o disposto na NBC TG 03 (R3) – Demonstração dos Fluxos de Caixa, é correto afirmar que a Demonstração dos Fluxos de Caixa em 31/12/2021 evidenciará uma Variação Líquida de Caixa e Equivalentes de Caixa de:

a) (R$ 3.700,00).
b) R$ 7.300,00.
c) R$ 3.300,00.
d) R$ 47.300,00.

RESOLUÇÃO

Questão sobre DFC – método indireto. Segue então o demonstrativo, em conformidade com as Normas Brasileiras de Contabilidade, especificamene a NBC TG 03 (R3).

FLUXOS DE CAIXA DAS ATIVIDADES OPERACIONAIS:

RESOLUÇÃO
Lucro do exercício antes do IR e CSLL .... R$ 18.500,00
Depreciação, amortização .... R$ 1.300,00
Lucro ajustado .... R$ 19.800,00

Variações dos ativos e passivos:
Aumento em duplicatas a receber .... (R$ 7.000,00)
Redução dos estoques .... (R$ 9.000,00)
Aumento na conta FORNECEDORES .... R$ 5.000,00
Redução nas contas a pagar .... (R$ 1.500,00)
CAIXA GERADO PELAS ATIVIDADES OPERACIONAIS .... R$ 25.300,00

CAIXA GERADO PELO FLUXO DOS INVESTIMENTOS
Venda de imobilizado .... R$ 2.000,00

CAIXA CONSUMIDO PELO FLUXO DOS FINANCIAMENTOS:
Pagamento de financiamento de 2019 .... (R$ 20.000,00)
DISPONIBILIDADES LÍQUIDAS NO FINAL DO PERÍODO. .... R$ 7.300,00

LETRA B

7. Uma sociedade empresária optante pelo Lucro Presumido tem um funcionário contratado pelo regime da CLT, em março de 2022, que não possui dependentes e sobre o qual foram apresentadas as seguintes informações referentes à sua remuneração:

Discriminação	R$
Salário mensal	2.200,00
Horas Extras + Descanso Semanal Remunerado sobre Horas Extras	260,000
TOTAL	2.460,00

As tabelas a seguir apresentam as bases de cálculo e as alíquotas de INSS e IRRF vigentes a partir de 1º de janeiro de 2022:

Tabela de Contribuição do INSS para 2022				
Base de Cálculo			Alíquota	Dedução
R$		R$	%	R$
0,00	a	1.212,00 (Salário mínimo)	7,5%	0,00
1.212,01	a	2.427,35	9,0%	18,18
2.427,36	a	3.641,03	12,0%	91,00
3.641,04	a	7.087,22	14,0%	163,82

Tabela do IRRF para 2022 – Valores mensais				
Base de Cálculo			Alíquota	Dedução
R$		R$	%	R$
0,00	a	1.903,98	isento	0,00
1.903,99	a	2.826,65	7,5%	142,80
2.826,66	a	3.751,05	15,0%	354,80
3.751,06	a	4.664,68	22,5%	636,13
a partir de 4.664,69			27,5%	869,36

A tabela a seguir apresenta os percentuais em que está submetida a sociedade empresária para cálculo dos encargos sociais.

INSS – Encargos do Empregador	
Fundo de Previdência e Assistência Social – FPAS	20,0%
Contribuições para Terceiros	5,8%
Seguro Acidente de Trabalho – SAT (Já olvidados: Fator Acidentário de Prevenção – FAP e Risco de Acidente no Trabalho – RAT)	2,0%
TOTAL:	27,8%
Fundo de Garantia por Tempo de Serviço – FGTS	8,0%

Considerando exclusivamente as informações apresentadas, o valor da remuneração líquida do empregado e dos encargos sociais (parte da empresa) a serem pagos, referentes a março de 2022, correspondem, aproximadamente (para fins de simplificação), a:

a) R$ 2.123,00 e R$ 831,00.
b) R$ 2.230,00 e R$ 881,00.
c) R$ 2.033,00 e R$ 684,00.
d) R$ 2.257,00 e R$ 907,00.

RESOLUÇÃO

Trata-se aqui de calcular-se a remuneração líquida de um empregado, nos termos da legislação trabalhista vigente. Seguem os cálculos:

Base de Cálculo do IR e Encargos = Remuneração + Horas Extras = R$ 2.460,00. Iniciemos os cálculos pelo INSS – contribuição previdenciária cuja responsabilidade é do próprio empregado:

R$ 2.460,00 × 12% – R$ 91,00 (dedução) = R$ 295,20 – R$ 91,00 = R$ 204,20

O cálculo do Imposto de Renda – a ser retido – deve ser feito com base na tabela vigente à epoca da aplicação desta prova. E será calculado sobre a remuneração menos a parcela relativa ao INSS, com vistas à formar-se uma nova base de cálculo para esse imposto. E será como segue:

(R$ 2.460,00 – R$ 204,2) × 7,5% = R$ 169,18.
R$ 169,18 – R$ 142,80 (parcela a deduzir) = R$ 26,38

Remuneração Líquida = R$ 2.460,00 – R$ 204,20 – R$ 26,38 = R$ 2.229,42 ou R$ 2.230,00 (aproximadamente)

Cálculo da contribuição patronal = INSS + FGTS = R$ 27,8 + R$ 8 = 35,8%

Encargos Sociais da Empresa = R$ 2.460,00 × 35,8% = R$ 880,68 ou (aproximadamente R$ 881,00)

LETRA B

8. O advogado de determinada entidade empresária do setor de serviços apresentou as seguintes informações referentes às questões judiciais movidas em desfavor da empresa:

Processo	Valor	Chance de ocorrência
Processo trabalhista relativo a horas extras	R$ 100.000,00	Provável
Processo trabalhista relativo a trabalho análogo à escravidão	R$ 80.000,00	Remota
Processo civil relativo a danos corporais advindos de acidentes de trabalho	R$ 70.000,00	Possível
Processo tributário relativo a recolhimento do ISSQN	R$ 60.000,00	Provável
Processo tributário relativo a Imposto de Renda Pessoa Jurídica	R$ 50.000,00	Provável

Considerando as informações disponibilizadas e as disposições da NBC TG 25 (R2) – Provisões, Passivos Contingentes e Ativos Contingentes, podemos afirmar que a empresa:

a) Deverá reconhecer como provisão o valor de R$ 280.000,00 dos processos.
b) Não deverá divulgar o valor de R$ 150.000,00 dos processos como passivo contingente.
c) Deverá apenas divulgar o valor de R$ 70.000,00 de processos como passivo contingente.
d) Deverá divulgar, mas não reconhecer, R$ 80.000,00 de processos como passivo contingente.

RESOLUÇÃO

O "PASSIVO CONTINGENTE", referido no enunciado desta questão, é definido pela NBC TG 25 (R2) como:

a) "uma obrigação POSSÍVEL que resulta de eventos passados e cuja existência será confirmada apenas pela ocorrência ou não de um ou mais eventos futuros incertos, não totalmente sob controle da entidade; ou

(b) "uma obrigação presente que resulta de eventos passados, mas que não é reconhecida porque:

- não é PROVÁVEL que uma saída de recursos que incorporam benefícios econômicos seja exigida para liquidar a obrigação; ou

- o valor da obrigação NÃO PODE SER MENSURADO com suficiente confiabilidade."

IMPORTANTE: somente as provisões devem ser contabilizadas. Pois, embora não haja certeza de que a perda ocorrerá, trata-se de uma ocorrência PROVÁVEL e deve ser mensurada pela melhor estimativa possível.

No caso em apreço, enquadram-se no conceito de PROVISÕES – e não de passivo contingente – estes 4 itens constantes da tabela, os quais totalizam R$ 280.000,00.

Processo trabalhista relativo a horas extras	R$ 100.000,00	Provável
Processo civil relativo a danos corporais advindos de acidentes de trabalho	R$ 70.000,00	Possível
Processo tributário relativo a recolhimento do ISSQN	R$ 60.000,00	Provável
Processo tributário relativo a Imposto de Renda Pessoa Jurídica	R$ 50.000,00	Provável

LETRA A

9. Determinada sociedade empresária apresentou o Balanço Patrimonial e a Demonstração de Resultado nos anos de X1 e X2.

Balanço Patrimonial (R$)		
Ativos	31-12-X1	31-12-X2
Caixa	R$ 159.000,00	R$ 191.000,00
Contas a receber	R$ 15.000,00	R$ 12.000,00
Estoques	R$ 160.000,00	R$ 130.000,00
Despesas pagas antecipadamente	R$ 8.000,00	R$ 6.000,00
Terreno	R$ 80.000,00	R$ 180.000,00
Equipamentos		R$ 163.000,00
Depreciação acumulada		R$ (19.000,00)
Total do Ativo	R$ 422.000,00	R$ 663.000,00
Passivos e PL		
Fornecedor	R$ 60.000,00	R$ 52.000,00
Despesas provisionadas a pagar (operacionais)	R$ 20.000,00	R$ 15.000,00
Impostos de Renda a pagar		R$ 12.000,00
Títulos de dívida a pagar		R$ 90.000,00
Ações Ordinárias	R$ 300.000,00	R$ 400.000,00
Lucros Acumulados	R$ 42.000,00	R$ 94.000,00
Total do Passivo	R$ 422.000,00	R$ 663.000,00

Demonstração do Resultado 31-12-X2	
Receitas	R$ 975.000,00
Custo das mercadorias vendidas	(R$ 660.000,00)
Despesas Operacionais (excluindo Depreciação)	(R$ 176.000,00)
Despesas de depreciação	(R$ 19.000,00)
Lucro antes do imposto de renda	R$ 120.000,00
Despesa de imposto de renda	(R$ 36.000,00)
Lucro Líquido	R$ 84.000,00

Considerando única e exclusivamente as informações disponibilizadas e, ainda, a NBC TG 03 (R3) – Demonstração do Fluxo de Caixa (DFC), em relação à DFC dessa empresa, apurada em 31-12-20X2, assinale a afirmativa correta.

a) O caixa gerado nas atividades operacionais foi R$ 32.000,00.
b) O caixa gerado nas atividades operacionais foi R$ 137.000,00.
c) O caixa gerado nas atividades de investimento foi R$ 58.000,00.
d) O caixa consumido nas atividades de financiamento foi R$ 163.000,00.

RESOLUÇÃO

Questão sobre DFC – método indireto. Segue, então, o demonstrativo, em conformidade com as normas Brasileiras de Contabilidade, especificamene a NBC TG 03 (R3).

Obs.: Dispomos os fluxos na ordem estabelecida pela Lei n. 6.404/76, art. 188, I. Isto é, Fluxo Operacional, Fluxo dos Financiamentos e Fluxo dos investimentos. Neste caso, porém, conforme ocorre com outras operações, "a ordem dos fatores não altera o produto final".

FLUXOS DE CAIXA DAS ATIVIDADES OPERACIONAIS:
Lucro do exercício antes do IR e CSLL .... R$ 84.000,00
Depreciação, amortização .... R$ 19.000,00
Lucro ajustado .... R$ 103.000,00

Variações dos ativos e passivos:
Redução das contas a receber .... R$ 3.000,00
Redução dos estoques .... R$ 30.000,00
Redução das despesas antecipadas .... R$ 2.000,00
Redução nas despesas a pagar .... (R$ 5.000,00)
Redução de fornecedores .... (R$ 8.000,00)
Aumento do Imposto de Renda a recolher .... R$ 12.000,00
CAIXA GERADO PELAS ATIVIDADES OPERACIONAIS .... R$ 137.000,00

FLUXO DOS FINANCIAMENTOS:
Integralização de capital feita por sócios .... R$ 100.000,00
Empréstimos contratados .... R$ 90.000,00
Dividendos pagos .... (R$ 32.000,00)
CAIXA GERADO PELOS FINANCIAMENTOS .... R$ 158.000,00

FLUXO DOS INVESTIMENTOS
Compras de terrenos .... (R$ 100.000,00)
Aquisição de equipamentos .... (R$ 163.000,00)
CAIXA consumido pelo CAIXA das atividades de investimentos .... (R$ 263.000,00)

ANÁLISE DAS ALTERNATIVAS:

A) Como se pode constatar, à vista do demonstrativo supra, o caixa gerado nas atividades operacionais foi de R$ 137.000,00 e não R$ 32.000,00, como propõe a alternativa A.

B) O caixa gerado nas atividades operacionais foi R$ 137.000,00. Esta é, pois, a alternativa que apresenta resultado correto.

Os outros dois – FINANCIAMENTOS e INVESTIMENTOS – apresentam resultados diferentes dos sugeridos nas alternativas C e D.

LETRA B

10. Determinada entidade empresária do ramo comercial apresentou, no mês de janeiro, as seguintes operações:
    - 05/01 – Compra de 20 unidades de mercadorias, a prazo, a R$ 110,00 cada uma;
    - 06/01 – Devolução de uma das unidades de mercadorias adquirida no dia anterior;
    - 07/01 – Abatimento de R$ 5,00 por unidade sobre as 19 unidades das mercadorias restantes (adquiridas em 05/01);
    - 08/01 – Venda a prazo de 20 unidades de mercadorias pelo total de R$ 4.000,00;
    - 09/01 – Recebimento em devolução de duas unidades da venda anterior;
    - 10/01 – Abatimento concedido sobre as demais mercadorias vendidas no total de R$ 230,00; e
    - Estoque inicial constituído de 5 unidades adquiridas a R$ 100,00 cada uma.

    Considerando única e exclusivamente as informações disponibilizadas e, ainda, sabendo que a empresa utiliza o método de avaliação de estoque "Primeiro a Entrar Primeiro a Sair (PEPS)", assinale, a seguir, o valor do Custo da Mercadorias Vendidas no dia 08/01.
    a) R$ 1.865,00.
    b) R$ 2.075,00.
    c) R$ 2.590,00.
    d) R$ 2.700,00.

    RESOLUÇÃO

    Trata-se de um inventário periódico pelo método PEPS. Um caso atípico, embora plausível, diga-se de passagem.

    Vejamos o quadro de apuração:

PEPS								
	Entradas			Saídas/Vendas		Saldos		
DATA	Qtde.	Pr. Unit.	Total	Qtde.	Total	Qtde.	Pr. Unit.	Total
Est.inic.	5	R$ 100,00	R$ 500,00			5	R$ 100,00	R$ 500,00
05/01	20	R$ 110,00	R$ 2.200,00	–	–	20	R$ 110,00	R$ 2.200,00

PEPS								
	Entradas			Saídas/Vendas		Saldos		
DATA	Qtde.	Pr. Unit.	Total	Qtde.	Total	Qtde.	Pr. Unit.	Total
06/01	(1)	R$ 110,00	(R$ 110,00)			(1)	R$ 110,00	(R$ 110,00)
						= 24		= R$ 2.590,00
07/01	19	(R$ 5,00)	(R$ 95,00)			19	(R$ 5,00)	(R$ 95,00)
						= 24		= R$ 2.495,00
08/01				20 un	R$ 4.000,00	(5)	R$ 100,00	(R$ 500,00)
						(15)	R$ 105,00	(R$ 1.575,00)
						= 4	R$ 105,00	R$ 420,00

CMV = Esotque inicial + COMPRAS − ESTOQUE FINA. LOGO,

CMV = R$ 500,00 + R$ 1.995,00 − R$ 420,00 (estroque final em 08/01, data da venda) = R$ 2.075,00.

PROVA REAL para testar a exatidão do CMV; computando-se as duas saídas registradas na última coluna, temos: R$ 500,00 + R$ 1.575,00 = R$ 2.075,00.

Obs. Como esta questão exige apenas o cálculo do CMV − Custo da mercadoria vendida − em 08/01, é desnecessário computar ocorrências comerciais de datas posteriores.

LETRA B

11. Determinada sociedade empresária do ramo comercial apresentou os seguintes saldos iniciais em 1º/01/20XX

Banco Conta Movimento	R$ 160.000,00
Estoque de Mercadorias (200 unidades)	R$ 20.000,00
Clientes	R$ 60.000,00
Fornecedores	R$ 130.000,00
Empréstimos − Curto Prazo	R$ 40.000,00
Veículos	R$ 40.000,00
Imóveis	R$ 80.000,00
Capital Social	R$ 308.500,00
Depreciação Acumulada Veículos	R$ 500,00
Despesa Antecipada (Aluguel)	R$ 120.000,00
Depreciação Acumulada Imóveis	R$ 1.000,00

Durante o mês de janeiro do citado ano, ocorreram as operações descritas a seguir; analise-as.

01/01/20XX:	Empresa vende à vista 100 unidades de mercadorias que estavam no estoque por R$ 300,00 cada unidade.
05/01/20XX:	Clientes pagaram a metade do que deviam.
04/01/20XX:	Empresa comprou 50 unidades de mercadorias para revenda no valor total de R$ 5.000,00, pagando à vista.
10/01/20XX:	Empresa pagou 40% do que devia aos fornecedores.
15/01/20XX:	Sócio integralizou capital no montante de R$ 200.000,00, sendo metade integralizada na conta bancária e o restante em um imóvel.
17/01/20XX:	Empresa vendeu 40 unidades de mercadorias a R$ 250,00 cada. A venda foi a prazo.
20/01/20XX:	Empresa pagou metade do empréstimo bancário.
21/01/20XX:	Empresa reconheceu a despesa com energia elétrica e água, pagando o valor de R$ 1.000,00.
31/01/20XX:	Empresa reconheceu um mês de despesa com aluguel pago antecipadamente.
31/01/20XX:	Empresa fez o reconhecimento da despesa com salários no valor de R$ 3.000,00. Tal quantia será paga no mês seguinte.
31/01/20XX:	Empresa fez a contabilização da depreciação e a amortização dos bens do ativo imobilizado de acordo com a legislação fiscal e com o quadro a seguir: Taxa Anual Anos de Vida Útil Veículos 20% 5 Imóveis 4% 25

Considerando exclusivamente as informações disponibilizadas e, ainda, a NBC TG 26 (R5) – Apresentação das Demonstrações Contábeis, em relação ao Balanço Patrimonial da empresa, apurado em 31/01/20XX, assinale a afirmativa correta.

a) O total do Ativo Circulante é R$ 403.000,00.
b) O total do Passivo Circulante é R$ 217.566,66.
c) O total do Ativo Não Circulante é R$ 101.000,00.
d) O total do Passivo Não Circulante é R$ 20.000,00.

RESOLUÇÃO

Iniciaremos a resolução pela composição do ativo circulante e sua movimentação no período indicado:

ATIVO CIRCULANTE

BANCOS CONTA MOVIMENTO (saldo inicial e lançamentos de débito e crédito no período)

R$ 160.000,00 – (saldo inicial)	R$ 5.000,00 – compra de mercadorias
R$ 30.000,00 – vendas de mercadorias	R$ 52.000,00 – pagamento a fornecedores
R$ 30.000,00 – recebimento de clientes	R$ 20.000,00 – quitação metade empréstimo
R$ 100.000,00 – integralização de capital em dinheiro	R$ 1.000,00 – despesa energia
R$ 320.000,00 – débito total	R$ 78.000,00 – crédito total
R$ 242.000,00 – saldo no fim do período	

MERCADORIAS (ESTOQUE) (saldo inicial e lançamentos de débito e crédito no período)

R$ 20.000,00 – (saldo inicial)	R$ 10.000,00 – baixa de mercadoria vendida
R$ 5.000,00 – compra de mercadrias em 04.01	R$ 4.000,00 – venda de 40 unidades (17.01)
R$ 25.000,00 – total dos débitos	R$ 14.000,00 – total dos créditos
R$ 11.000,00 – saldo no fim do período	

CLIENTES (saldo inicial e lançamentos de débito e crédito no período)

R$ 60.000,00 – (saldo inicial)	R$ 30.000,00 – pagamento em 05.01
R$ 10.000,00 – Venda de mercadorias – 17.01	
R$ 70,000,00 – débito total	
R$ 40.000,00 – saldo no fim do período	

DESPESAS ANTECIPADAS (saldo inicial e lançamentos de débito e crédito no período)

R$ 120.000,00 (saldo inicial)	R$ 10.000,00 – reconhecimento mês aluguel
R$ 110.000,00 – saldo no fim do período	

ATIVO CIRCULANTE: R$ 242.000,00 (Bancos) + R$ 11.000,00 (estoque) + R$ 40.000,00 (clientes) + R$ 110.000,00 (despesas antecipadas).

TOTAL .... R$ 403.000,00.

LETRA A

12. Duas sociedades empresárias – empresa A e empresa B – realizaram uma operação conjunta no ano de X2. Essa operação se referiu à compra de 80% da empresa B pela empresa A, no valor de R$ 50.000,00. O Balanço Patrimonial das duas empresas, no ano de X1, encontra-se disponibilizado a seguir:

	ATIVO		PASSIVO		
	Empresa A	Empresa B		Empresa A	Empresa B
Ativo Circulante			Passivo Circulante		
Bancos	R$ 150.000,00	R$ 10.000,00			
Ativo não Circulante			Passivo não Circulante		
Imobilizado					
Terreno		R$ 10.000,00	Patrimônio Líquido		
			Capital Social	R$ 150.000,00	R$ 20.000,00
TOTAL DO ATIVO	R$ 150.000,00	R$ 20.000,00	TOTAL DO PASSIVO	R$ 150.000,00	R$ 20.000,00

Na data da compra, o valor de mercado do terreno era R$ 20.000,00. Há, também, o valor de mercado da marca da empresa B, que era de R$ 8.000,00. Nesse sentido, considerando exclusivamente tais informações, qual o valor do ágio por expectativa de rentabilidade futura na combinação de negócio (também chamado de *goodwill*) total contabilizado no Balanço Patrimonial consolidado ao final de X2?
(Considerar que o valor justo da parcela dos não controladores é igual ao do valor pago pelo novo controlador.)
a) R$ 12.500,00.
b) R$ 24.500,00.
c) R$ 38.000,00.
d) R$ 50.000,00.

RESOLUÇÃO

A questão fala que em X2, a Cia. A comprou 80% da Cia. B, portanto, a empresa A é a adquirente e a data da aquisição foi o exercício de x2.

Agora, vamos reconhecer e mensurar os ativos identificáveis adquiridos e os passivos assumidos:

A Cia. B possuía ativos avaliados por 20.000, todavia, na combinação de negócios, reconhecemos o terreno e a marca avaliados a valor de mercado, o que totaliza: R$ 20.000 + R$ 10.000 + R$ 8.000 = R$ 38.000,00.

E a participação dos não controladores? Aqui é que a questão começa a ficar um pouco mais complexa, pois o CPC 15 nos dá duas possibilidades de reconhecimento, vejam:

Em cada combinação de negócios, o adquirente deve mensurar, na data da aquisição, os componentes da participação de não controladores na adquirida que representem nessa data efetivamente instrumentos patrimoniais e confiram a seus detentores uma participação proporcional nos ativos líquidos da adquirida em caso de liquidação, por um dos seguintes critérios:

(a) pelo valor justo, ou

(b) pela participação proporcional atual conferida pelos instrumentos patrimoniais nos montantes reconhecidos dos ativos líquidos identificáveis da adquirida.

Ou seja, podemos usar o valor justo ou a participação proporcional conferida pelos instrumentos patrimoniais nos ativos líquidos identificáveis.

Contudo, vejam o que a questão apresentou:

Considerar que o valor justo da parcela dos não controladores é igual ao do valor pago pelo novo controlador.

Ou seja, para fins de apuração, temos que considerar que o valor pago pelo novo controlador, ou seja, R$ 50.000, por 80%, seria o valor justo.

Portanto, R$ 50.000/0,80 = R$ 62.500 seria o valor justo total; assim, caberia aos não controladores: 20% de R$ 62.500 = R$ 12.500.

No entanto, esse valor ainda não é o *goodwill*, mas estamos chegando lá. O CPC 15 determina que o *goodwill* será determinado da seguinte maneira:

Reconhecimento e mensuração do ágio por expectativa de rentabilidade futura (*goodwill*) ou do ganho proveniente de compra vantajosa.

O adquirente deve reconhecer o ágio por expectativa de rentabilidade futura (*goodwill*), na data da aquisição, mensurado pelo montante que

(a) exceder

(a) a soma:

    (i) da contraprestação transferida em troca do controle da adquirida, mensurada de acordo com este Pronunciamento, para a qual geralmente se exige o valor justo na data da aquisição;

    (ii) do montante de quaisquer participações de não controladores na adquirida, mensuradas de acordo com este Pronunciamento; e

(iii) no caso de combinação de negócios realizada em estágios, o valor justo, na data da aquisição, da participação do adquirente na adquirida imediatamente antes da combinação;

(b) o valor líquido, na data da aquisição, dos ativos identificáveis adquiridos e dos passivos assumidos, mensurados de acordo com este Pronunciamento.

Fica assim:

Valor Justo da Contraprestação Transferida	R$ 50.000,00
Valor Justo da Participação dos Não Controladores	R$ 12.500,00
= Valor Justo atribuído ao negócio (1)	R$ 62.500,00
Valor Justo dos Ativos Líquidos da Cia B (2)	– R$ 38.000,00
Goodwill (1-2)	R$ 24.500,00

LETRA B

13. Uma sociedade empresária optante do lucro real apresentou as seguintes despesas, custos e receitas em 2021:
    - Receita de serviços prestados (tributável): R$ 500.000,00;
    - Receita de equivalência patrimonial (não tributável): R$ 20.000,00;
    - Custos dos serviços prestados (dedutíveis): R$ 250.000,00;
    - Despesas com provisão para processos trabalhistas (não dedutíveis – temporárias): R$ 50.000,00; e
    - Despesas com multas (não dedutíveis): R$ 40.000,00.

    A sociedade empresária apresenta histórico de lucratividade e um estudo detalhado que também prevê a apuração de lucro nos próximos cinco anos. De acordo com o Pronunciamento Técnico CPC 32 – Tributos sobre o Lucro, o lucro líquido (contábil) da sociedade empresária, em 31/12/2021, considerando a alíquota fixa de tributos sobre o lucro de 34% foi:
    a) R$ 95.000,00.
    b) R$ 108.800,00.
    c) R$ 112.000,00.
    d) R$ 180.000,00.

    RESOLUÇÃO
    RECEITAS TOTAIS .... R$ 520.000 00
    Custos e despesas totais. .... (R$ 340.000,00)
    LUCRO PROVISÓRIO .... R$ 180.000,00

Adições (despesas indedutíveis) ....+ R$ 90.000,00
Exclusões (receita não tributável) ....(R$ 20.000,00)
LUCRO REAL .... = R$ 250.000,00
Tributos sobre lucro (34% de R$ 250.000,00) ....R$ 85.000,00

- Obs.: as "despesas com provisão para processos trabalhistas (não dedutíveis – temporárias)": no valor de R$ 50.000,00 – adicionadas aqui à base de cálculo do Imposto de Renda – têm, por sua natureza temporária, o imposto de renda passível de diferimento. Ou seja, o IR a elas referente pode ser adiado para exercício posterior, conforme condições previstas no CPC 32. Dessa forma, os R$ 85.000,00 apontados no demonstrativo supra, à guisa de IR devido, devem ser reduzidos – neste exercício – em R$ 17.000,00. Tal valor, que correspondente a 34% de R$ 50.000,00, é proporcional à participação da provisão para processos trabalhistas no montante dos tribtos sobre lucro incidentes sobre o lucro real da empresa.

Entretanto, esta questão vai além do cálculo do imposto devido pela empresa e pede o Lucro Líquido Contábil, cujo cálculo obedece a outra metodologia (apuração do resultado contábil) e apresenta as "despesas tributárias sobre lucro" apuradas, neste caso, pelo regime do Lucro Real.

Após apuração, podemos demonstrá-lo mediante a DRE – Demonstração do Resultado do Exercício – descrita no art.187 da Lei n. 6.404/76.

Vejamos então a DRE resumida e o lucro líquido contábil:

RECEITA BRUTA DAS VENDAS .... R$ 500.000,00
CUSTO DOS SERVIÇOS PRESTADOS ....(R$ 250.000,00)
LUCRO OPERACIONAL BRUTO..R$ 250.000,00

DESPESAS OPERCIONAIS
Despesas com provisão para processos trabalhistas ....(R$ 50.000,00)
Despesas com multas..(R$ 40.000,00)
Receita de equivalência patrimonial ....R$ 20.000,00
Lucro do exercício antes do Imposto de Renda....................................R$ 180.000,00
Imposto de Renda (devido no período): R$ 85.000,00 – R$ 17.000,00.....(R$ 68.000,00)
LUCRO LÍQUIDO APÓS O IR (Lucro contábil) ....R$ 112.000,00

LETRA C

14. Uma indústria adquiriu um equipamento de grande porte em 1º de julho de 2020. Para aquisição da máquina, a sociedade deveria desembolsar R$ 1.500.000,00 à vista. Após analisar o seu fluxo de caixa, a administração da indústria decidiu financiar o pagamento da máquina junto ao fornecedor em 36 parcelas mensais de R$ 50.000,00, totalizando R$ 1.800.000,00. Adicionalmente, a empresa ainda desembolsou R$ 52.000,00 para transportar a

máquina da sede do fornecedor ao local de sua instalação; R$ 160.000,00 com tributos não recuperáveis; e, R$ 10.000,00 com seguro no transporte. Sabe-se que a indústria contratou uma empresa especializada para realizar a instalação e incorreu em gastos com instalação no montante de R$ 70.000,00. Findada a instalação, a fase de testes do funcionamento da máquina gerou custos de R$ 14.000,00 e as amostras produzidas, na fase de testes, foram vendidas por R$ 6.000,00. Devidamente instalada e testada, a máquina ficou apta para produzir em 1º de outubro de 2020. Posteriormente, a empresa pagou R$ 5.000,00 na realização de um curso para treinamento de seus empregados a fim de operar o equipamento. O método de unidades produzidas foi adotado para o cálculo da depreciação, considerando valor residual de 10% do custo de aquisição. A capacidade estimada de produção ao longo da vida útil da máquina é de 2.000.000 unidades. Em 2020, a produção foi de 60.000 unidades. Em 2021, a produção foi de 220.000 unidades. Considerando tais informações e, ainda, de acordo com a NBC TG 27 (R4) – Ativo Imobilizado, é correto afirmar que o valor contábil líquido (deduzido o saldo da depreciação acumulada) desse ativo, em 31/12/2021, foi:
a) R$ 1.566.208,00.
b) R$ 1.573.200,00.
c) R$ 1.577.570,00.
d) R$ 1.835.400,00.

RESOLUÇÃO

Trata-se de um caso amplo de depreciação de um ativo cujo valor de aquisião é R$ 1.500.000,00, ao qual são agregados diversos outros custos previstos na NBC TG 27, para formação do seu valor histórico, que totalizou R$ 1.800.000,00. Vejamos o que preceitua o normativo contábil retromencionado: "Mensuração no reconhecimento".

Um item do ativo imobilizado que seja classificado para reconhecimento como ativo deve ser mensurado pelo seu custo.

Elementos do custo

O custo de um item do ativo imobilizado compreende:

(a) seu preço de aquisição, acrescido de impostos de importação e impostos não recuperáveis sobre a compra, depois de deduzidos os descontos comerciais e abatimentos;

(b) quaisquer custos diretamente atribuíveis para colocar o ativo no local e condição necessárias para que seja capaz de funcionar da forma pretendida pela administração;

(c) a estimativa inicial dos custos de desmontagem e remoção do item e de restauração do local (sítio) no qual este está localizado. Tais custos representam a obrigação em que a entidade incorre quando o item é adquirido ou como consequência de usá-lo durante determinado período para finalidades diferentes da produção de estoque durante esse período.

Exemplos de custos diretamente atribuíveis são:

(a) custos de benefícios aos empregados (tal como definidos na NBC TG 33 – Benefícios a Empregados) decorrentes diretamente da construção ou aquisição de item do ativo imobilizado;

(b) custos de preparação do local;

(c) custos de frete e de manuseio (para recebimento e instalação);

(d) custos de instalação e montagem;

(e) custos com testes para verificar se o ativo está funcionando corretamente, após dedução das receitas líquidas provenientes da venda de qualquer item produzido enquanto se coloca o ativo nesse local e condição (tais como amostras produzidas quando se testa o equipamento); e

(f) honorários profissionais..."

São estes os itens de custos a serem agregados ao valor do imobilizado, até seu funcionamento, os quais servirão de base para o cálculo da depreciação:

PREÇO DO EQUIPAMENTO .... R$ 1.500.000,00
Transporte pago .... R$ 52.000,00
Tributos não recuperáveis .... R$ 160.000,00
Seguros pagos... R$ 10.000,00
Gastos com instalação... R$ 70.000,00
Gastos com testes .... R$ 14.000,00
– Receita gerada .... (R$ 6.000,00)
CUSTO TOTAL DO EQUIPAMENTO .... R$ 1.800.000,00
– Valor residual (10%).. (R$ 180.000,00)
VALOR DEPRECIÁVEL DO EQUIPAMENTO...................................... R$ 1.620.000,00
PRODUÇÃO TOTAL.. R$ 2.000.000,00
Produção do período .... R$ 280.000,00
Percentual de depreciação.. 14%
Depreciação acumulada no período de uso...................................... R$ 226.800,00
Valor contábil do equipamento... R$ 1.573.200,00

LETRA B

15. A empresa Potiffar Ltda. atua no ramo de revenda de celulares para consumidores finais. No dia 10/08/2022, a empresa adquiriu dez celulares da marca Xonglong, sendo o valor total da nota fiscal de entrada de R$ 21.120,00, pa-

gando 50% à vista e 50% para pagamento em dois meses. Na operação incidem IPI à alíquota de 10% (com valor destacado na Nota Fiscal) e ICMS de 18%. Considerando única e exclusivamente as informações disponibilizadas, a situação descrita e o disposto na NBC TG 16 (R2) – Estoques, a escrituração contábil da operação no Livro Diário será:

A)
D – Mercadorias para revenda .... R$ 17.664,00
D – ICMS a recuperar .... R$ 3.456,00
C – Bancos Conta Movimento .... R$ 10.560,00
C – Fornecedores Nacionais .... R$ 10.560,00

B)
D – Mercadorias para revenda .... R$ 15.774,00
D – ICMS a recuperar .... R$ 3.456,00
D – IPI a recuperar .... R$ 1.920,00
C – Bancos Conta Movimento .... R$ 10.560,00
C – Fornecedores Nacionais .... R$ 10.560,00

C)
D – Mercadorias para revenda .... R$ 17.318,40
D – ICMS a recuperar .... R$ 3.801,60
C – Bancos Conta Movimento .... R$ 10.560,00
C – Fornecedores Nacionais .... R$ 10.560,00

D)
D – Mercadorias para revenda .... R$ 15.398,40
D – ICMS a recuperar .... R$ 3.801,60
D – IPI a recuperar .... R$ 1.920,00
C – Bancos Conta Movimento .... R$ 10.560,00
C – Fornecedores Nacionais .... R$ 10.560,00

RESOLUÇÃO

Esta questão se refere ao cálculo da conta COMPRAS LÍQUIDAS DE MERCADORIAS em que há incidência de IPI, à alíquota de 10% e ICMS, à base de 18% sobre o preço do produto.

Ora, sabemos que o IPI, sendo, no ordenamento jurídico atual, um "imposto por fora", é agregado ao custo da mercadoria, após subtração do ICMS. Este, por sua vez, é um imposto calculado por dentro. O caso em apreço é resolvido mediante uma regra de três simples, para identificar o preço original do produto, calcular o valor do ICMS sobre ele incidente e seu custo final após a agregação do IPI. Vejamos a seguir:

110%...................... R$ 21.120,00 (valor pago pela empresa compradora)

100%..X (preço original da mercadoria)

X = 100 × R$ 21.120,00 : 110 = R$ 19.200,00 (preço da mercadoriia antes dos tributos)

ICMS = R$ 19.200,00 × 18% = R$ 3.456,00

Logo, o valor das compras líquidas é

R$ 19.200,00 – R$ 3.456,00 = R$ 15.744,00.

R$ 15.744,00 + R$ 1.920,00 (10% de IPI sobre R$ 19.200,00) = R$ 17.664,00 (custo da mercadoria).

Assim, o lançamento correto será:

D – Mercadorias para revenda .... R$ 17.664,00

D – ICMS a recuperar .... R$ 3.456,00 R$ 21.120,00

C – Bancos Conta Movimento C – Fornecedores Nacionais .... R$ 10.560,00

C – Fornecedores Nacionais.. R$ 10.560,00 R$ 21.120,00

LETRA A

16. Uma empresa do ramo comercial apresentou, no mês de dezembro/2021, os seguintes fatos econômicos:
    I. Venda de mercadorias pelo valor bruto de R$ 40.000,00, sobre o qual incidem PIS e COFINS, sob o regime cumulativo, e também à alíquota interna de 15%.
    II. Desconto incondicional sobre a venda, no valor de R$ 4.000,00.
    III. Como parte da venda foi efetuada a longo prazo, houve contabilização de ajuste a valor presente do crédito a receber, no valor de R$ 3.500,00, indedutível para fins tributários.
    IV. O custo das mercadorias vendidas equivale a 35% do valor da Receita Líquida.
    V. A referida empresa é optante pelo regime de tributação do IRPJ com base no lucro presumido e adota o regime de competência para fins de incidência da Contribuição para o PIS e para COFINS.

    Informações adicionais:
    * As alíquotas cumulativas da Contribuição para o PIS e para COFINS, de acordo com o art. 124 da Instrução Normativa RFB nº 1.911/2019 são, respectivamente, de 0,65% e de 3%; e
    * O valor do ICMS não compõe a base de cálculo para fins de incidência do PIS e da COFINS, conforme entendimento do Supremo Tribunal Federal.

Com base nas informações disponibilizadas, o Resultado com Mercadorias do mês de dezembro/2021 foi:
a) R$ 15.025,85.
b) R$ 15.778,18.
c) R$ 16.889,02.
d) R$ 19.164,02.

RESOLUÇÃO

Esta questão pode ser resolvida por meio de uma Demonstração do Resultado do Exercício (DRE) simplificada.

Vejamos o demosntrativo abaixo:

RECEITA BRUTA DAS VENDAS .... R$ 40.000,00

DEDUÇÕES:
DESCONTOS INCONDICIONAIS...R$ 4.000,00
ICMS: 15% sobre R$ 36.000,00 = ...R$ 5.400,00*
PIS/COFINS: 3,65% sobre R$ 30.600,00 =..R$ 1.116,90
AJUSTE A VALOR PRESENTE ....R$ 3.500,00**
RECEITA LÍQUIDA ....R$ 25.983,10
CMV: 35% × R$ 25.983,10 =...(R$ 9.094,08)
Lucro bruto..R$ 16.889,02***

* O ICMS, pela ordem legal vigente, deve ser excluído de sua base de cálculo (R$ 36.000,00), para gerar uma nova base para PIS e COFINS; esta, neste caso, será R$ 30.600,00.

** A ajuste a valor presente está deduzido da receita após o cálculo dos tributos.

***LETRA C

17. Por meio de Memorando Conjunto do Departamento Jurídico e do Departamento Tributário, o Departamento de Contabilidade da Cia. Terra Prometida é comunicado de que a entidade acaba de ingressar com ação judicial contra a União, pleiteando créditos tributários cobrados a maior nos últimos cinco anos. O documento informa ainda que, em casos parecidos, não há consenso sobre o efetivo direito das empresas, sendo possível, mas improvável, o desfecho favorável da ação. Diante da situação descrita, e com base na NBC TG 25 (R2) – Provisões, Passivos Contingentes e Ativos Contingentes, o contador da Cia. Terra Prometida:
a) Não deve proceder a qualquer registro contábil em contas patrimoniais, nem efetuar qualquer tipo de divulgação em notas explicativas.
b) Deve registrar em conta de Ativo Diferido o valor das diferenças apuradas pelos outros setores, atualizados monetariamente e corrigidos por juros de mora.

c) Deve divulgar o fato em notas explicativas sem, no entanto, proceder ao registro de qualquer direito no Balanço Patrimonial, ante a incerteza de fruição de benefícios econômicos futuros.

d) Deve registrar em conta de Ativo Não Circulante – Realizável a Longo Prazo – Créditos Tributários, o montante provável de realização da ação judicial, em valores nominais, divulgando o fato em notas explicativas.

RESOLUÇÃO

Conforme fundamentação apresentada em uma de nossas questões precedentes, o "PASSIVO CONTINGENTE" aludido no enunciado desta questão é definido pela NBC TG 25 (R2) como:

a) "uma obrigação possível que resulta de eventos passados e cuja existência será confirmada apenas pela ocorrência ou não de um ou mais eventos futuros incertos não totalmente sob controle da entidade; ou

(b) "uma obrigação presente que resulta de eventos passados, mas que não é reconhecida porque:

- não é provável que uma saída de recursos que incorporam benefícios econômicos seja exigida para liquidar a obrigação; ou

- o valor da obrigação não pode ser mensurado com suficiente confiabilidade."

Na mesma linha, o ativo contingente, mesmo sendo possível, só poderá ser confirmado pela ocorrência de fato, não podendo, portanto, ser reconhecido nas demonstrações contábeis antes de sua confirmação.

Tendo em vista, pois, o que preceitua o CPC 25, na situação proposta nesta questão a entidade "Não deve proceder a qualquer registro contábil em contas patrimoniais, nem efetuar qualquer tipo de divulgação em notas explicativas."

LETRA A

18. A Indústria W produz somente os produtos A, B e C e trabalhou com sua capacidade normal de produção. As informações seguintes foram coletadas na gerência de custos da Indústria W e se referem aos dados de produção dos produtos A, B e C no mês de abril/2022.

	CUSTOS DIRETOS DE PRODUÇÃO VARIÁVEIS/TOTAL NO MÊS	
	Mão de Obra	Matéria-Prima
Produto A	R$ 15.000,00	R$ 6.000,00
Produto B	R$ 17.000,00	R$ 21.000,00
Produto C	R$ 42.000,00	R$ 58.000,00

CUSTOS INDIRETOS DE PRODUÇÃO FIXOS/TOTAL NO MÊS	
Manutenção das Instalações Fabris	R$ 20.000,00
Aluguel	R$ 15.000,00
Energia Elétrica	R$ 25.000,00

Todo o processo de produção dos produtos A, B e C passa por três departamentos existentes na Indústria W. A indústria utiliza o critério de departamentalização para alocação dos Custos Indiretos de Produção Fixos a esses produtos e tais custos são assim distribuídos por departamento:

	Distribuído por	Departamento 1	Departamento 2	Departamento 3
Manutenção das Instalações Fabris	horas/máquinas trabalhadas	100/horas	50/horas	50/horas
Aluguel	área em m²	50 m²	50 m²	150 m²
Energia Elétrica	consumo em kWh	200 kWh	300 kWh	500 kWh

A Indústria W utiliza as seguintes proporções para distribuição dos custos departamentais aos Produtos A, B e C:

	Departamento 1	Departamento 2	Departamento 3
Produto A	5%	30%	40%
Produto B	25%	15%	40%
Produto C	70%	55%	20%

Considerando única e exclusivamente as informações apresentadas, assinale a alternativa que evidencia, respectivamente, o custo total para produzir 1.000 unidades de cada um dos produtos A, B e C no mês de abril/2022.
a) R$ 37.150,00; R$ 55.425,00; R$ 126.425,00.
b) R$ 41.000,00; R$ 58.000,00; R$ 120.000,00.
c) R$ 41.000,00; R$ 53.000,00; R$ 125.000,00.
d) R$ 39.000,00; R$ 53.000,00; R$ 126.000,00.

RESOLUÇÃO

"O custo total apropriado aos produtos é a soma dos custos variáveis e custos fixos". Vamos iniciar com os custos variáveis:

Produto	MOD	MP	Total
Produto A	R$ 15.000	R$ 6.000	R$ 21.000
Produto B	R$ 17.000	R$ 21.000	R$ 38.000
Produto C	R$ 42.000	R$ 58.000	R$ 100.000

Agora, os custos indiretos fixos. Vamos atribuir os valores de R$ 60.000 (total dos custos indiretos fixos) aos departamentos, conforme o percentual indicado pela questão.

Custos indiretos fixos	Valor
Manutenção	R$ 20.000
Aluguel	R$ 15.000
Energia Elétrica	R$ 25.000
Total	R$ 60.000

Valores indicados pela questão:

	Departamento 1	Departamento 2	Departamento 3	Total
Manutenção	R$ 100	R$ 50	R$ 50	R$ 200
Aluguel	R$ 50	R$ 50	R$ 150	R$ 250
Energia Elétrica	R$ 200	R$ 300	R$ 500	R$ 1000
PERCENTUAL				
Manutenção	50%	25%	25%	100%
Aluguel	20%	20%	60%	100%
Energia Elétrica	20%	30%	50%	
RATEIO				
Manutenção	R$ 10.000	R$ 5.000	R$ 5.000	R$ 20.000
Aluguel	R$ 3.000	R$ 3.000	R$ 9.000	R$ 15.000
Energia Elétrica	R$ 5.000	R$ 7.500	R$ 12.500	R$ 25.000
Total	R$ 18.000	R$ 15.500	R$ 26.500	

Agora só falta atribuir o custo dos departamentos 1, 2 e 3 aos produtos:

Manutenção	R$ 10.000	R$ 5.000	R$ 5.000	R$ 20.000
Aluguel	R$ 3.000	R$ 3.000	R$ 9.000	R$ 15.000
Energia Elétrica	R$ 5.000	R$ 7.500	R$ 12.500	R$ 25.000
Total	R$ 18.000	R$ 15.500	R$ 26.500	

Rateio aos produtos %	PERCENTUAL			
Produto A	5%	30%	40%	
Produto B	25%	15%	40%	
Produto C	70%	55%	20%	

Rateio aos produtos – Valor	Subtotal			
Produto A	R$ 900	R$ 4.650	R$ 10.600	R$ 16.150
Produto B	R$ 4.500	R$ 2.325	R$ 10.600	R$ 17.425
Produto C	R$ 12.600	R$ 8.525	R$ 5.300	R$ 26.425
Total	R$ 18.000	R$ 15.500	R$ 26.500	

Finalmente, somar os custos indiretos fixos aos custos variáveis:

Valor total dos produtos	Custo indireto	Custo direto	Custo total
Produto A	R$ 16.150	R$ 21.000	R$ 37.150
Produto B	R$ 17.425	R$ 38.000	R$ 55.425
Produto C	R$ 26.425	R$ 100.000	R$ 126.425

LETRA A

COMO VEMOS ESTE MODELO DE QUESTÃO

Reputamos descabido – quiçá injusto – incluir questões com essa extensão numa prova a ser aplicada em tempo limitado, cujo objetivo não é selecionar candidatos para vagas escassas, mas somente habilitá-los para o exercício de uma profissão para a qual eles já possuem a formação acadêmica exigida.

Cumpre ressaltar que o conhecimento de Custos, como das outras matérias essenciais à atividade de contador, pode ser testado de formas diversas e mais enxutas, independentemente de sua complexidade. É notório que formulações desse gênero – pelo elevado número de informações, passos e cálculos exigidos – têm como efeito prático a absorção de um tempo desproporcional e precioso do candidato, privando-o, em consequência, de resolver outras questões igualmente relevantes, e impelindo-o, quem sabe, a um desempenho insuficiente para a aprovação.

Qual a finalidade e a contribuição desse modelo prolixo de avaliações? Esperamos que as bancas e seus contratantes se disponham a repensar tais critérios – discutíveis em suas motivações e, no mínimo, exorbitantes para os fins a que a prova se destina.

19. Uma pequena indústria fabrica somente três produtos: produto A, produto B e produto C. Apesar de serem produtos distintos, eles têm em sua composição a matéria-prima X. O custo da matéria-prima X é de R$ 2,00 por kg e, no mês de fevereiro de 2022, o consumo dessa matéria-prima para produzir cada um dos produtos foi:

- Produto A   6 kg de matéria-prima por unidade produzida.
- Produto B   2 kg de matéria-prima por unidade produzida.
- Produto C   8 kg de matéria-prima por unidade produzida.

Outras informações levantadas em fevereiro de 2022:

- A pequena indústria produziu 1.000 unidades de cada produto e trabalhou com sua capacidade normal de produção;
- O total dos Custos Fixos Indiretos de fabricação foi de R$ 43.000,00. Esse valor foi assim rateado entre os produtos: 30% para o Produto A, 35% para o Produto B e 35% para o Produto C; e,
- O Custo Total da mão de obra direta para fabricação dos três produtos foi de R$ 40.000,00. Esse valor foi assim distribuído aos produtos: 25% para o Produto A, 30% para o Produto B e 45% para o Produto C.

Considerando única e exclusivamente as informações disponibilizadas, assinale a alternativa que evidencia o custo unitário de cada unidade do produto A, produto B e produto C, respectivamente.

a) R$ 22,90; R$ 27,05; R$ 33,05.
b) R$ 24,90; R$ 19,05; R$ 31,05.
c) R$ 34,90; R$ 16,00; R$ 49,05.
d) R$ 34,90; R$ 31,05; R$ 49,05.

RESOLUÇÃO

Calcula-se o custo unitário de um produto somando-se os custos (e despesas) fixos e variáveis totais e dividindo-se essa soma pela quantidade produzida no período. No caso em apreço, temos três prudutos: A, B e C. Vamos por partes...

PRODUTO A: absorveu 30% dos custos fixos indiretos. Ou seja, 30% × R$ 43.000,00 = R$ 12.900,00, que, divididos por 1.000 unidades, chegam a uma participação unitária de R$ 12,90.

Mão de obra direta: 25% × R$ 40.000,00 = R$ 10.000,00. Participação unitária R$ 10.000,00 : 1.000 unidades = R$ 10,00.

A matéria prima do produto A foram 6 kg × R$ 2,00, cada, o que totaliza R$ 12.00.

Dessa forma, o custo unitário do produto A é R$ 12,90 + R$ 10,00 + R$ 12,00 = R$ 34,90.

PRODUTO B absorveu 35% dos custos fixos indiretos. Ou seja, 35% × R$ 43.000,00 = R$ 15.050,00, que, divididos por 1.000 unidades, chegam a uma participação unitária de R$ 15,05.

Mão de obra direta: 30% × R$ 40.000,00 = R$ 12.000,00. Participação unitária R$ 12.000,00 : 1.000 unidades = R$ 12,00.

A matéria prima do produto B foram 2 kg × R$ 2,00, cada, o que totaliza R$ 4.00.

Dessa forma, o custo unitário do produto B será R$ 15,05 + R$ 4,00 + R$ 12,00 = R$ 31,05.

PRODUTO C absorveu 35% dos custos fixos indiretos. Ou seja, 35% × R$ 43.000,00 = R$ 15.050,00, que, divididos por 1.000 unidades, chegam-se a uma participação unitária de R$ 15,05.

Mão de obra direta: 45% × R$ 40.000,00 = R$ 18.000,00. Participação unitária R$ 18.000,00 : 1.000 unidades = R$ 18,00.

A matéria prima do produto C foram 8 kg × R$ 2,00, cada, o que totaliza R$ 16.00.

Dessa forma, o custo unitário do produto C será R$ 15,05 + R$ 18,00 + R$ 16,00 = R$ 49,05.

RESUMO: custo unitário dos 3 produtos: A: R$ 34,90; B: R$ 31,05; C: R$ 49,05.

LETRA D

20. (Consulplan/Exame CFC/2022.2) As informações seguintes foram coletadas na gerência de custos da Indústria A e se referem aos dados de produção e venda dos produtos Z e W no mês de fevereiro de 2022.

Itens	CUSTOS DIRETOS DE PRODUÇÃO VARIÁVEL/TOTAL NO MÊS	
	Z	W
Mão de Obra	R$ 20.000,00	R$ 30.000,00
Matéria-prima consumida	R$ 28.000,00	R$ 42.000,00
Total:	R$ 48.000,00	R$ 72.000,00

Itens	CUSTOS INDIRETOS DE PRODUÇÃO FIXOS/TOTAL NO MÊS
Manutenção de instalações fabris	R$ 18.000,00
Outros custos indiretos	R$ 37.000,00
Total:	R$ 55.000,00

Produtos	PRODUÇÃO TOTAL/KG	PREÇO DE VENDA POR KG	RECEITA DE VENDA
Produto Z	R$ 20.000	R$ 2,40	R$ 48.000,00
Produto W	R$ 30.000	R$ 0,80	R$ 24.000,00

Informações adicionais:
- A produção total de Z e W foi completamente vendida no mês.
- A indústria produz somente os produtos Z e W e trabalhou com sua capacidade normal de produção; e

* A indústria utiliza os custos totais com mão de obra direta como critério de rateio dos custos indiretos da produção.

Considerando única e exclusivamente as informações disponibilizadas e empregando o sistema de custeio por absorção, assinale o Resultado Bruto apurado pela indústria com a venda de toda a produção de Z e W no mês de fevereiro de 2022.

a) – R$ 48.000,00.
b) R$ 72.000,00.
c) – R$ 85.000,00.
d) – R$ 103.000,00.

RESOLUÇÃO

Uma questão simples e atípica, tendo em vista tratar-se, em última análise, da apuração de resultado (deficitário) de uma certa indústria em determinado período.

Usaremos, na resolução, de modo resumido, a estrutura clássica de uma Demonstração do Resulado do Exercício, nos termos do art. 187 da Lei n. 6.44/76, valendo--nos puramente dos dados informados na questão. Eis a DRE:

RECEITA BRUTA DAS VENDAS .... R$ 72.000,00
Produto Z .... R$ 48.000,00
Produto W .... R$ 24.000,00
CUSTOS DOS PRODUTOS VENDIDOS .... (R$ 175.000,00)

Sendo: custos indiretos variáveis:
Produto Z .... R$ 48.000,00
Produto W .... R$ 72.000,00
Custos indiretos fixos para os 2 produtos: .... R$ 55.000,00
PREJUÍZO OPERACIONAL .... (R$ 103.000,00)

LETRA D

21. Determinada empresa industrial, que produz dois tipos de produtos: chinelo azul e chinelo amarelo, está estruturada em três departamentos: Alfa, Beta e Gama. O departamento Gama não possui vínculo direto com a fabricação dos dois produtos, mas presta serviço aos outros dois departamentos. A empresa apresentou as seguintes informações:

Departamento	Gasto por Departamento (R$)
Alfa	3.000,00
Beta	4.000,00
Gama	9.000,00

Departamento	% de horas de trabalho – chinelo azul	% de horas de trabalho – chinelo amarelo
Alfa	60%	40%
Beta	40%	60%

Departamento	Quantitativo de serviços prestados pelo departamento Gama
Alfa	200
Beta	100

Considerando as informações disponibilizadas, assinale os custos a serem alocados à produção de chinelo azul e chinelo amarelo, respectivamente, empregando o critério do método de Custeio Baseado em Atividades (ABC) para rateio de custos indiretos.

a) R$ 8.200,00; R$ 7.800,00.
b) R$ 3.400,00; R$ 2.600,00.
c) R$ 4.800,00; R$ 4.200,00.
d) R$ 3.000,00; R$ 4.000,00.

RESOLUÇÃO

Questão de custos, com alocação de valores para dois produtos, considerando os serviços de 2 departamentos, auxiliados por um terceiro.

CALCULANDO OS CUSTOS POR DEPARTAMENTO

ALFA prestou serviços próprios no valor R$ 3.000,00 e ainda absorveu 2/3 dos serviços de GAMA, cuja cobrança total foi de R$ 9.000,00. Dessa forma, ALFA cobrou dos 2 produtos R$ 3.000,00 dos serviços próprios + R$ 6.000,00 referentes ao serviço de GAMA. Total de ALFA .... R$ 9.000,00.

BETA prestou 0,3333 dos serviços de GAMA, cuja cobrança total foi de R$ 9.000,00. Dessa forma, ALFA cobrou dos 2 produtos R$ 4.000,00 dos serviços próprios + R$ 3.000,00 referentes ao serviço de GAMA (1/3 de R$ 9.000,00). Total de ALFA .... R$ 7.000,00.

CHINELO AZUL consumiu 60% das horas do trabalho do departamento Alfa, e 40% das horas de Beta. Calculando-se a proporção do produto em cada departamento, temos R$ 5.400,00 de ALFA e R$ 2.800,00 de BETA, totalizando assim um custo de R$ 8.200,00.

CUSTOS DOS PRODUTOS

O CHINELO AMARELO consumiu 40% das horas do trabalho do departamento Alfa, e 60% das horas de Beta. Calculando-se a proporção do produto em cada departamento, temos R$ 3.600,00 de ALFA e R$ 4.200,00 de BETA, totalizando assim um custo de R$ 7.800,00.

RESUMO DOS CUSTOS DE PRODUÇÃO DOS PRODUTOS:
CHINELO AZUL .... R$ 8.200,00;
CHINELO AMARELO .... R$ 7.800,00.

LETRA A

22. Determinada entidade do setor público registrou, no exercício de X1, um ativo no valor de R$ 120,00. Porém, o valor correto seria de R$ 90,00. Com isso, o superavit apurado foi maior que o superavit real, conforme apurado no Balanço Patrimonial do ano X1, na conta de Resultados Acumulados, como demonstrado a seguir:

BALANÇO PATRIMONIAL – ANO X1 (R$)			
Ativo		Passivo	
Ativo Circulante	R$ 120,00	Passivo Circulante	R$ 100,00
Ativo não Circulante	R$ 300,00	Passivo não Circulante	R$ 200,00
		Patrimônio Líquido	
		Resultados Acumulados	R$ 120,00
Total	R$ 420,00	Total	R$ 420,00

No exercício seguinte (X2), foi identificado o erro. Neste exercício, antes do ajuste do erro, foi apurado o Balanço Patrimonial como demonstrado a seguir:

BALANÇO PATRIMONIAL – ANO X2 (R$)			
Ativo		Passivo	
Ativo Circulante	R$ 180,00	Passivo Circulante	R$ 150,00
Ativo não Circulante	R$ 350,00	Passivo não Circulante	R$ 250,00
		Patrimônio Líquido	
		Resultados Acumulados	R$ 130,00
Total	R$ 530,00	Total	R$ 530,00

Considerando a ocorrência de apenas o erro relatado e, ainda, unicamente as informações disponibilizadas, assinale a alternativa correta sobre o Balanço Patrimonial em X2 após a realização do ajuste.

a) O valor total do Ativo no Balanço Patrimonial em X2 ajustado é de R$ 560,00.

b) O valor do Ativo Circulante no Balanço Patrimonial em X2 ajustado é de R$ 180,00.
c) O valor do Passivo Circulante no Balanço Patrimonial em X2 ajustado é de R$ 250,00.
d) O valor do Patrimônio Líquido no Balanço Patrimonial em X2 ajustado é de R$ 100,00.

RESOLUÇÃO

Demonstrações contábeis no setor público: uma questão de simples ajuste de um exercício para outro, em decorrência de contabilização incorreta.

No caso em análise, a contabilidade identifica em X2 um acréscimo indevido de R$ 30,00 no Ativo Circulante em X1, aumentando consequentemente os Resultados Acumulados no período. A solução consistirá em fazer-se ajuste devido, estornando-se o valor ativado a maior no exercício de X1.

Faz-se assim o lançamento:
D – RESULTADOS ACUMULADOS .... R$ 30,00
C – ATIVO CIRCULANTE .... R$ 30,00.

Dessa forma, esse lançamento reduzirá simultaneamente o ATIVO CIRCULANTE de X2 de R$ 180,00 para R$ 150,00; o ATIVO TOTAL, de R$ 530,00 para R$ 500,00; o PATRIMÔNIO LÍQUIDO, de R$ 130,00 para R$ 100,00 e o PASSIVO TOTAL, de R$ 530,00 para R$ 500,00.

LETRA D

23. O Plano de Contas Aplicado ao Setor Público (PCASP), que deve ser adotado por todos os entes da Federação, constitui um instrumento para a consolidação das contas nacionais, bem como para a adoção das normas internacionais de contabilidade. Em relação aos aspectos relacionados ao PCASP, assinale a afirmativa correta.
a) Nos lançamentos de natureza de controle, são debitadas e creditadas contas das classes 7 e 8.
b) Para lançamentos da classe 1. ATIVO, utilizar-se-á uma conta da classe 5 (a crédito) e uma conta da classe 6 (a débito).
c) De acordo com a estrutura do código da conta contábil, na conta 1.1.0.0.0.00.00 – Ativo Circulante, o primeiro dígito, ou seja, 1º nível, representa o Título.
d) Na conta 1.2.1.4.1.00.00 Estoques – Consolidação, o 4º nível é o mecanismo para a segregação dos valores das transações que serão incluídas ou excluídas na consolidação.

RESOLUÇÃO

O Plano de Contas Aplicado ao Setor Público é estruturado em classes, segundo a natureza dos registros contábeis a serem efetuados. As classes de 1 a 4 destinam-se aos registros de natureza patrimonial. Ex.: 1 – ATIVO; 2 – PASSIVO; 3 – variação patrimonial diminutiva; 4 – variação patrimonial aumentativa. As classes de 5 e 6 destinam-se aos registros de natureza orçamentária. Ei-las: 5 – controle da APROVAÇÃO do planejamento e orçamento; 6 – controle de EXECUÇÃO do planejamento de orçamento.

Já as classes 7 e 8 destinam-se aos controles, sendo a 7 para os "controles devedores" e a 8 para os "controles credores".

Assim, como está expreso na alternativa A, "Nos lançamentos de natureza de controle, são debitadas e creditadas contas das classes 7 e 8".

LETRA A

24. Paulo, professor de Contabilidade Pública, alertou seus alunos para estudarem a Lei n. 4.320/1964, a Lei Complementar nº 101/2000 e as Normas Brasileiras de Contabilidade Aplicadas ao Setor Público, principalmente em relação à classificação das receitas públicas, suas origens e detalhamento das categorias econômicas, com vistas a identificar a procedência das receitas no momento em que ingressam nos cofres públicos, informando ainda que:
   - As Receitas Públicas Orçamentárias são disponibilidades de recursos financeiros que ingressam durante o exercício e que aumentam o saldo financeiro da instituição; e,
   - A Lei n. 4.320/1964 classifica as Receitas Orçamentárias por Categoria Econômica em: Receitas Correntes e Receitas de Capital.

   Considerando o exposto, assinale a alternativa que representa uma origem de Receita de Capital.
   a) Alienação de Bens.
   b) Receita de Serviços.
   c) Receita Patrimonial.
   d) Impostos, Taxas e Contribuições de Melhoria.

RESOLUÇÃO

Lei n. 4.320/64 – art. 11, § 2º – São **Receitas de Capital** as provenientes da realização de recursos financeiros oriundos de constituição de dívidas; **da conversão, em espécie, de bens e direitos**; os recursos recebidos de outras pessoas de direito público e privado, destinados a atender despesas classificáveis em **Despesas de Capital** e, ainda, o superávit do orçamento corrente.

À vista, pois, do dispositivo legal precedente, fica cristlaino que, entre as alternativas propostas, apenas a letra A encaixa-se no conceito de receita de capital.

LETRA A

25. A empresa Aços Planos S/A produz dois produtos em um único departamento e utiliza o método de Custeio por Absorção para apuração do custo de produção e avaliação dos estoques. Para apuração do custo de produção do mês de dezembro de 2021, foram apuradas as seguintes informações:

AÇOS PLANOS S/A – DEZEMBRO/2021	Produtos	
Descrição	A	B
Mão de obra direta	R$ 10,00/unidade	R$ 15,00/unidade
Matéria-prima	R$ 20,00/unidade	R$ 25,00/unidade
Quantidade produzida	1.500	3.000
Depreciação das máquinas	R$ 40.000,00	R$ 60.000,00
Custo total das embalagens	R$ 7.500,00	R$ 22.500,00

AÇOS PLANOS S/A – DEZEMBRO/2021	Produtos	
Rateio – Custos indiretos de fabricação	A	B
Aluguel da fábrica	R$ 3.000,00	R$ 6.000,00
Energia elétrica	R$ 3.000,00	R$ 9.000,00

Os custos indiretos de fabricação do mês de dezembro/2021 foram devidamente rateados (alocados) aos produtos. Com base nessas informações e, ainda, considerando que não havia saldos iniciais e finais de produtos em elaboração no mês de dezembro/2021, os custos de produção dos produtos A e B foram, respectivamente:

a) R$ 58.500,00; R$ 157.500,00.
b) R$ 98.500,00; R$ 217.500,00.
c) R$ 91.000,00; R$ 191.500,00.
d) R$ 95.500,00; R$ 208.500,00.

RESOLUÇÃO

O custeio por absorção, objeto desta questão, é o sistema de custeamento que reúne todos os custos despendidos para a fabricação do produto, quer sejam diretos, indiretos, fixos e variáveis. No caso sob exame, temos dois produtos, que aqui identificaremos pelas letras A e B. Para o cálculo dos custos totais de um e de outro, computamos todos os itens descritos no corpo da questão, conforme relação que segue:

PRODUTO A – 1.500 unidades produzidas, custando cada uma R$ 10,00 de mão de obra direta, totalizando, assim, R$ 15.000,00; e R$ 30.000,00 de matéria-prima, à razão de R$ 20,00 por unidade.

Os outros custos alocados a esse produto são: depreciação – R$ 40.000,00, embalagens – R$ 7.500,00; aluguel – R$ 3.000,00 e energia – R$ 3.000,00. Esses 4 itens custam ao produto A R$ 53.500,00. Este valor, somado aos R$ 45.000,00 de custos diretos, atinge o montante de R$ 98.500,00.

PRODUTO B – 3.000 unidades produzidas, custando cada uma R$ 15,00 de mão de obra direta, totalizando assim R$ 45.000,00; e R$ 75.000,00 de matéria-prima, à razão de R$ 25,00 por unidade.

Os outros custos alocados a esse produto são: depreciação – R$ 60.000,00; embalagens – R$ 22.500,00; aluguel – R$ 6.000,00 e energia – R$ 9.000,00. Esses 4 itens custam ao produto B R$ 97.500,00 Este valor, somado aos R$ 120.000,00 de custos diretos, resulta num montante de R$ 217.500,00.

LETRA B

26. Uma empresa apresentou as seguintes informações extraídas de suas demonstrações contábeis do exercício findo em 31/12/2021:

Caixa e equivalentes de caixa	R$ 20.000,00
Ativo circulante	Equivalente a 60% do capital de terceiros
Imobilizado	R$ 400.000,00
Fornecedores	R$ 50.000,00
Passivo circulante	R$ 200.000,00
Passivo não circulante	R$ 300.000,00
Patrimônio líquido	R$ 400.000,00
Receita líquida de vendas	R$ 8.000.000,00
Lucro líquido do exercício	R$ 70.000,00
Margem bruta	25%
Índice de liquidez seca	1,20
Lucro Bruto	R$ 2.000.000,00
Custo de Mercadorias Vendidas	R$ 6.000.000,00

Considerando exclusivamente as informações do quadro anterior, o saldo dos estoques e o prazo médio de renovação dos estoques são, respectivamente:
a) R$ 60.000,00; 3,6 dias.
b) R$ 200.000,00; 12 dias.
c) R$ 240.000,00; 14,4 dias.
d) R$ 360.000,00; 21,6 dias.

RESOLUÇÃO

A questão contém simultaneamente elementos de Análises e estrutura das demonstrações contábeis, com foco no Balanço e na rotatividade dos estoques, embora os valolres desses grupos estejam ocultos – ou apenas subentendidos – no âmbito do conexto informado. Há, no entanto, alguns dados por meio dos quais podemos calcular sem delongas esses valores. Ei-los:

ATIVO CIRCULANTE = 60% do capital de terceiros. O capital de terceiros – passivo circulante (R$ 200.000,00) + passivo não circulante (R$ 300.000,00) – totaliza R$ 500.000,00. Dessa forma, o ATIVO CIRCULANTE corresponde a R$ 300.000, isto é, 60% de R$ 500.000.

E, sabendo-se que o Estoque integra o Ativo Circulante, fica fácil identificá-lo, calculando-se o ÍNDICE DE LIQUIDEZ SECA, cuja fórmula é: Ativo Circulante – ESTOQUES dividido pelo PASSIVO CIRCULANTE. Esse índice, conforme está explícito na questão, é 1,20. Logo, o ATIVO CIRCULANTE menos o ESTOQUE é (R$ 200.000 (PC) × 1,20) = R$ 240.000,00. Assim, teremos: R$ 300.000 (AC) – R$ 240.000,00 = R$ 60.000,00 (valor do estoque).

Identificado o valor do estoque, podemos afirmar com propriedade que a LETRA A é a alternativa correta – única que apresenta estoque de R$ 60.000,00.

Podemos ainda provar a exatidão desse dado calculando O ÍNDICE DE ROTATIVIDADE DO ESTOQUE, que é CMV/Estoque Médio. Dividindo-se, depois, esse resultado pelos 360 dias do ano, ou seja, R$ 6.000.000,00/60.000,00 = 100. 360 dias : 100 = 3,6.

Esse índice, finalmente, confirma a exatidão da LETRA A

27. Considerando o processo de gestão de uma instituição é constituído por um conjunto de processos decisórios organizados por fases que visam garantir a missão, otimizar os resultados econômicos e a eficácia empresarial, relacione adequadamente as colunas a seguir.
1. Planejamento estratégico.
2. Planejamento operacional.
3. Planejamento tático.
( ) Elo entre operação e gestão. Possibilita que as operações da empresa flutuem, pois é flexível; o que dá capacidade de reação a imprevistos e mudanças.

( ) A premissa é assegurar o cumprimento da missão da empresa. Nessa fase, são identificadas as oportunidades e ameaças, pontos fortes e fracos.

( ) Foco de curto ou, no máximo, médio prazo, definindo ações departamentais e suas respectivas mensurações. É nessa etapa que os objetivos da empresa são desenhados em projetos e metas por setor.

( ) Busca-se identificar e escolher um plano de ação a ser implementado que otimize os resultados no curto, médio e longo prazo.

A sequência está correta em
a) 3, 3, 2, 1.
b) 3, 1, 3, 2.
c) 2, 1, 3, 1.
d) 3, 2, 1, 1.

RESOLUÇÃO

Definindo, resumidamente, os tipos de planejamento invocados nesta questão, temos, segundo parecer das fontes consultadas:

1. Planejameto estratégico – refere-se aos planos de ação de longo prazo, mencionados no parêntese quarto.

2. Planejamento operacional – reflete o curto prazo, confiorme indicação no parêntese terceiro.

3. Planejamento tático – retrata as ações de médio prazo, as quais estão indicadas nos primeiro e segundo parênteses.

Tendo em vista os conceitos e associações aqui expostos, nossa escolha é pela SEQUÊNCIA 3,3,2,1 – que compõe a alternativa a.

LETRA A

IMPORTANTE: colaborou conosco nesse entendimento a Professora Maria Aparecida Assunção, mestre em gestão, a quem somos gratos pela contribuição.

28. Analise os excertos a seguir.
    I. *"As demonstrações contábeis nele devem ser transcritas, completando-se com as assinaturas do titular ou de representante legal da entidade e do profissional da contabilidade legalmente habilitado."*
    II. *"Nele devem ser lançadas, em ordem cronológica, com individualização, clareza e referência ao documento probante, todas as operações ocorridas, e quaisquer outros fatos que provoquem variações patrimoniais."*

Podemos afirmar que tais informações se referem ao seguinte livro contábil:
a) Livro Caixa.
b) Livro Diário.

c) Livro Razão.
d) Livro de Registro de Inventário.

RESOLUÇÃO

As afirmações contidas nos itens I e II definem de modo inequívoco o papel que o livro DIÁRIO exerce na atividade contábil. Nesse livro – que é obrigatório e segue formalidades estabelecidas pela legislação pertinente –, são efetuados os registros de todos os fatos contábeis ocorridos na entidade durante o exercício. Esses registros consistem em passos ou procedimentos técnicos de escrituração; têm, por sua vez, elementos (dados) essenciais e se denominam LANÇAMENTOS.

No livro Diário são transcritas também as demonstrações contábeis geradas e enceradas a cada período.

LETRA B

29. Em setembro de 2015, determinado contribuinte pagou, no vencimento, R$ 2.000,00 a título de tributo estadual. Poucos meses depois, ele tomou ciência que o valor pago era significativamente maior que o devido. Encontrando-se muito atarefado, ele deixou de tomar qualquer medida que viabilizasse a restituição do valor pago a maior. Em março de 2020, o contribuinte descobriu que possuía um débito tributário no montante de R$ 1.000,00 com a fazenda estadual pelo não pagamento de outro imposto. Visando regularizar sua situação com o Fisco, ele preencheu requisição administrativa para que a obrigação pendente fosse extinta através da compensação. O fisco, contudo, em 2022, responde negativamente ao pedido. Diante da negativa, o contribuinte deverá:
a) Aceitar a decisão, pois demorou tempo demais e seu direito prescreveu.
b) Ajuizar ação para anular e desconstituir a decisão administrativa que negou o seu pedido.
c) Fazer uma nova requisição administrativa no prazo máximo de três dias a contar da decisão do Fisco.
d) Desistir de recuperar o valor pago a maior, pois o poder público, em nenhuma hipótese, efetua devoluções de valores tributários pagos a maior.

RESOLUÇÃO

A compensação tributária é um direito líquido assegurado ao contriuinte pela legislação vigente nos casos em que ele figura como devedor de certa obrigação tributária, mas possui crédito anterior junto ao fisco. Esse processo, por analogia, corresponde àquela situação em que duas pessoas (físicas ou jurídicas) são devedoras recíprocas e entram em acordo para solucionarem a pendência.

Se os valores devidos por elas forem iguais, ambas as obrigações são quitadas sem nenhum pagamento das partes. Se, porém, os valores forem diferentes, elimina-se a dívida menor, livrando seu devedor; e o devedor maior quita seu débito total, pagando à outra parte a diferença existente entre o valor que ele deve e o que tem a receber.

Vejamos, a propósito, o que estabelece o art. 170 do Código Tributário Nacional:

"Art. 170. A lei pode, nas condições e sob as garantias que estipular, ou cuja estipulação em cada caso atribuir à autoridade administrativa, autorizar a compensação de créditos tributários com créditos líquidos e certos, vencidos ou vincendos, do sujeito passivo contra a Fazenda pública. (Vide Decreto n. 7.212, de 2010)"

No entanto, se a autoridade administração – conforme registra esta questão – nega ao contribuinte o direito à compensação dos créditos, restará ao contribuinte "Ajuizar ação para anular e desconstituir a decisão administrativa que negou o seu pedido".

LETRA B

30. Diversos aspectos de legislação e normativos tributários estão presentes no cotidiano daqueles que militam na área contábil. É necessário que o contador entenda os conceitos de fato gerador, bases de cálculo e alíquotas dos tributos incidentes sobre as diversas operações efetuadas pelas entidades. Nesse sentido, analise as contas contábeis de resultado demonstradas a seguir, extraídas do balancete de verificação de uma determinada Cia. (empresa do ramo industrial) em 31/12/2021.

Conta	Valor
PIS/COFINS sobre Faturamento	R$ 3.850,00
Imposto sobre a Propriedade Territorial Urbana	R$ 2.125,00
ICMS sobre vendas	R$ 11.295,00
Perdas estimadas com Créditos de Liquidação Duvidosa	R$ 1.945,00
Faturamento Bruto de Vendas de Produtos	R$ 45.090,00
FGTS	R$ 8.660,00
Vendas Canceladas	R$ 2.320,00
Descontos Financeiros Obtidos	R$ 1.105,00
IRPJ Corrente	R$ 2.125,00
PIS sobre Folha de Pagamento	R$ 975,00
IOF – Imposto Sobre Operações Financeiras	R$ 390,00
IPI sobre o Faturamento	R$ 4.215,00
Comissões sobre Vendas	R$ 2.770,00
CSLL Corrente	R$ 1.435,00
Descontos Incondicionais Concedidos	R$ 1.200,00

Com base nos dados anteriores, assinale a alternativa que representa corretamente a Receita Líquida de Vendas da citada Cia. em 2021.
a) R$ 19.440,00.
b) R$ 20.265,00.
c) R$ 21.235,00.
d) R$ 22.210,00.

RESOLUÇÃO

Mais uma questão formada por contas de resultado cuja resolução é feita por meio de uma Demonstração do Resultado do Exercício (DRE) simplificada. Situações similares já ocorreram em questões anteriores desta prova, entre elas as propostas sob os números 16 e 20.

Vejamos o demosntrativo abaixo:

FATURAMENTO BRUTO DOS PRODUTOS VENDIDOS) .... R$ 45.090,00
DEDUÇÕES:
DESCONTOS INCONDICIONAIS .... R$ 1.200,00
VENDAS CANCELADAS .... (R$ 2.320,00)
IPI SOBRE FATURAMENTO .... (R$ 4.215,00)
ICMS SOBRE VENDAS .... (R$ 11.295,00)
PIS/COFINS .... (R$ 3.850,00)

RECEITA LÍQUIDA .... R$ 22.210,00.

IMPORTANTE: as demais contas relacionadas na tabela desta questão ou compõem o grupo das Despesas Opercacionais ou são tributos incidentes sobre lucro. Não interferem, portanto, no cálculo da receita líquida.

LETRA D

31. Em 2021, uma cadeia de lojas passou a avaliar a abertura de uma nova filial em 2022, cujo investimento inicial era R$ 50.000,00. Os contadores estimaram as receitas e as despesas, em reais, para os primeiros anos da filial, do seguinte modo:

Ano	Receitas	Despesas
2022	R$ 50.000,00	R$ 80.000,00
2023	R$ 60.000,00	R$ 50.000,00
2024	R$ 80.000,00	R$ 50.000,00
2025	R$ 100.000,00	R$ 60.000,00
2026	R$ 110.000,00	R$ 60.000,00

Assinale o ano da ocorrência do *payback* simples:
a) 2023.
b) 2024.
c) 2025.
d) 2026.

RESOLUÇÃO

Conforme estudado no capítulo 13 deste livro, o *payback* – tema desta questão – é uma ferramenta gerencial destinada a calcular o prazo exato em que determinado investimento se pagará. Consiste no número de anos, meses e dias necessários para a empresa recuperar o investimento inicial. Se o período de *payback* encontrado representar um tempo aceitável para a empresa, o projeto será selecionado, isto é, será considerado viável. Quando são comparados dois ou mais projetos, aqueles com os menores períodos de amortização serão os escolhidos.

VAMOS AOS DADOS DA QUESTÃO AQUI PROPOSTA

O Investimento inicial, em 2021, é de R$ 50.000,00. Em 2022, a perspectiva era de um prejuízo de R$ 30.000,00 (R$ 80.000,00 de despesas – menos R$ 50.000,00 de receitas).

Em 2023, a empresa tem lucro de R$ 10.000,00 (R$ 60.000,00 de receitas – R$ 50.000,00 de respesas).

Em 2024, há um lucro de R$ 30.000,00 (Receitas de R$ 80.000,00 – despesas de R$ 50.000,00)

Recapitulando os valores, temos no terceiro ano um acumulado positivo de – R$ 10.000,00. Isto é, R$ 30.000,00 (2024) + R$ 10.000,00 (2023) – R$ 30.000,00 (2022)

Faltam, porém, R$ 40.000,00 para cobrir o investimento inicial. Vamos então ao exercício de 2025, no qual encontraremos um lucro de R$ 50.000,00 – (R$ 110.000,00 de receitas – R$ 60.000,00 de respesas).

Assim, os lucros acumulados em 2025 serão R$ 60.000,00. Isto é, R$ 50.000,00 em 2025, + R$ 30.000,00, em 2024) + R$ 10.000,00 (2023) – R$ 30.000,00 (2022).

O resultado total computado em 2025 supera, portanto, o investimento inicial em R$ 10.000,00; e assim se dará, nesse quarto ano, O *PAYBACK* SIMPLES.

A resposta correta é LETRA C

32. Em 01/01/2021, uma empresa contraiu uma dívida com terceiros no valor de R$ 20.000,00. A empresa pagou toda a dívida em 31/10/2021. Na data, a soma do principal e dos juros foi de R$ 28.000,00. Considerando o regime de juros simples, qual a taxa de juros mensal paga pelo empréstimo?
    a) 3,63%.
    b) 4,00%.
    c) 4,40%.
    d) 5,00%.

RESOLUÇÃO

Esta é uma questão de juros simples, de fácil e rápida resolução, daquelas em que o candidato esperto ganha tempo para usar em questões mais complexas. Vamos resolvê-la, inicialmente, adotando o montante como ponto de partida. Se o capital tomado a terceiros é de R$ 20.000,00 e o montante após 10 meses é de R$ 28.000,00, faz-se assim o cálculo:

R$ 20.000,00 (capital) 100%
R$ 28.000,00 (montante) X
$X = \dfrac{R\$ 28.000,00 \times 100}{R\$ 20.000,00} = 140\%$
140% (montante) – 100% (capital) = 40% (juros totais).
40% : 10 meses = 4% (taxa mensal).

OUTRO MÉTODO

Existem outras formas igualmente simples de se resolver esta questão. Eis uma delas:

R$ 28.000,00 (montante) – R$ 20.000,00 (capital) = R$ 8.000,00 (juro total cobrado)

R$ 8.000,00 (juros): 10 meses = R$ 800,00 por mês.

Podemos, assim, mediante nova regra de três simples, encontrar a taxa mensal.

R$ 20.000,00 (capital) – 100%
R$ 800,00 (juros – X (taxa mensal))

Logo, X = R$ 800,00 : 100 = 4% (taxa mensal)

LETRA C

33. Empresa brasileira fundada na década de 1949 atua em um mercado muito competitivo e dominado por grandes grupos multinacionais. Essa empresa precisa oferecer sempre soluções inovadoras e criativas a seus clientes, caso contrário, corre o risco de perder mercado e ser "engolida" por alguma gigante do setor. A Demonstração Financeira, elaborada pela citada empresa, que permite aos interessados visualizar sua posição financeira e patrimonial em determinada data trata-se de:
a) Balanço Patrimonial.
b) Demonstração dos Fluxos de Caixa.
c) Demonstração do Valor Adicionado.
d) Demonstração dos Lucros e Prejuízos Acumulados.

RESOLUÇÃO

Das demonstrações relacionadas nas 4 alternativas, somente o Balanço Patrimonial retrata acumuladamente os aspectos Financeiro e Patrimonial da empresa. O aspecto financeiro é revidenciado (para se usar um termo favorito da doutrina contábil) no CAIXA e eqivalentes DE CAIXA. Esses itens retratam o dinheiro disponível a qualqer momento. Eles são ao mesmo tempo ATIVOS – elementos positivos do patrimônio.

As outras 3 demonstrações ocupam-se ou do aspecto financeiro (DFC) ou são relatórios de natureza econômica (DVA e DLPA).

LETRA A

34. Os elementos reconhecidos nas demonstrações contábeis são quantificados em termos monetários. Isso exige a seleção de uma base de mensuração. A base de mensuração é uma característica identificada de item sendo mensurado. Aplicar a base de mensuração a ativo ou passivo cria uma mensuração para esse ativo ou passivo e para as respectivas receitas e despesas.

De acordo com o disposto na NBC TG – Estrutura Conceitual para relatório financeiro, NÃO é(são) considerado(s) como base de mensuração do Valor Atual de item a ser mensurado:
a) Valor justo.
b) Custo histórico.
c) Custo corrente.
d) Valor em uso e Valor de Cumprimento.

RESOLUÇÃO

Conforme a NBC TG – ESTRUTURA CONCEITUAL, item 6, entre os conceitos relacionados nas alternativas, o único que "não é considerado como base de mensuração do Valor Atual (...)" é o Custo Histórico.

LETRA B

35. Conhecer as normas que regem um negócio ou uma profissão é fundamental para o desenvolvimento, a valoração e a permanência da empresa e do profissional no mercado. O desconhecimento de normatizações e regulamentações pode prejudicar a empresa e, por isso, é muito importante que o profissional de contabilidade busque sua certificação e constante atualização. Considerando as definições constantes na NBC TG – Estrutura Conceitual para relatório financeiro, relacione adequadamente os termos apresentados aos seus respectivos significados.
1. Classificação.
2. Prudência.
3. Desreconhecimento.
4. Agregação.

5. Recurso econômico.
( ) Parte ou totalidade de determinado ativo ou passivo é apartada (retirada) do Balanço Patrimonial da entidade.
( ) Organização de itens que compõem os demonstrativos financeiros com base em características compartilhadas para fins de apresentação e divulgação.
( ) Soma de ativos, passivos, patrimônio líquido, receitas ou despesas que possuem características compartilhadas e são incluídas na mesma classificação.
( ) Direito que tem potencial de produzir benefícios econômicos. RECURSOS ECONÔMICOS (PARÊNTESE 4)
( ) Exercício de cautela ao fazer julgamentos sob condições de incerteza. (PARÊNTESE 5) = PRUDÊNCIA

A sequência está correta em
a) 4, 2, 1, 5, 3.
b) 3, 4, 1, 2, 5.
c) 2, 5, 4, 3, 1.
d) 3, 1, 4, 5, 2.

RESOLUÇÃO

Estudemos, aqui, à luz das normas contábeis, especificamente a NBC TG – ESTRUTURA CONCEITUAL – a definição dos termos sequencialmente dispostos no corpo desta questão, bem como o encaixe de cada um deles no parêntese oom o qual se relaciona:

1. CLASSIFICAÇÃO – esse termo está associado à "Organização de itens que compõem os demonstrativos financeiros com base em características compartilhadas para fins de apresentação e divulgação. (PARÊNTESE 2)

2. PRUDÊNCIA – conceito já consagrado como princípio de Contabilidade – esse termo está relacionado ao parêntese 5 como "exercício de cautela ao fazer julgamentos sob condições de incerteza".

3. DESRECONHECIMENTO: termo de emprego escasso na literatura convencional, diga-se de passagem, que se relaciona com o primeiro parêntese: "Parte ou totalidade de determinado ativo ou passivo, apartada (retirada) do Balanço Patrimonial da entidade".

4. AGREGAÇÃO – esse item se conecta com o terceiro parêntese, que contém a "Soma de ativos, passivos, patrimônio líquido, receitas ou despesas que possuem características compartilhadas e são incluídas na mesma classificação".

5. RECURSO ECONÔMICO. Talvez de maior proximidade semântica com o parêntese com que se relaciona, esse item diz respeito ao quarto parêntese como "Direito que tem potencial de produzir benefícios econômicos".

Dessa forma, a relação correta entre os termos e os parênteses é: 3 – 1 – 4 – 5 – 2.

LETRA D

36. Considerando o processo e os critérios de reconhecimento e desreconhecimento, além de outras conceituações existentes na NBC TG – Estrutura Conceitual para relatório financeiro, marque V para as afirmativas verdadeiras e F para as falsas.

( ) Reconhecimento é o processo de captação para inclusão no balanço patrimonial e na demonstração do valor adicionado de item que não atenda à definição de um dos elementos das demonstrações contábeis.

( ) Reconhecimento de ativo ou passivo específico é apropriado se fornecer não apenas informações relevantes, mas também representação fidedigna desse ativo ou passivo e de quaisquer receitas, despesas ou mutações do patrimônio líquido resultantes.

( ) Somente itens que atendam à definição de ativo, passivo ou patrimônio líquido devem ser reconhecidos no Balanço Patrimonial. De igual forma, somente itens que atendem à definição de receitas ou despesas devem ser reconhecidos na Demonstração do Resultado e na Demonstração do Resultado Abrangente. Contudo, nem todos os itens que atendem à definição de um desses elementos devem ser reconhecidos.

( ) Não é possível definir precisamente quando o reconhecimento de um ativo ou passivo fornece informações úteis aos usuários das demonstrações contábeis, a um custo que não supere seus benefícios.

A sequência está correta em
a) V, F, F, V.
b) F, V, V, V.
c) V, V, F, F.
d) F, V, F, V.

RESOLUÇÃO

( ) Reconhecimento é o processo de captação para inclusão no balanço patrimonial e na demonstração do valor adicionado de item que não atenda à definição de um dos elementos das demonstrações contábeis.

Este parágrafo É FALSO. Primeiro porque, embora contenha em parte o conceito de reconhecimento, contradiz a norma institucional ao associar RECONHECIMENTO com "item que não atenda à definição de um dos elementos das demonstrações contábeis". Ora, é exatamente o oposto: reconhecer é aceitar o que faz parte e não o que destoa do contexto. Vide CPC 00, item 5.

( ) Reconhecimento de ativo ou passivo específico é apropriado se fornecer não apenas informações relevantes, mas também representação fidedigna desse ativo ou passivo e de quaisquer receitas, despesas ou mutações do patrimônio líquido resultantes.

Este segundo parágrafo É VERDADEIRO, pois exige a fidedignidade das inflrmações – ou itens – ao contexto das demonstrações e, em última análise, às contas patrimonias e de resultado. Isso também está no CPC 00, item 5.

( ) Somente itens que atendam à definição de ativo, passivo ou patrimônio líquido devem ser reconhecidos no Balanço Patrimonial. De igual forma, somente itens que atendem à definição de receitas ou despesas devem ser reconhecidos na Demonstração do Resultado e na Demonstração do Resultado Abrangente. Contudo, nem todos os itens que atendem à definição de um desses elementos devem ser reconhecidos.

VERDEIRO também é este terceiro parêntese, pois estabelece que somente itens que atendam à definição dos elementos do patrimônio e do resulado podem ser verdadeiramente reconhecidos, o que, de outro modo, já foi mencionado nos parágrafos anteriores. (item 5 do CPC 00)

( ) Não é possível definir precisamente quando o reconhecimento de um ativo ou passivo fornece informações úteis aos usuários das demonstrações contábeis, a um custo que não supere seus benefícios.

Igualmente VERDADEIRO este parágrafo quarto, pois os elementos mencionados no texto podem ser sempre estimados, mas não definidos com precisão "a um custo que não supere seus benefícios".

Assim, a sequência correta é FVVV – LETRA B

37. Em uma reunião da diretoria de determinada empresa com o contador, chefe do departamento de contabilidade, o diretor financeiro questionou se poderia deixar de recolher os tributos devidos no ano de 2022, na expectativa de o governo conceder anistia de débitos tributários em decorrência da pandemia de Covid-19. O contador examinou as normas tributárias atuais e alertou a toda diretoria, oficialmente e por escrito, da existência de penalidades aplicáveis nos recolhimentos de tributos em atraso, e orientou que os tributos fossem recolhidos nos prazos estabelecidos na legislação então vigente. Considerando unicamente a situação descrita e com base no Código de Ética Profissional do Contador (NBC PG 01 de 07/02/2019), analise a conduta ética do profissional de contabilidade, marque V para as afirmativas verdadeiras e F para as falsas.
    ( ) Exerceu a profissão contábil com imprudência, já que existe a expectativa do governo conceder anistia de débitos tributários.

( ) Exerceu a profissão contábil com zelo, pois alertou sobre a existência de penalidades aplicáveis nos recolhimentos de tributos em atraso.
( ) Exerceu a profissão contábil com negligência, considerando que a sua orientação poderá ocasionar uma redução no patrimônio do cliente.
( ) Exerceu a profissão contábil com diligência, pois orientou que os tributos fossem recolhidos nos prazos estabelecidos na legislação vigente.

A sequência está correta em
a) F, V, V, V.
b) V, F, F, V.
c) V, F, V, F.
d) F, V, F, V.

RESOLUÇÃO

Os deveres éticos do profissional, expressos com clareza de pormenores no Código de Ética Profissional do Contador, não admitem em hipótese alguma condutas dos tipos descritos nos parágrafos primeiro e terceiro enunciados nesta questão – os quais são claramente FALSOS. Vejamos, a propósito, o que estabelece o referido Código no item 4, alínea A: São deveres do contador:

(a) exercer a profissão com zelo, diligência, honestidade e capacidade técnica, observando as Normas Brasileiras de Contabilidade e a legislação vigente, resguardando o interesse público, os interesses de seus clientes ou empregadores, sem prejuízo da dignidade e independência profissionais.

Portanto, a profissão não admite imprudência nem negligência nem "jeitinho" para agradar clientes, em prejuízo da ética, do rigor técnico e da legalidade.

A alternativa correta é: FVFV – LETRA D

38. De acordo com a NBC PG 01 de 2019 (Código de Ética Profissional do Contador), analise as afirmativas a seguir.
   I. O contador pode indicar, em veículo de comunicação, os trabalhos realizados e a relação de clientes, quando por estes autorizado.
   II. É vedado ao contador transferir, ainda que parcialmente, a execução de serviços a seu cargo a outro profissional.
   III. Com a anuência por escrito do cliente, o contador pode transferir o contrato de serviços a seu cargo a outro profissional.
   IV. Os profissionais de contabilidade poderão executar campanhas agressivas de marketing, estipulando honorários em valores irrisórios para angariação de grande quantidade de clientes.

Está correto o que se afirma apenas em
a) I e II.
b) I e III.

c) I e IV.
d) II e III.

RESOLUÇÃO

De acordo com a NBC PG 01 de 2019 (Código de Ética Profissional do Contador), o profissional contábil pode fazer publicidade de seus serviços, inclusive citar clientes, não podendo, contudo, "executar campanhas agressivas de marketing, estipulando honorários em valores irrisórios para angariação de grande quantidade de clientes".

Pode também, "Com a anuência por escrito do cliente, (...) transferir o contrato de serviços a seu cargo a outro profissional. Dessa forma, a marcação correta é VFVF ou apenas os itens I e III estão corretos.

LETRA B

39. O contador é o profissional que cuida de questões econômicas, financeiras, tributárias e patrimoniais de pessoas físicas e jurídicas e, por isso, a sua atuação deve ser sempre pautada pela conduta ética. De acordo com a NBC PG 100 (R1), relacione a conduta do profissional da Contabilidade descrita na afirmativa a seguir, com o respectivo princípio fundamental de ética.
   1. Ser direto e honesto em todas as relações profissionais e comerciais.
   2. Respeitar o sigilo das informações obtidas.
   3. Cumprir as leis e os regulamentos pertinentes para evitar a conduta indevida.
   4. Atuar de forma diligente e de acordo com os padrões técnicos e profissionais aplicáveis.

   ( ) Competência profissional e devido zelo.
   ( ) Comportamento profissional.
   ( ) Integridade.
   ( ) Confidencialidade.

   A sequência está correta em
   a) 2, 3, 4, 1.
   b) 3, 4, 2, 1.
   c) 4, 3, 1, 2.
   d) 3, 2, 1, 4.

   RESOLUÇÃO

   Estudemos, aqui, à luz da NBC PG 100, a relação dos termos sequencialmente dispostos no corpo desta questão e os parênteses oom os quais se relacionam:
   1. "Ser direto e honesto em todas as relações profissionais e comerciais relaciona--se com a "Competência profissional e devido zelo" – caracteriza INTEGRIDADE;
   2. "Respeitar o sigilo das informações obtidas " é a definição de COFIDENCIALIDADE;

3. "Cumprir as leis e os regulamentos pertinentes para evitar a conduta indevida" é uma atitude típica de COMPORTAMENTO PROFISSIONAL;

4. Atuar de forma diligente e de acordo com os padrões técnicos e profissionais aplicáveis – COMPETÊNCIA PROFISSIONAL E DEVIDO ZELO.

Assim, a ordem de cima para baixo é: INTEGRIDADE, CONFIDENCIALIDADE, COMPORTAMENTO PROFISSIONAL e COMPETÊNCIA PROFISSIONAL E DEVIDO ZELO. A relação correta da enumeração com os parênteses é 4, 3, 1, 2.

LETRA C

40. Considerando a legislação sobre Ética Profissional, incluindo normas correlatas, especificamente no que se refere à NBC PO 900, que dispõe sobre a independência para trabalho de asseguração diferente de auditoria e revisão, analise as afirmativas a seguir.
    I. Os trabalhos de asseguração devem ser, obrigatoriamente, baseados em afirmações ou em relatórios diretos, casos em que envolvem, unicamente, duas partes distintas: a firma e a parte responsável.
    II. No trabalho de asseguração, a avaliação e, concomitantemente, a mensuração do objeto, devem ser realizadas, exclusivamente, pela firma.
    III. A conclusão dos trabalhos de asseguração visa aumentar o nível de confiança da parte responsável.

    Assinale a alternativa correta.
    a) Apenas a afirmativa II está eivada de vícios que a invalidam.
    b) Todas as afirmativas estão corretas e de acordo com as normativas.
    c) As afirmativas I, II e III estão equivocadas e em desacordo com as normativas.
    d) Apenas a afirmativa III está equivocada, pois os trabalhos de asseguração podem aumentar a confiança de todos os envolvidos, inclusive da parte responsável.

    RESOLUÇÃO

    À luz da NBC PO 900 – Independência para trabalho de asseguração diferente de auditoria e revisão –, percebe-se que as afirmativas I, II e III contêm contradições sutis, mas "pegadinhas" significativas. Vamos à análise das afirmativas:

    I. os trabalhos de asseguração (...) não envolvem unicamente duas partes, mas incluem usuários prováveis;

    II. no trabalho de asseguração, a avaliação e, concomitantemente, a mensuração (...) NÃO devem ser realizadas, exclusivamente, pela firma, mas pela parte responsável, para evetual análise dos usuários.

III. NÃO APENAS a conclusão dos trabalhos de asseguração visa a aumentar o nível de confiança da parte responsável, mas o trabalho completo tem esse objetivo. Do contrário, poderia haver manipulação, com disfarces de erros ou desvios, numa conclusão cuidadosamente elaborada para enganar usuários.

Em suma, "as afirmativas I, II e III estão equivocadas e em desacordo com as normativas.

LETRA C

41. A contabilidade é atividade tradicional no meio corporativo. Toda empresa necessita de um profissional de contabilidade para organizar e registrar adequadamente suas atividades. Para que os profissionais da área atuem de modo adequado, é necessário seguir diretrizes éticas e técnicas específicas. Portanto, faz-se necessário que referido profissional tenha conhecimento das disposições das Normas Brasileiras de Contabilidade. Considerando os procedimentos e critérios estabelecidos na NBC TG 1000 (R1) – Contabilidade para Pequenas e Médias Empresas e as disposições do Pronunciamento Técnico CPC 04 (R1) – Ativo Intangível, analise as afirmativas a seguir.
   I. Ativo intangível é um ativo monetário não identificável e sem substância física.
   II. Nos termos da NBC TG 1000 (R1) – Contabilidade para Pequenas e Médias Empresas, todos os ativos intangíveis devem ser considerados como tendo vida útil finita. Caso a vida útil do ativo intangível não puder ser estabelecida de forma confiável, a vida útil deve ser determinada com base na melhor estimativa da administração, mas não deve exceder a dez anos.
   III. Nos termos do Pronunciamento Técnico CPC 04 (R1), Ativo Intangível com vida útil indefinida não deve ser amortizado.
   IV. A vida útil de ativo intangível que não é amortizado não necessita ser revisada periodicamente. Está correto o que se afirma apenas em
   a) I e III.
   b) II e III.
   c) I, II e III.
   d) I, II e IV.

RESOLUÇÃO

A afirmativa I é notoriamente FALSA, pois os ativos intangíveis não são itens monetários, ou seja, não exprimem valor em dinheiro. Não obstante imateriais, são identifcáveis por sua natureza e aplicação no contexto da entidade.

A afirmativa II é VERDADEIRA, pois "todos os ativos intangíveis devem ser considerados como tendo vida útil finita". Obviamente é a determinação de sua duração que possibilita calcularem-se as quotas anuais de amortização.

A afirmativa III é igualmente VERDADEIRA, pois, conforme afirmamos no parágrafo anterior "é a determinação de sua duração que possibilita calcularem-se as quotas anuais de amortização." Dessa forma, "nos termos do Pronunciamento Técnico CPC 04 (R1), Ativo Intangível com vida útil indefinida não deve ser amortizado".

A afirmativa IV é FALSA, pois, segundo a norma contábil mencionada na questão, o ativo intangível, ainda que não amortizável, "necessita ser revisado periodicamente". Isto é, uma revisão anutal, pelo menos.

LETRA B

42. O Conselho Federal de Contabilidade edita normas destinadas não apenas ao setor privado, mas também ao setor público e ao terceiro setor. Para regulamentar os registros de receitas e despesas no setor público, bem como a elaboração das Demonstrações Contábeis Aplicadas ao Setor Público, foram elaboradas as NBC TSP, em consonância com as normas internacionais. Com base na Norma Brasileira de Contabilidade aplicada ao Setor Público – Estrutura Conceitual, de 23/09/2016, assinale a afirmativa correta.

a) As Normas Brasileiras de Contabilidade Pública não se aplicam às empresas estatais dependentes.
b) A obrigação que pode ser liquidada ou extinta sem a saída de recursos da entidade não é um passivo.
c) Para usufruir plenamente do potencial de serviços ou da capacidade de gerar benefícios econômicos de um recurso, a entidade deve ter a propriedade legal deste recurso.
d) A contabilidade aplicada ao setor público adota, no Brasil, um regime misto para registro das variações patrimoniais: de caixa para as variações aumentativas e de competência para as variações diminutivas.

RESOLUÇÃO

Passivo, segundo as normas contábeis, é "uma obrigação presente da entidade, derivada de eventos já ocorridos, cuja liquidação se espera que resulte em saída de recursos capazes de gerar benefícios econômicos. Dessa forma, conforme consta no enunciado da questão, "A obrigação que pode ser liquidada ou extinta sem a saída de recursos da entidade não é um passivo".

Consideremos, a propíosito, como exemplos de obrigações liquidadas ou extintas sem pagamento, provisão cuja exibilidade não se confirma, copensação de créditos tributários, nos casos em que eventual obrigação do fisco para com certo contribunte – por cobrança indevida ou em excesso – é compensada por um crédito posteriormente gerado contra este.

LETRA B

43. Em reunião com o departamento de contabilidade, o advogado de determinada empresa informa à chefia responsável, que, no último mês, a empresa foi notificada da existência de três ações judiciais, cujas características são:
   I. Ação de natureza trabalhista, ajuizada por ex-funcionário que alega o não recebimento de verbas. O advogado julga provável que será necessário desembolsar, até o encerramento do exercício seguinte, o valor de R$ 15.000,00, baseado em decisões recentes de casos semelhantes.
   II. Ação de natureza fiscal, no valor de R$ 9.000,00, ajuizada pela Prefeitura Municipal, que alega erro na base de cálculo do Imposto sobre Serviços recolhido pela empresa no último ano. O advogado afirma ser possível uma saída de recursos, mas não sabe estimar com confiança o prazo de sua ocorrência.
   III. Ação de natureza ambiental, movida pela autarquia de água e esgoto do município, que alega descarte irregular de lixo da empresa, e solicita indenização de R$ 14.000,00. O advogado afirma que a probabilidade de saída de recursos em decorrência deste litígio é remota, quase nula.

Considerando o exposto e com base na NBC TG 25 (R2) – Provisões, Passivos Contingentes e Ativos Contingentes, assinale a afirmativa correta.

a) O contador deve proceder ao reconhecimento de um passivo exigível de R$ 15.000,00, além de constituir provisão no Passivo Não Circulante no valor de R$ 23.000,00.
b) As ações judiciais descritas nos itens I, II e III configuram-se como passivos contingentes; portanto, não é necessária qualquer provisão ou divulgação em Notas Explicativas.
c) O procedimento a ser adotado pelo contador, em conformidade com a Norma citada, é o reconhecimento imediato de provisão no Passivo Circulante, no valor total de R$ 38.000,00.
d) A ação descrita no item I requer a constituição de uma provisão, no Passivo Circulante, no valor de R$ 15.000,00, enquanto as ações descritas nos itens II e III devem ser consideradas Passivos contingentes e, por isso, não devem ser reconhecidas. Contudo, há a necessidade de divulgação, em Notas Explicativas, da ação descrita no item II.

RESOLUÇÃO

A ação de natureza trabalhista (...) referida na afirmativa I, com perda PROVÁVEL de valor estimado – R$ 15.000,00 – e previsão de desembolso até o encerramento do exercício seguinte, configura, em consonância com o CPC 25, caso típico de constituição de provisão a ser contabilizada no Passivo Circulante da empresa. E essa providência está proposta na alternativa D com a seguinte redação: "A ação descrita no item I requer a constituição de uma provisão, no Passivo Circulante, no valor de R$ 15.000,00 (...)".

IMPORTANTE: além da provisão retromencionada, o fato descrito enseja também, segundo a Lei n. 6.404/76, a constituição de uma reserva de lucro denominada "reserva para contingência". Senão vejamos:

Reservas para Contingências

Art. 195. A assembleia-geral poderá, por proposta dos órgãos da administração, destinar parte do lucro líquido à formação de reserva <u>com a finalidade de compensar, em exercício futuro, a diminuição do lucro decorrente de perda julgada provável, cujo valor possa ser estimado.</u> (grifo nosso)

RESPOSTA CORRETA: LETRA D

44. As NBC TG 1000 – Contabilidade para Pequenas e Médias Empresas foi emitida pelo CFC para aplicação às demonstrações contábeis para fins gerais de Pequena e Média Empresa (PME), conjunto composto por sociedades fechadas e que não sejam requeridas a fazer prestação pública de suas contas. Em relação às demonstrações contábeis da PME, assinale a afirmativa correta.
    a) São dirigidas às necessidades comuns de usuários externos à entidade inclusive de acionistas.
    b) Estão inclusas aquelas que são apresentadas separadamente ou dentro de outro documento público como um relatório anual ou um prospecto.
    c) São direcionadas às necessidades de informação financeira gerais por parte de usuários que não estão em posição de exigir relatórios feitos sob medida para atender suas necessidades particulares de informação.
    d) Em regra geral são produzidas apenas para o uso de proprietários-administradores ou apenas para o uso de autoridades fiscais ou outras autoridades governamentais e, sendo apenas para esta finalidade, não são necessariamente demonstrações contábeis para fins gerais.

RESOLUÇÃO

A) As alternativas A, B e C descrevem traços e destinações inerentes às demonstrações contábeis de empresas em geral, no tocante a seus usuários, tais como: "necessidades comuns de usuários externos à entidade inclusive de acionistas" (A); "Estão inclusas aquelas que são apresentadas separadamente ou dentro de outro documento público como um relatório anual ou um prospecto." (B); "São direcionadas às necessidades de informação financeira gerais por parte de usuários (...)" (C).

É forçoso enfatizar, no entanto, que tais definições situam-se dentro de limites deveras sutis, provavelmente frágeis, e são encontradiças em provas elaboradas sob um prisma de subjetividade. Questões desse gênero são recorrentes em avaliações com foco em doutrinas ou teorias e não em soluções objetivas como nos parece convir em atividades como a de contador.

Ponderações à parte, a alternativa D desta questão, a despeito de uma eventual margem para conflitos interpretativos, retrata finalidades específicas e indispensáveis para certos grupos de destinatários.

Assim, a banca, fundamentando-se na NBC TG 1000, destaca esta alternativa como a opção correta.

LETRA D

45. No contexto da auditoria de demonstrações contábeis, o objetivo geral do auditor independente é obter segurança razoável de que as demonstrações contábeis como um todo estão livres de distorções relevantes. Para tanto, deverá estar atento a uma série de riscos potenciais, que devem ser identificados, avaliados e respondidos, de forma a minimizar eventuais impactos sobre o trabalho de auditoria. Sobre o tema e com base nas normas de auditoria vigentes no Brasil, assinale a afirmativa INCORRETA.
   a) O risco de distorção relevante, composto pelo risco inerente e pelo risco de controle, é o risco da entidade e, portanto, sua existência independe da auditoria.
   b) O risco de auditoria é uma expressão utilizada para designar a possibilidade de o auditor expressar opinião inadequada quando as demonstrações contiverem distorção relevante.
   c) Ao aplicar os procedimentos de auditoria que julga necessários e conduzir seus trabalhos de acordo com as normas de auditoria, o auditor reduz o risco de auditoria a um nível aceitavelmente baixo.
   d) Denomina-se risco de detecção aquele relacionado à possibilidade de haver uma distorção relevante em um saldo contábil que poderia ter sido prevenida, detectada e corrigida tempestivamente pelo controle interno da entidade.

RESOLUÇÃO

Todas as assertivas, com exceção da letra D, apresentam corretamente os conceitos relacionados ao Risco de Auditoria (e seus componentes).

A letra D apresenta o risco de controle (e não o risco de detecção). Por isso é o nosso gabarito! Vejamos o que nos ensina a NBC TA 200:

Risco de detecção é o risco de que os procedimentos executados pelo auditor para reduzir o risco de auditoria a um nível aceitavelmente baixo não detectem uma distorção existente que possa ser relevante, individualmente ou em conjunto com outras distorções.

Risco de controle é o risco de que uma distorção que possa ocorrer em uma afirmação sobre uma classe de transação, saldo contábil ou divulgação e que possa ser relevante, individualmente ou em conjunto com outras distorções, não seja prevenida, detectada e corrigida tempestivamente pelo controle interno da entidade".

LETRA D

46. Empresa brasileira, de capital aberto, com ações negociáveis em Bolsa de Valores, obteve um prejuízo operacional equivalente a R$ 130 milhões e um prejuízo líquido equivalente a R$ 160 milhões em 2021. Em consequência, o prejuízo diluído por ação foi equivalente a R$ 0,50. Preocupado com a repercussão desses números junto aos usuários das demonstrações contábeis, dentre eles os acionistas, os administradores solicitaram reunião com os auditores independentes a fim de esclarecer que os resultados da atividade econômica da empresa foram fortemente impactados pela pandemia Covid-19, exporem a preocupação em relação às incertezas quanto ao futuro da empresa e a melhor forma de divulgar as demonstrações contábeis. Os auditores independentes, no intuito de melhor informar os administradores, prestaram os seguintes esclarecimentos; analise-os.
    I. É recomendável e aconselhável que as companhias reportem os efeitos da pandemia nas demonstrações contábeis.
    II. Em virtude de a atividade econômica ter sido impactada pela pandemia não é prudente divulgar ao mercado eventuais incertezas relativas à capacidade da empresa de continuar em operação.
    III. A tarefa de julgar o resultado da empresa é dos usuários das demonstrações contábeis que, para tanto, precisam ter acesso a informações contábeis relevantes e tempestivas, neutras e livres de qualquer viés.
    IV. As demonstrações financeiras devem ser preparadas no pressuposto da descontinuidade da companhia.
    V. Se a administração tiver ciência de incertezas relevantes relacionadas com eventos ou condições que possam lançar dúvidas significativas a respeito da continuidade da companhia, não deve divulgá-las ao mercado.

Está correto o que se afirma apenas em
a) I e III.
b) II e IV.
c) I, II e III.
d) II, IV e V.

RESOLUÇÃO

Vamos analisar cada item:

Item I: CORRETO. São diversas as publicações da Comissão de Valores Mobiliários (CVM) que alertam sobre a necessidade de que as companhias reportem os efeitos da pandemia nas demonstrações contábeis, em especial quanto aos aspectos da continuidade operacional.

Item II: ERRADO. É justamente o contrário, ou seja, em virtude de a atividade econômica ter sido impactada pela pandemia, é prudente divulgar ao mercado eventuais incertezas relativas à capacidade da empresa de continuar em operação.

Item III: CORRETO. As áreas técnicas da CVM entendem que a tarefa de julgar se um resultado é anormal ou extraordinário deve ser reservada aos usuários das demonstrações contábeis (precipuamente investidores de títulos de dívida e de títulos patrimoniais e credores em geral), que para tanto precisam ter acesso a informações contábeis relevantes e tempestivas, neutras e livres de qualquer viés (*texto reproduzido do OFÍCIO-CIRCULAR/CVM/SNC/SEP/n. 01/2021*).

Item IV: ERRADO. Essa é muito errada. De acordo com a NBC TA 570 – Continuidade Operacional –, as demonstrações contábeis são elaboradas com base no pressuposto de que a entidade está operando e continuará a operar em futuro previsível. Essa é a chamada base contábil (ou pressuposto) de **continuidade operacional** (*e não de descontinuidade operacional*).

Item V: ERRADO. É exatamente o contrário, ou seja, se a administração tiver ciência de incertezas relevantes relacionadas com eventos ou condições que possam lançar dúvidas significativas a respeito da continuidade da companhia, **deve divulgá-las ao mercado**. Cabe ao auditor, por sua vez, obter evidência de auditoria apropriada e suficiente com relação à, e concluir sobre a adequação do uso, pela administração, da base contábil de continuidade operacional na elaboração das demonstrações contábeis e concluir, com base na evidência de auditoria obtida, se existe incerteza relevante sobre a capacidade de continuidade operacional da entidade.

LETRA A

47. Os contadores João e Gabriel foram indicados para participar como peritos em um processo judicial, no qual é requerido conhecimento contábil para apurar o custo de produção e a margem de lucro de determinados produtos. João foi nomeado perito do juízo e Gabriel foi indicado por uma das partes para atuar como assistente técnico. Das quatro afirmativas a seguir que apresentam informações relacionadas à nomeação e atuação de João e de

Gabriel, a afirmativa que NÃO contraria as diretrizes estabelecidas na NBC PP 01 (R1) – Perito Contábil é:

a) Para comprovar sua habilitação profissional, o perito João anexou a Certidão de Regularidade Profissional emitida pelo Conselho Regional de Contabilidade no primeiro ato de sua manifestação ao juízo.
b) Gabriel foi indicado por uma das partes, pois já conhece os aspectos contábeis relacionados ao litígio, tendo atuado como consultor do contratante acerca do objeto da discussão, o que lhe concede todos os atributos técnicos e legais exigíveis para atuar como Assistente Técnico e torna dispensável a celebração de contrato de prestação de serviços com o seu cliente.
c) João, perito do juízo, elaborou sua proposta de honorários, incluindo o plano de trabalho. O atendimento a quesitos suplementares/complementares é algo corriqueiro em perícias contábeis, tendo em vista que alguns assuntos são inerentemente complexos e podem ser de difícil compreensão. Assim, João julgou não ser necessário tratar desse assunto em sua proposta de honorários.
d) Durante a realização dos trabalhos periciais, João identificou a necessidade de realização de diligências, para obtenção de elementos de prova e elucidação de dúvidas. Tendo em vista que todos os detalhes da diligência e que os elementos de prova serão devidamente consignados e descritos no laudo pericial, João julgou não ser necessário comunicar previamente ao assistente técnico Gabriel sobre a realização da diligência.

RESOLUÇÃO

Das 4 alternativas proposta nesta questão, relativamente à competência técnica e habilitação do Perito Contábil, somente a letra A contém, sem reparos, os requitos documentais inerentes à atividade e ao processo de nomeação, previstos na NBC PP 01 (2), conforme preceituam os itens 7 e 8 do referido normativo. Vejamos:

7. O Perito deve comprovar sua habilitação profissional por intermédio da Declaração de Habilitação Profissional – DHP, de que trata a Resolução "CFC 871/2000". É permitida a utilização da certificação digital, em consonância com a legislação vigente e as normas estabelecidas pela Infraestrutura de Chaves Públicas Brasileiras – ICP-Brasil.

8. A DHP será afixada abaixo da assinatura do perito-contador ou do perito-contador assistente, e no caso da DHP-Eletrônica, será colocada na primeira folha após a assinatura de cada profissional, no laudo pericial contábil ou no parecer pericial contábil.

LETRA A

48. Considerando a legislação profissional vigente sobre perícia, bem como o Código de Processo Civil e a Lei n. 12.030/2009, que versa sobre perícias oficiais, assinale a afirmativa INCORRETA.
   a) Em razão do exercício das atividades de perícia oficial de natureza criminal, os peritos de natureza criminal estão sujeitos a regime especial de trabalho, observada a legislação específica de cada ente a que se encontrem vinculados.
   b) No exercício da atividade de perícia oficial de natureza criminal, é assegurado autonomia técnica, científica e funcional, não sendo exigido concurso público, nem formação acadêmica específica, para o provimento do cargo de perito oficial.
   c) Observado o disposto na legislação específica de cada ente a que o perito se encontra vinculado, são considerados peritos de natureza criminal, inclusive os peritos criminais com formação superior específica detalhada em regulamento, de acordo com a necessidade de cada órgão e por área de atuação profissional.
   d) O profissional de contabilidade que atua como perito, ao prestar informações inverídicas, seja por dolo ou culpa, responderá pelos prejuízos que causar à parte e ficará inabilitado para atuar em outras perícias no prazo de dois a cinco anos, independentemente das demais sanções previstas em lei, devendo o juiz comunicar o fato ao respectivo órgão de classe para adoção das medidas que entender cabíveis.

RESOLUÇÃO

Para o exercício da perícia oficial de natureza criminal existem pressupostos ou requisitos que vão além daqueles exigidos para o perito independente. Por exemplo, aprovação em concurso públco. Vamos, então, a uma análise sucinta das alternativas, buscando não a opção correta, mas a incorreta, conforme propõe esta questão:

A) Em razão do exercício das atividades de perícia oficial de natureza criminal, os peritos de natureza criminal estão sujeitos a regime especial de trabalho, observada a legislação específica de cada ente a que se encontrem vinculados.

SIM. Afirmativa correta. Não vale como resposta para a questão, que exige a identificação da alternativa incorreta.

B) No exercício da atividade de perícia ofical de natureza criminal, é assegurado autonomia técnica, científica e funcional, não sendo exigido concurso público, nem formação acadêmica específica, para o provimento do cargo de perito oficial.

Vejamos o que a esse respeito estabelece a Lei n. 12.030/2009:

Art. 2º No exercício da atividade de perícia oficial de natureza criminal, é assegurado autonomia técnica, científica e funcional, exigido concurso público, com formação acadêmica específica, para o provimento do cargo de perito oficial. (grifo nosso)

Note-se, no confronto das frases grifadas nos dois textos, que o dispositivo legal contradiz o que está contido na prova. A alternativa B, propositalmente, nega a exigência de concurso público para o perito oficial, enquanto a lei ressalta a necessidade desse requisito para esse profissional. Fica patente que a alternativa INCORRETA, conforme requer a prova, é a LETRA B.

Diante disso, será redundante analisar as alternativas C e D, posto haver apenas uma opção válida – a LETRA B – confirmada, inclsuvie, pelo gabarito oficial.

49. O profissional de contabilidade tem à posição ideal para assistência à identificação antecipada de ilícitos pelo seu acesso à informação (Taylor & Thomas, 2012), lidando com decisões que podem resultar em julgamentos éticos e morais.

Contudo, podem vivenciar o dilema de lealdade, que ocorre à uma pessoa que queira denunciar um malfeito referente à entidade na qual atua (Elliston, 1982), tendo historicamente, dentre seus deveres profissionais, o sigilo sobre o que souber no exercício profissional (Resolução CFC nº 80/1996). Argumentamos que é diante desse dilema, entre à cultura do sigilo e do potencial de denúncia, que as Lis (lógicas institucionais) socialmente construídas exercem poder, influenciando a reflexão do contador quanto à intenção de denúncia, em contraponto aos estudos atualmente desenvolvidos no país.

(AYRES, Rosângela Mesquita. SAUERBRONN, Fernanda Filgueira. FONSECA, Ana Carolina Pimentel Duarte da. Artigo Original. Rev. contab. finanç. 33 (89). May-Aug 2022. Disponível em: https://doi.org/10.1590/1808-057x202112830. Fragmento adaptado.)

O uso do sinal indicativo de crase refere-se, dentre outras possíveis situações, à relação estabelecida entre o termo regente e o termo regido. Dentre os fragmentos destacados a seguir, identifique aquele que exemplifica a relação exposta anteriormente em conformidade com a norma-padrão da Língua Portuguesa.

a) "O profissional de contabilidade tem à posição ideal [...]"
b) "[...] que ocorre à uma pessoa que queira denunciar [...]"
c) "[...] entre à cultura do sigilo e do potencial de denúncia, [...]"
d) "[...] posição ideal para assistência à identificação antecipada de ilícitos [...]" X

RESOLUÇÃO

Reputamos dispensável definirmos aqui as regras para uso da crase, uma vez que a prova em análise destina-se a profissionais de nível superior – afeitos por certo a explicações desse gênero. Partindo de tal premissa, nos ateremos ao exame específico das 4 alternativas, revendo a forma como estão postas, quais os fundamentos da opção correta e como as 3 incorretas deveriam ser construídas. Vejamos:

a) CRASE INDEVIDA. O verbo TER – conjugado aqui no presente do indicativo – "tem" – é transitivo direto e, como tal, não comporta preposição "a" antes do objeto. A redação correta seria, neste caso: "O profissional de contabilidade tem a posição ideal [...]". Apenas o artigo "a" precedendo o substantivo POSIÇÃO;

b) CRASE INDEVIDA. "Uma", nesse contexto, é pronome indefinido e, como tal, "não aceita a companhia" do artigo "a" (defindo), mas somente da preposição "a". A redação correta seria, neste caso: "que ocorre a uma pessoa (...)" – uma <u>certa</u> pessoa.

c) CRASE INDEVIDA. A expressão "a cultura", na contexto proposto, contém, o artigo definido "a" e o substantivo "cultura". Também a preposição "entre" – que lhe precede na frase – não pode fazer contração com o artigo "a". E, mesmo que num contexto esdrúxulo, viesse a fazer essa contração, certamente não configuraria uma crase.

d) CORRETA. "Posição ideal para assistência à identificação (...)". Trata-se de regência nominal, em que o substantivo "assistência", nessa acepção (prestação de assistência, auxílio), deve ser sucedido pela preposição "a" para contrair-se com o artigo definido "a", antes do termo feminino "definição".

Trocando em miúdos, ou melhor, em exemplo: dá-se assistência a alguém ou a algo.

LETRA D

50. O profissional de contabilidade é visto como conservador, inflexível e técnico (Longo et al., 2014), mas percebido com integridade e responsabilidade social (Cardoso et al., 2006). Ao desempenhar seu papel, o profissional de contabilidade enfrenta regras formais, legais e morais de comportamento relacionadas às questões éticas. Compreende-se como ética a preocupação quanto aos julgamentos morais envolvidos na tomada de decisões sobre o que é moralmente certo ou errado ou, ainda, moralmente bom ou ruim, pressupondo-se a existência de padrões morais os quais afetam nosso bem-estar humano, não estabelecidos ou alterados por decisões de órgãos competentes, baseando-se em julgamentos imparciais que sobrepõem os próprios interesses (Riahi-Belkaoui, 2004).

（AYRES, Rosângela Mesquita. SAUERBRONN, Fernanda Filgueira. FONSECA, Ana Carolina Pimentel Duarte da. Artigo Original. Rev. contab. financ. 33 (89). May-Aug 2022. Disponível em: https://doi.org/10.1590/1808- 057x202112830.)

Considerando-se que o emprego dos sinais de pontuação é de fundamental importância para a adequada compreensão da mensagem e da intencionalidade do autor do texto, referente ao uso da pontuação assinale a alternativa correta.

a) Em "O profissional de contabilidade é visto [...]", a vírgula seria obrigatória após "contabilidade" caso o sujeito sofresse variação de número.
b) O emprego da vírgula após a expressão "Ao desempenhar seu papel" tem como principal justificativa eliminar produção de possível ambiguidade.
c) Imediatamente após o termo "conservador", a vírgula foi empregada por inserção de segmento que interrompe uma sequência sintática direta.
d) A vírgula que antecede o termo "mas", no primeiro período do texto, poderia ser substituída por ponto e vírgula ressaltando-se o contraste expresso pela adversativa.

RESOLUÇÃO – revendo as alternativas

A) Em "O profissional de contabilidade é visto [...]", a vírgula seria obrigatória após "contabilidade" caso o sujeito sofresse variação de número".

INCORRETA: Regra básica da pontuação: não se separa o sujeito do predicado. Nesse caso, "o profissional de contabilidade" é sujeito; "é visto", predicado. Não se justifica a colocação de vírgula depois do termo Contabiidade. Que a banca não separe o que a sintaxe uniu (rsrsrs).

B) Ao desempenhar seu papel, tem como principal justificativa eliminar produção de possível ambiguidade.

INCORRETA: não há ambiguidade nessa expressão inicial do texto. Trata-se de oração subordinada adverbial, separada obrigatoriamente por vírgula por estar anteposta à oração principal.

C) Imediatamente após o termo "conservador", a vírgula foi empregada por inserção de segmento que interrompe uma sequência sintática direta.

INCORRETA: a vírgula posta logo após a palavra "conservador" tem a finalidade de separá-la do adjetivo "inflexível", pois pertencem à mesma classe gramatical e têm a mesma função no texto; formam, assim, uma sequência, uma enumeração, que deve ser pausada por vírgula.

d) A vírgula que antecede o termo "mas", no primeiro período do texto, poderia ser substituída por ponto e vírgula ressaltando-se o contraste expresso pela adversativa.

CORRETA: pode-se substituir a vírgula por ponto e vírgula, quando se pretende imprimr maior pausa na leitura. Não há erro de pontuação nesse texto e pode melhorar sua compreensão.

LETRA D

GABARITO

QUESTÃO	RESPOSTA	QUESTÃO	RESPOSTA
1	C	26	A
2	D	27	A
3	A	28	B
4	A	29	B
5	C	30	D
6	B	31	C
7	B	32	C
8	A	33	A
9	B	34	B
10	B	35	D
11	A	36	B
12	B	37	D
13	C	38	B
14	B	39	C
15	A	40	C
16	C	41	B
17	A	42	B
18	A	43	D
19	D	44	D
20	D	45	D
21	A	46	4
22	D	47	A
23	A	48	B
24	A	49	D
25	B	50	D